식탁 위의 논어

서울대 송용준 교수가 초대하는

식탁 위의 논어

송용준 주해

페이퍼로드
paperroad

『논어』가 식탁에 오르기까지

　　중국 고전문학을 전공한 인문학자로서 필자는 젊은이들에게 고전(古
典)의 중요성을 강조하는 한편 고전에 담긴 지혜를 자신의 것으로 하
고 싶다면 원전(原典)을 보라고 권했다. 그것이 그 고전을 쓴 선현과 직
접 마주하고 대화하는 것에 가장 가까운 접근방법이기 때문이다. 그
러나 원전을 깊이 있고 정확히 이해하기 위해서는 방대한 지식이 필요
하다. 필자가 가족들에게 일주일에 한 번씩 『논어』를 강의하고 함께
토론하기로 한 것도 이 때문이다. 이를 통해 가족들은 인간과 사회에
대해 깊이 있는 공부를 할 수 있게 될 것이고, 필자 또한 틈틈이 읽어
왔던 『논어』가 정리될 듯 싶기도 하여 일요일 아침마다 가벼운 마음으
로 필자가 강의를 하고 그때그때 가족 간의 수다처럼 이야기를 주고받
게 되었다. 이렇게 시작된 가벼운 모임이 가족들의 호응을 얻게 되자
두 딸이 '필자의 강의와 가족들의 수다'를 마침 한국에 새로 소개된 매
체 팟캐스트(Podcast)에 올려 원하는 사람들과 함께 공유할 것을 제안
했고 약간의 논의를 거친 후 그러기로 했다. 이것이 '식탁 위의 논어'
가 팟캐스트에 오르게 된 내력이다.

　　한 가족의 가벼운 『논어』 공부를 외부에 공개하는 것이 부담스럽기

도 했지만 그 대신 한두 주에 한 번씩 꾸준히 공부를 하여 마침내 8개월 만에 공부를 마치게 되었다. 때때로 녹음 내용이 흡족하지 않아 팟캐스트에 올리는 것이 주저되기도 했지만 예상 외로 많은 사람들이 '식탁 위의 논어'를 듣고 있고, 댓글을 통해 우리를 격려해 주기도 한다는 사실이 우리가 심적 부담을 이기고 '유종의 미'를 거둘 수 있게 도와주었다.

'식탁 위의 논어' 강의자가 필자라는 사실이 뒤늦게 알려지면서 필자는 몇 가지 제안을 받게 되었는데, 그 중의 하나가 출판이다. 팟캐스트를 통해 음성을 듣는 것도 좋지만 아무래도 책이 곁에 있어서 '보면서 들을 수' 있다면 더욱 좋겠다는 것이었다. 처음 시작할 때는 생각하지 못했던 일이었지만 이유 있는 권유이기에 그간의 '강의록'을 바탕으로 책을 출간하기로 했다. 필자로서는 그저 이 책이 '식탁 위의 논어' 청취자들에게 다소나마 도움이 되기를 바랄 뿐이다.

공자(孔子, BC 551~479)가 활약한 춘추시대 말기는 노예사회가 쇠퇴하고 신흥 봉건제가 점차 흥기하는 변혁의 시기였다. 공자가 태어나 주로 활동했던 노(魯)나라도 예외가 아니어서 공자는 효제(孝悌) 사상을 바탕으로 사회의 혼란을 바로잡고 무너져 가는 영주제를 재건하려고 했다. '효제' 사상은 공자 이전에 이미 영주제를 지탱하는 지주였는데, 공자가 그것을 획기적으로 발전시켜 '효제 인륜도덕의 체계적 수립자'가 되었다고 할 수 있다. 그렇긴 하지만 당시의 사회가 변혁의 시대였던 만큼 공자의 사상 연원도 복잡하여 『논어』에 등장하는 공자 어록의 어느 한 부분만을 가지고 공자의 사상 전체를 논단하거나 단편적으로 과장해서는 안 될 것이다.

『논어』는 기본적으로 공자의 말과 행동을 기록한 책이지만 공자 제자들의 말과 행동도 일부 수록하였다. 『논어』의 '논(論)'은 '토론'의 의미이고 '어(語)'는 '말씀'이라는 뜻이어서 『논어』를 사전적으로 풀이하면 "스승의 말씀을 후대의 제자들이 여러 차례 토론의 과정을 거쳐 편찬한 책"이라고 할 수 있다. 책 이름을 통해 알 수 있듯이 『논어』의 편찬은 대략 세 단계로 나누어볼 수 있다. 첫째, 「학이편(學而篇)」부터 「향당편(鄕黨篇)」까지의 전반부 10편은 공자 사후 그의 제자들에 의해 이루어진 것으로 보인다. 둘째, 「선진편(先進篇)」부터 「위영공편(衛靈公篇)」까지의 후반부 앞 5편은 증자(曾子)가 죽은 후 공자의 재전제자들에 의해 이루어진 것으로 보인다. 셋째, 「계씨편(季氏篇)」부터 「요왈편(堯曰篇)」까지의 마지막 5편은 맹자(孟子) 때 또는 맹자 사후 전국시대 말기에 학자들에 의해 불확실한 자료들이 추가되어 편찬된 것으로 보인다. 물론 전반부에도 후인들에 의해 삽입된 부분이 있고, 후반부에도 공자가 언급한 것이 분명하다고 판단되는 구절이 있기는 하다.

공자는 노나라에서 출사하여 자신의 이상을 실현하려고 했지만 실권자와 정치적 견해가 맞지 않아 노나라를 떠난다. 그 후 제(齊)나라로 갔지만 역시 난관에 부딪히게 된다. 그래도 공자는 단념하지 않고 위(衛)나라, 송(宋)나라, 진(陳)나라, 채(蔡)나라 등의 작은 나라를 찾아갔지만 결과는 마찬가지였다. 결국 그는 출사의 꿈을 접고 다시 노나라로 돌아와 여생의 대부분을 교육과 고대 문헌 정리에 쏟아 중국뿐만 아니라 전 인류사회에 거대한 족적을 남겼다.

『논어』는 대체로 공자가 제자들과 대화를 나누며 한 말을 제자들이 그때그때 기록해 둔 것이어서 앞뒤로 생략된 것이 많을 수밖에 없다. 따라서 우리는 『논어』의 단편적인 기록들을 읽으며 공자와 제자들의 대화 장면을 나름대로 재구성해 보아야 한다. 이것은 매우 어렵고 불가능에 가까운 작업임에 틀림없지만 재구성해 본 다음에 공자가 만약 그 당시의 한어(漢語)가 아니라 현대 한국어로 말을 한다면 어떻게 말했을까를 염두에 두고 번역을 해야 오늘날의 한국 독자들이 쉽게 이해할 수 있는 번역이 될 것이다. 모험이 뒤따르는 작업이지만 역자는 그렇게 번역하려고 노력했다. 다행이 일본의 유명한 중국사학자 미야자키 이치사다가 그런 관점에서 현대 일본어로 번역한 『논어』를 우리말로 옮긴 책이 있어서(박영철 옮김, 도서출판 이산, 2001) 많은 도움이 되었다. 이 책 외에도 번역과 주석을 위해 중국의 양백준(楊伯峻)이 『논어』를 현대 중국어로 번역하고 주석을 단 『논어역주(論語譯注)』를 우리말로 옮긴 책(이장우·박종연 옮김, 도서출판 중문, 1997)과 류종목의 『논어의 문법적 이해』(문학과 지성사, 2000)와 이강재의 『논어』(살림출판사, 2006)를 참고하였다.

그렇다고 역자가 유려한 한국어 구사에만 진력한 것은 아니다. 독자가 신뢰할 수 있는 정확한 번역, 독자가 납득할 수 있는 친절한 설명이 뒷받침되지 않는다면 독자들을 잘못된 길로 인도하게 될 가능성이 크다. 그래서 역자는 주석을 통해 자구를 풀이하고, 어법을 설명하고, 직역을 하면 어떻게 되는가를 밝혀 그렇게 번역한 근거를 확보했다. 그리고 각 장 말미에 필요한 경우 전체적인 의미를 쉽고 깊이 있게 파악할 수 있도록 전후 맥락, 당시의 역사적인 사건, 다른 학자들의 눈여겨볼 만한 견해, 현대의 관점에서 본 당시의 문화 상황 등을 부기하였다.

이 책의 출간을 위해 페이퍼로드 출판사 관계자들이 보여준 헌신적인 노력을 잊을 수 없다. 역자의 팟캐스트 강의록을 바탕으로 편집하긴 했지만 그것에 그치지 않고 팟캐스트에 올라 있는 강의와 토론을 일일이 듣고서 필요한 부분을 선택하여 편집에 반영하였다. 이 자리를 빌려 그 노고에 깊이 감사드린다.

2012년 9월

송용준

공자의 『논어』, 왜 고전인가?

혼란과 변혁의 춘추시대

중국의 고대사를 이야기할 때 언제부터 역사로 인정하여 기술할 것인지의 문제가 있긴 하지만 일반적으로는 중국 고대의 첫 왕조로 추정되는 하(夏)의 시대부터 언급한다. 하 왕조의 성립시기를 보통 BC 21세기로 잡으니 공교롭게도 지금 우리가 살고 있는 AD 21세기의 대척점에 있다. 그 뒤를 이어 약 500년 후인 BC 16세기에 상(商) 왕조가 지금의 하남성(河南省) 상구현(商丘縣) 일대인 박읍(亳邑)에서 일어나 존속되다가 BC 14세기에 들어와 반경(盤庚)이 지금의 하남성 안양현(安陽縣) 소둔(小屯)인 은(殷)으로 천도하여 그때부터를 은(殷) 왕조라고 부르기도 한다. 상 왕조가 성립된 지 약 500년 후인 BC 11세기에 은 왕조를 대신하여 주(周) 왕조가 지금의 섬서성(陝西省) 서안(西安) 일대인 호경(鎬京)에서 일어나 번성하다가 BC 770년에 이르러 서쪽 이민족의 침입으로 유왕(幽王)이 죽고, 그 아들 평왕(平王)이 일부의 추종자들을 이끌고 동쪽으로 피신하여 낙읍(洛邑: 지금의 하남성 낙양)에 정착한 이후를 동주(東周)라고 부른다. 한 가지 재미있는 것은 하·상·주(서주) 세 왕조의 멸망과 관련하여 '걸왕(桀王)과 말희(末喜)의 설화', '주왕(紂王)과 달기(妲己)의 설화', '유왕(幽王)과 포사(褒姒)의 설화'가 있는데, 하나같이 우매한 군주가 한 여인을 지나치게 총애하여 나라를 멸망에 이르게 했다는 내용이다. 그런 설화들을 역사상의 사실로 믿기는 어렵고, 다만 정착 왕조가 보다 미개한 서쪽 이민족의 침공을 받아 멸망했거나 동쪽으로 쫓겨 갔다는 역사 사실을 반영한 것으로 보인다.

동주 왕조는 주변에 대한 지배력을 상실하여 주변의 제후국들이 독립적으로 활동하며 서로 경쟁하는 국면이 전개되었는데, 이 시기를 춘추전국시대(春秋戰國時代)라고 부른다. 춘추시대는 평왕이 동천한 BC 770년부터 한(韓)·위(魏)·조(趙) 3가(家)가 진(晉)을 분할한 BC 476년까지를 일컫고, 그 이후부터 진(秦)이 중국을 통일한 BC 221년까지를 전국시대라고 부른다. '춘추시대'라는 명칭은 공자가 지었다고 전해지는 노(魯)나라의 역사책인 『춘추(春秋)』가 BC 722년(노(魯) 은공(隱公))부터 BC 481년(노 애공(哀公))까지를 기록하고 있는데, 그 시기가 춘추시대와 거의 같아서 붙여진 것이고, '전국시대'는 제후국 간의 경쟁이 더욱 치열해져서 거의 매년 제후국 간의 전쟁이 끊이지 않았다는 데서 취해진 명칭이다.

춘추시대는 이와 같이 주나라의 권위가 땅에 떨어지고 각국의 제후가 패권을 장악하기 위해 각축전을 벌이던 혼란기이자 변혁의 시대였다. 춘추시대 말기에 이르러 계속되는 전쟁에 지친 제후들은 전쟁의 종식을 위해 노력했는데, 그 중 주목할 만한 사건이 BC 546년, 즉 공자의 나이 5세 때에 진(晉)과 초(楚) 두 대국이 송(宋)나라에서 종전회담을 연 것이다. 그 후로 제후 간의 겸병전쟁은 줄어들었지만 각국의 내부에서 권신이나 세력 있는 씨족 간의 암투는 오히려 치열해졌다. 이러한 불안정과 변혁은 노예사회가 붕괴하면서 점차 봉건사회로 바뀌는 과정에서 야기된 것으로 보인다.

군주에 봉사하는 노예들, 관료제도의 태동

서양과 마찬가지로 중국도 고대는 기본적으로 도시국가의 시대였으며, 이는 공자가 살았던 춘추시대 말기까지 지속된다. 도시국가 시대의 사회에는 사족(士族)과 서민의 계급 차별이 있었으며 그에 따라 노예가 존재하여 남자 노예를 신(臣)이라고 하고 여자 노예를 첩(妾)이라고 했다. 이들은 전쟁의 포로거나 약탈과 인신매매의 결과 노예가 된 사람들로, 그 소유자는 군주를 비롯한 지배계층이었다. 특히 군주는 많은 노예를 소유했는데, 그들 중 군주의 신임을 받아 군주의 측근에서 봉사하는 가내노예들이 관료제도의 기원을 이룬다고 할 수 있다.

후세에 관료군의 수반을 재상(宰相)이라고 했는데, 그 글자의 어원을 따져보면 '재(宰)'는 요리 당번이고 '상(相)'은 주인의 기거를 시중드는 자로서 모두 노예였다. 다만 두 가지 일이 모두 주인의 안전과 직결되어 있어서 주인이 가장 신임하는 노예들이 맡았다. 또한 중국 고대의 역사를 살펴봐도 제(齊)나라 환공(桓公)을 보좌한 관중(管仲)은 전쟁 포로였으므로 노예 출신이라고 할 수 있고, 진(秦)나라 목공(穆公)을 보좌한 백리해(百里奚)는 자신을 양 5마리의 대가로 팔았다고 했으니 이도 노예 출신이고, 상(商)나라 무정(武丁)을 보좌한 부열(傅說)은 그 성 '부(傅)'가 아이를 돌보는 일을 뜻하므로 이 역시 노예의 직무였다.

이런 사례들을 통해 추정해 보면 군주의 측근에서 시중들던 노예들 중에서 유능하고 신뢰 받는 자가 정치에 있어서도 고문 역할을 하며 군주의 총애를 받았을 것이다. 그래서 노예의 몸이지만 지위가 높아

지고 권력이 커지게 되자, 노예가 아닌데도 스스로 그런 무리에 투신하는 자가 나타나 그것이 관료군을 형성하기에 이르렀을 것이다. 그래서 관료들은 군주 앞에서 자신을 낮추어 '신(臣: 노예)'이라고 불렀다.

춘추시대에 이르러 각국의 제후들은 경쟁에서 살아남기 위해 유능한 관료의 등용이 절실해졌다. 이 사회적 요구에 부응하여 이상사회의 재건을 위해 힘쓸 관료를 양성할 목적으로 인재의 교육에 임한 사람이 공자이다.

이상을 품고 실용을 행하는 공자의 인재 교육

공자는 유능한 관료를 양성하기 위해 군주가 요구하는 교양, 문자, 언어, 예법, 음악, 궁술 등을 가르치고 실습시켜 수요가 있을 때 적절한 제자를 뽑아 추천했다. 제자들에 대한 교육 내용 중에서 공자가 가장 중시한 것은 예(禮)였다. '예(禮)'라는 글자는 '시(示)'가 '제단'을 상형한 것이라는 데서 짐작할 수 있듯이 원래는 신에게 제사할 때의 의식이었지만 차츰 그 범위가 확대되어 사람 상호간의 교제와 응대 방법을 포함한 실천학을 의미하게 되었다.

공자는 예와 함께 시(詩)와 서(書)를 중요한 교육 내용으로 삼았다. 시는 당시의 사회에 유행한 민요 이외에 오랜 기원을 지닌 신악가(神樂歌) 같은 것을 포함하는데, 모두 제사나 연회 때에 음악에 맞추어 노래로 불렀던 가사이다. 또한 '서(書)'는 원래 문자의 서사(書寫)를 가르치고 배우는 것이었다. 그 당시 문자의 습득은 정치상의 중요한 일을 기록하고 동기(銅器)에 명문(銘文)을 새기기 위해 반드시 필요한 것이었다. 그와 같은 문자의 서사(書寫)를 연습하기 위한 지침서로 공자가 편찬한 것이 오늘날의 『서경 (書經)』이라고 알려져 있지만, 이에 대해서도 해결해야 할 의문점이 적지 않다.

공자가 사학 (私學)을 열어 크게 성공할 수 있었던 것은 그가 사회의 요구에 부응하여 관료가 되는 데 필요한 실용의 학문을 제자들에게 가르치고 취직을 알선했을 뿐만 아니라 "어떻게 사는 것이 바람직한 삶인가?", "삶의 가치는 어디에 있는가?" 등의 문제를 다루는 인문교육을 병행했기 때문이다. 공자는 실용의 학문이 의미와 가치를 지니기 위해서는 인생의 이상이 뒷받침되어야 한다고 생각했다. 예를 가르칠 때에도 그는 예의 형식 속에 담겨 있는 군주에 대한 존경, 친구에 대한 신의, 죽은 자에 대한 추모의 정신을 강조했다. 고대의 기록을 문자 서사의 지침서로 삼아 익히는 데 있어서도 그것을 통해 정치의 이상과 승리자의 덕행을 배워 실제에 응용할 줄 알아야 한다고 가르쳤다. 이처럼 공자의 교육은 관료라는 일자리를 찾게 해주는 직업교육임과 동시에 내면으로 자신을 성찰하여 사람이 어떻게 살아야 하는가라는 질문을 끊임없이 던지는 인문교육이었다.

시대가 만든 공자와 살아 숨쉬는 공자

기본적으로 공자의 언행록인 『논어』는 어느 정도 그의 진면목을 담고 있는 책임에도 불구하고 시대에 따라 해석과 평가가 달라지기도 했다. 예컨대 한 (漢) 무제 (武帝) 이후 봉건 왕조의 권력 기반을 다지기 위해 충효의 사상이 강조되면서 이 책이 충효를 주축으로 인륜도덕을 설명한 것처럼 인식된 측면이 있지만 공자가 말한 '충 (忠)'은 그런 의미가 아니었다. '충'이란 군주에 대해서뿐만 아니라 인간관계에서 상대방에게 성실한 것, 즉 진정성을 뜻하였다. 오히려『논어』에서 공자가 가장 중시한 것은 '신(信)'이라고 할 수 있다. '신'은 자신이 한 말에 대해 책임을 진다는 뜻을 지닌 것으로, 이것이 사회도덕의 근간이 되어야 한다고 공자는 생각했다.

시대와 사회가 처한 상황에 따라 위정자의 정치적 목적을 위해 공자의 사상이 이용되면서 공자가 때때로 권력자 편에 서서 민중을 억압한 것처럼 보인 결과, 중화민국(1912-1949) 초기에 북경대학을 중심으로 하여 사상혁명이 일어났을 때 진독수(陳獨秀), 호적(胡適) 등이 유교 타도를 부르짖게 되었다. 그런데도 사회가 안정되자 공자는 여전히 민중이 가장 숭배하는 성인으로 되돌아갔다. 그 후 중화인민공화국 시대에 들어와 임표(林彪)에 대한 비판과 아울러 공자를 배척하는 이른바 비림비공(批林批孔) 운동이 일어났다. 중화민국 시절의 사상혁명 때 유교가 공격 받은 것은 주로 인도주의의 입장에서 유교가 강자 편에 서서 약자를 돌보지 않는다는 점 때문이었지만, 비림비공의 경우에는 주로 공자의 가르침이 구체제를 유지하는 반사회적 교리라는 점에 초점이 맞추어져 있다.

그러나 요즘의 중국은 어떠한가? 사회가 나름대로 안정기에 접어들자 공자에 대한 재평가가 활기를 띠면서 파편화된 인간관계의 회복을 강조한 우단(于丹)의『논어심득(論語心得)』같은 책이 정치권의 조력 하에 한때 베스트셀러가 되지 않았던가!

『논어』를 지배 이데올로기에 물들어 있는 상태로 읽어서는 안 된다. 『논어』를 읽으며 우리는 타임머신을 타고 공자 시대로 거슬러 올라가 직접 공자와 대면할 수 있어야 한다. 실현 불가능한 상상임에 틀림없지만 적어도 우리는 그런 희망을 갖고 이 책을 대해야 할 것이다.

식탁 위의 논어 — 차례

머리말 『논어』가 식탁에 오르기까지 ── 4
『논어』를 읽기 전에 공자의 『논어』, 왜 고전인가? ── 9

1. 학이편(學而篇) ── 17
   너무도 당연한 가르침, 예(禮) | 배움을 청하는 귀한 손님, 붕(朋) | 각양각색, 군자(君子)의 의미 | 공자의 '인(仁)'이 가리키는 숨은 뜻 | 영주제의 기반, 효제(孝悌) 사상 | 의문에 싸인 "현현이색(賢賢易色)"의 의미 | 법(法)보다 효(孝), 가부장제 확립의 의지 | 동전의 양면, 예(禮)와 화(和) | '질차탁마(切磋琢磨)'의 진정한 뜻

2. 위정편(爲政篇) ── 35
   북극성, 덕망 있는 군주의 상징 | 지천명(知天命), 하늘의 힘을 아는 분투 | 아는 것과 모르는 것을 아는 앎

3. 팔일편(八佾篇) ── 51
   군주 없는 중원을 근심하다 | 태산의 제례는 가볍지 않다 | 천하가 놓인 손바닥의 암시 | 왕손가의 속담을 물리친 공자 | 예를 물을 줄 아는 예 | "사부주피(射不主皮)"의 뜻 | 인신공양을 요구하는 무서운 토지신, 사(社)

4. 이인편(里仁篇) ── 69
   인심 좋은 마을을 택하는 지혜 | 춘추시대 관용적 표현의 한 단면 | 백성을 떠나게 하는 정치 | 모호한 소인(小人)의 의미 | 부모의 곁을 지키는 도리

5. 공야장편(公冶長篇) ── 83
   딸과 질녀, 서로 다른 사위의 조건 | "모른다"는 말의 속뜻 | 공자의 총애를 나타내는 "무소취재(無所取材)" | 공자의 제자 추천 전략 | 잠이 오면 잠을 자는 재여 | 내가 남이 될 수 있는가? | 『논어』에 쓰인 성(性)의 뜻 | 자로의 걱정 | 공자의 맞춤형 교육 | 공자가 본 백이와 숙제 | 미생고(尾生高)의 '직(直)'에 대한 새로운 해석

6. 옹야편(雍也篇) ── 107
   안회의 불천노(不遷怒) | 출신과 배경을 초월한 염옹 | 공자의 제자 사랑 | 송조의 아름다움이 불행을 가져온다? | 아는 것, 좋아하는 것, 즐기는 것 | 인자(仁者)의 수명 | 노나라에 개혁이 이루어지면? | 명실상부(名實相符)의 중요성

7. 술이편(述而篇) ── 127
   "술이부작(述而不作)", 공자의 신념 | 계발(啓發)의 주체는 누구인가? | 제자를 훈도하는 공자의 독특한 방식 | 자공의 유도심문 | 『역경』은 언제 유가의 경전이 되었을까? | 교양 있는 춘추시대 사람들이 두루 쓰던 말 | 공자에게 스승이 있었을까? | 자로의 꼼수

8. 태백편(泰伯篇) ── 151
   천하를 양보한 태백(泰伯) | 악(樂), 인격의 최종 단계 | 공자는 왜 우임금에 대한 평가에 소극적이었을까?

9. 자한편(子罕篇) —— 167

공자가 이(利)를 말하는 방식 | 공자가 마부를 택한 이유 | 공자의 호언장담 | 유가와 장례식 | '묘(苗)'와 '수(秀)'와 '실(實)'의 관계 | 겨울이 되어야 알 수 있는 것 | 근심은 어디서 오는가? | 그리운 그대는 멀리 있지 않다

10. 향당편(鄕黨篇) —— 187

공자가 식사 때 침묵한 이유 | 자리에 앉을 때의 법도 | 사람과 말에 대한 공자의 태도 | 불사가행(不俟駕行), 신속히 부름에 응하다 | 공자의 암시적 교육 방법

11. 선진편(先進篇) —— 205

'불급문(不及門)'에 대한 해석 | 공자의 안회(顏回) 사랑 | 질녀의 배우자감, 남용(南容) | 공자는 왜 안회를 자식처럼 대하지 못했다고 했을까? | 공자에게 '섬김'이란 무슨 의미였을까? | 자로를 위한 공자의 변명 | 공자는 왜 증삼을 아둔하다고 했을까? | 공자의 제자 배려 | 공자가 "말 잘하는 사람이 싫다"고 말한 이유

12. 안연편(顏淵篇) —— 227

공자의 '극기복례(克己復禮)'에 숨은 뜻 | 신뢰, 국가 존립의 근거 | 자로의 결단과 실천

13. 자로편(子路篇) —— 247

인재를 알아보는 눈 | 위정자는 다만 덕을 쌓을 뿐 | 교육, 사회의 초석 | 도둑질을 한 아비도 아비다

14. 헌문편(憲問篇) —— 269

덕(德)의 함의 | 어떤 사람이 결국 천하를 얻었을까? | 신중을 기한 외교문서 작성 | 가신의 그릇과 대부의 그릇 | 대부 장손흘의 요구는 정당한 것인가? | 관중에 대한 공자의 평가 | 명분을 위한 청 | 신뢰하되, 맹신은 말라 | 천리마의 덕(德)은 혈통에서 오지 않는다 | 『논어』에 엿보이는 도가사상 | 뜻이 좌절된 공자의 탄식 | 깊은 강을 건널 때는 옷을 벗고

15. 위영공편(衛靈公篇) —— 301

전쟁을 묻는 위나라를 떠나다 | 하나의 참된 이치로 세상을 꿰뚫다, 일이관지(一以貫之) | '유(由)'와 '유야(由也)'의 차이 | 시대와 함께 성장한 『논어』 | 실인(失人)도 말고 실언(失言)도 말라 | 후세에 부끄럼 없는 삶 | 군이부당(群而不黨), 어우러지되 엉기지 않는다 | 평생을 두고 남의 입장을 헤아리다 | 배움과 사색, 모두에게 열린 가르침

16. 계씨편(季氏篇) —— 325

공자가 본 천하의 흥망성쇠 | 물러날 때를 모르는 노욕

17. 양화편(陽貨篇) —— 339

'흥(興), 관(觀), 군(群), 원(怨)'에 대한 풀이 | 『시경』의 효용 | 예(禮)와 악(樂)의 본질 | 옛사람을 거론해 현시대를 비판하다 | 가르침을 거절하는 가르침 | 청개구리 제자, 재아 | 공자가 칭한 '여자(女子)'와 '소인(小人)'의 뜻

18. 미자편(微子篇) —— 361

공자의 출사(出仕)와 대우

19. 자장편(子張篇) —— 375

자하와 자장의 견해는 과연 달랐는가? | 규범에 대한 집착을 경계하다 | 격식과 근본 | 학문은 출사(出仕)의 유력한 무기 | 자장에 대한 증자의 평가 | 걷잡을 수 없는 악평의 파급효과

20. 요왈편(堯曰篇) —— 393

가족 후기 『논어』 공부를 마치며 —— 400

찾아보기 —— 403

1. 학이편(學而篇)

「학이편」은 모두 16장으로 이루어져 있다. 절반에 해당하는 8장이 공자의 말이고 나머지 8장은 제자들의 말인데, 유자(有子)가 3장이고 증자(曾子)가 2장이고 자공(子貢)이 2장이며 자하(子夏)가 1장이다. 이런 안배는 학이편이 『논어』의 맨 앞에 있으므로 유가(儒家)의 계보를 고려한 편집이었을 것이다. 공자가 사학(私學)을 연 목적은 이상사회의 재건에 투입할 수 있는 관료를 양성하여 사회의 혼란을 바로잡고 무너져가는 영주제를 확고히 하는 것이었다. 그런 관계로 여기서는 주로 어떤 사람들이 공자의 문하에 모여 무엇을 위해 어떤 것을 배우는지 언급하였고, 그런 배움의 과정에서 제자들이 사회 질서의 확립과 개인의 수양을 위해 갖추어야 할 덕목에 대해 이야기했으며, 아울러 '어떤 사람이 바람직한 인간인가?', '바람직한 인간관계를 위해 노력해야 할 것은 무엇인가?' 등을 선언적으로 다루었다.

子曰: 學而時習之, 不亦說(열)乎? 有朋自遠方來, 不亦樂乎? 人不(부)知而不慍(온), 不亦君子乎?

선생님께서 말씀하셨다: 예(禮)를 배우고서 때를 정하여 그것을 실습하면 참으로 기쁘지 않겠는가? 뜻밖에도 나와 뜻을 같이 하는 사람이 먼 곳에서 찾아와 주니, 참으로 즐겁지 아니한가? 남들이 나를 알아주지 않아도 울분을 품지 않는다면 참으로 바람직한 인간이 아니겠는가?

- '학(學)'의 목적어는 '예(禮)'인데, 생략되었다. 사마천은 『사기(史記)·공자세가(孔子世家)』에 "諸生以時習禮其家(문하생들이 때를 정하여 그 집에서 예를 실습한다)"라고 하여 '習'의 대상이 '禮'임을 명시하였다.
- '열(說)'은 '기쁘다'는 뜻을 지닌 '열(悅)'의 고자(古字)이다.
- '유(有)'는 그 다음에 전개되는 사건에 어떤 돌발성이 있음을 나타낸다.
- '붕(朋)'은 공자 문하에서 배우고자 멀리서 찾아온 사람을 가리킨다. 아직 문하생으로 입문한 것이 아니므로 이렇게 지칭했을 것이다.
- '인(人)'은 공자의 제자들을 채용할 지위에 있는 지배 계층의 사람들을 가리킨다.
- '不知'는 '부지'로 읽는다. '不'은 뒷글자의 초성이 'ㄷ'이나 'ㅈ'이면 '부'로 발음한다.
- '군자(君子)'는 공자가 때때로 "제자들이 그렇게 되었으면 하고 원하는 바람직한 인간"을 지칭하는 말로 사용하였다.

너무도 당연한 가르침, 예(禮)

'學而時習之'에서 '學'과 '習'은 목적어를 지니는 타동사인데 '習' 뒤에는 목적어로 대명사 '之'가 있지만 '學' 뒤에는 목적어가 생략되어 있다. '學' 뒤에 명사 목적어가 생략된 것이 아니라면 '習' 뒤에 명사 목적어를 쓰고 대명사 목적어 '之'를 사용하지 않았을 것이다. 그렇다면 '學'의 생략된 목적어는 무엇일까? 『논어』의 출발이 '공자가 말한 것을 제자들이 필요한 경우에 기록해 둔 것'이었음을 상기해 보면 그것은 스승과 제자 사이에 암묵적으로 알고 있어서 생략해도 아무런 문제가 없는 '뻔하고 분명한 것'일 것이다. 이에 대해 미야자키 이치사다가 그의 저서 『논어』에서 설득력 있게 밝혀 놓았다. 그에 따르면 공자가 '예(禮)'의 스승으로서 제자들에게 예를 가르쳐 제후나 귀족의 요구에 응하여 관료로 취직시켰으므로 배우고 익히는 주된 대상이 바로 '예(禮)'였고, 그것이 스승과 제자 사이에 뻔하고 분명한 것으로 공유되어 있었기 때문에 생략되었을 것이다. 당시는 아직 제정일치의 경향이 강한 시대였으므로 전통적인 예법을 아는 사람이 필요했을 것이다. 한나라의 사마천(司馬遷)이 곡부(曲阜)에 가서 공자의 사당에 들렀는데, 공자 사후 수백 년이 지난 당시에도 문하생들은 마치 공자 당대처럼 때를 정해서 그 집에서 예를 실습하고 있는 것을 목격했다. 그러므로 사마천은 『사기』 「공자세가」에 "문하생들은 때를 정하여 그 집에서 예를 실습한다"고 기록했다. 『논어』에서 '그것'을 실습한다고 한 것을 『사기』에서는 명확하게 '예'를 실습한다고 했던 것이다.

배움을 청하는 귀한 손님, 붕(朋)

'붕(朋)'은 '오래 사귄 벗'이 아니라 공자의 제자가 되겠다고 찾아온 사람을 가리킨다. 공자 입장에서는 스스로 사학(私學)을 열어 제자들을 가르쳐서 관료로 취직시킴으로써 이상사회를 재건하겠다는 구체적인 목적이 있었으므로 그 목적에 동참하겠다고 사람이 찾아오는 것은 대단히 즐거운 일이었을 것이다. 그것도 가까운 데서가 아니라 공자의 소문을 듣고 멀리서 찾아왔으니 정말 즐겁지 않았겠는가! 다만 그렇게 찾아온 사람이 아직은 정식으로 제자가 된 것은 아니므로 '나와 뜻을 같이 하는 사람' 정도로 칭하여 '붕(朋)'이라고 했을 것이다.

각양각색, 군자(君子)의 의미

『논어』에서 자주 언급되는 '군자(君子)'는 몇 가지 의미군으로 나누어진다. ① 위정자, 지도자 계층의 높은 신분을 지닌 남자. ② 덕(德)이 있는 남자. ③ 대화를 하는 상대방이 그렇게 되기를 원하는 바람직한 남자. ④ 단순한 2인칭 남자. 제군(諸君).

1-2

有子曰: 其爲人也孝弟, 而好犯上者, 鮮(선)矣, 不好犯上, 而好作亂(란)者, 未之有也. 君子務(무)本, 本立而道生, 孝弟也者, 其爲仁之本與!

유약 선생이 말씀하셨다: 그 사람됨이 부모에게 효도하고 형에게 공손하면서 밖에 나가 걸핏하면 윗사람에게 대드는 일은 없을 것이다. 윗사람에게 대들기를 좋아하지 않으면서 반란을 일으키려 한 사람은 일찍이 없었다. 제군들은 근본에 힘쓰기 바란다. 근본이 확립되면 그다음부터는 저절로 이루어지게 되어 있다. 부모에게 효도하고 형에게 공손한 것이야말로 아마도 인류도덕의 근본이 아니겠는가!

- '유자(有子)'는 공자의 제자 '유약(有若)'을 높여 부른 말이다. 공자 사후 잠시 공자의 제자들에 의해 존중을 받은 적이 있기 때문에 '有子'라는 존칭을 받았을 것이다.
- '其爲人也孝弟'의 '야(也)'는 음절을 조정하고 어기를 고르는 어기조사(語氣助詞)이다. 화자의 호흡을 조절하고 청자의 주의를 환기하는 역할을 한다.
- '제(弟)'는 '제(悌)'와 같아서 아우가 형을 대하여 공경하는 태도를 뜻한다.
- '선(鮮)'은 '드물다'는 뜻인데, 대부분의 경우 '없다'는 것을 완곡하게 표현할 때 사용한다.
- '의(矣)'는 단정을 나타내는 조사이다.
- '未之有'는 '未有之'와 같다. 고대 한문에서는 부정문에서 동사의 목적어가 대명사일 경우, 일반적

으로 목적어를 동사 앞에 놓았다.

- '未之有也'의 '也'는 화자의 주관적 판단을 표시한다. 즉 '未之有'가 객관적 사실이라기보다는 화자가 판단하기에 그렇다는 말이다.
- '군자(君子)'는 여기서 공자가 제자들을 지칭한 말로 보인다. '제군자(諸君子)', '제군(諸君)'과 같다. 또한 이 문장은 권유를 표시하는 일종의 명령문이므로 문장 끝에 조사가 붙지 않았다.
- '도생(道生)'을 축자 해석하면 "길이 생긴다"이다. 이는 "근본이 확립되면 거기서 파생되는 길은 저절로 생기게 마련"이라는 뜻이다.
- '孝弟也者'는 '효(孝)'와 제(弟)라는 것'의 뜻이다. '也者'는 음절을 조정하고 어기를 고르면서 앞의 말을 객관화시키는 조사이다.
- '기(其)'는 추측을 표시하는 부사로 사용되었다.
- '위(爲)'는 '시(是)'와 같아서 '…이다'라는 판단을 나타낸다.
- '인(仁)'은 여기서 인륜도덕의 뜻이다. 송대 성리학이 발전하면서 '仁'이 관념화되어 '최고의 덕'으로 고정되었기 때문에 '孝'가 '仁'의 근본이라고 하면 '孝'가 '仁'보다 더 본원적인 '최고의 덕목'이라는 인상을 줄 우려가 있어서 '爲'를 '실천'의 뜻으로 보고 '爲仁之本'을 '인을 실천하는 기본'으로 새기는 설이 있다. 그러나 공자의 가르침이 '실천의 학문'이었고, '孝弟'와 '仁'의 관계에 대한 공자의 생각을 감안하면 '爲仁之本'을 '인의 근본이다'로 새기는 것이 타당해 보인다.
- '여(與)'는 '여(歟)'와 같아서 의문의 어기를 나타내는 조사이다.

공자의 '인(仁)'이 가리키는 숨은 뜻

공자의 '인(仁)'은 지배계층 상호 간의 인륜도덕을 가리키는 것이지, '보편적인 인간애'가 아니다. 「안연편(顏淵篇)」 "顏淵問仁. 子曰 克己復禮爲仁(사심을 극복하고 예의 정신을 회복하는 것이 인이다)"과 "樊遲問仁. 子曰 愛人(사람을 사랑하는 것이다)"에서 '극기(克己)'는 자신의 욕망을 누르고 억압하는 것이며, '복례(復禮)'는 넓은 의미의 사회 규범에 복귀하는 것, 즉 지금까지의 일탈에서 벗어나 사회 규범을 준수하는 상태로 복귀하는 것을 말한다. 또한 '愛人'의 '人'은 '民'과 구분되어 '보편적인 사람'이 아니라 '지배계층의 사람'을 가리킨다.

영주제의 기반, 효제(孝悌) 사상

구체적으로 말하면 '효(孝)'는 아버지에 대한 복종의 미덕이고, '제(弟)'는 맏

형에 대한 복종의 미덕을 가리킨다. 아버지에 대한 복종은 가부장으로서의 지배권에 대한 복종이고, 맏형에 대한 복종은 차기 가부장의 지위와 지배권을 보장하기 위한 기제이다. 가부장에 대한 복종의 의무는 가부장이 장악하고 있는 재산권과 분리될 수 없는 관계에 있다. 이와 같은 '효제(孝悌)' 사상은 공자 당시 무너져가는 영주제의 확립과 존속을 위해 반드시 필요한 인륜도덕이어서 그 의의를 인정받아 정치적으로도 중요하게 되었다. '효제' 사상은 공자 이전에 이미 영주제를 지탱하는 지주였는데, 공자가 그것을 획기적으로 발전시켜 '효제 인륜도덕의 체계적 수립자'가 되었다고 할 수 있다. 만약 당시에 영주제가 안정된 상태였다면 공자의 그와 같은 사상활동은 무의미한 것이었을 수도 있다.

1-3

子曰: 巧言令色, 鮮矣(의)仁.

선생님께서 말씀하셨다: 그럴 듯하게 꾸며서 듣기 좋은 말만 하고 얼굴빛을 꾸며서 잘 보이려고 드는 인간에게서는 인덕(仁德)을 찾을 수 없다.

- '令色'은 '善色'과 같아서 잘 보이기 위해 자신의 속내를 감추고 얼굴빛을 좋게 꾸미는 것을 말한다.
- "鮮矣仁"은 "仁鮮矣"의 도치이다. "인덕을 찾을 수 없다"는 강한 확신과 단정을 강조한 것이다.
- 이것과 똑같은 글이 「양화편(陽貨篇)」 17장에도 나온다. 이를 통해 『논어』는 출처가 다른 몇몇 부분을 그대로 그러모아서 만든 것이고, 편집자가 최종 점검을 하면서 중복된 장을 삭제하는 작업을 엄격하게 하지 않았음을 알 수 있다.

曾子曰: 吾日三省(성)吾身. 爲人謀而不忠乎? 與朋友交而不信乎?
傳不習乎?

증삼 선생이 말씀하셨다: 나는 매일 여러 번 나 자신을 반성한다. 남의 상담에 응하면서 충분히 성의를 다했는가? 친구와 사귀면서 무책임한 말을 하지는 않았는가? 제자들에게 미숙한 지식을 전수하지는 않았는가?

- '증자(曾子)'는 공자의 제자 '증삼(曾參)'을 높여 부른 말이다.
- '삼성(三省)'은 '여러 번 반성한다'는 뜻이다. 동사 앞의 '삼(三)'은 일반적으로 횟수가 많음을 나타내며, '3'을 뜻하는 실수가 아니다. 「술이편(述而篇)」, "三人行, 必有我師焉(여러 사람이 함께 일을 행하면 그중에는 반드시 내가 본받아야 할 사람이 있다)"에서도 '三'은 '여럿'이라는 뜻이다. 이 글에서 '三'이 뒤에 언급된 '세 가지' 사항이라면 "吾日省者三"으로 썼을 것이다.
- '충(忠)'은 인간관계에서 상대방에게 '정성을 다하다', '성의를 다하다'는 뜻이며, '권력자에 대한 무조건적인 복종'을 뜻하는 말이 아니었다.
- '신(信)'은 '자신이 한 말에 책임을 진다', '자신이 말한 것을 반드시 지킨다'는 뜻이다.
- "전불습(傳不習)"을 "스승에게서 전수 받은 것을 제대로 익히지 않았는가?"라고 해석하는 설도 있다. 그러나 『논어』에서는 그런 의미일 경우, "傳而不習"으로 썼을 것이다.

子曰: 道千乘(승)之國, 敬事而信, 節用而愛人, 使民以時.

선생님께서 말씀하셨다: 제후의 나라를 다스림에 있어서는 사업을 신중하게 벌이는 한편 말한 것을 반드시 지키고, 비용을 절제하면서 관리를 아껴야 하고, 백성을 사역시킬 때는 농사철을 피해야 한다.

- '도(道)'는 동사로서 '도(導)', '치(治)'의 뜻이다.
- "천승지국(千乘之國)"은 "전차 천 대의 군비를 갖춘 나라"라는 말이다. 천자는 만승(萬乘), 제후는 천승(千乘)을 원칙으로 한다.
- '경사(敬事)'는 나라에서 벌이는 사업을 신중하게 한다는 말로, 꼭 필요한 사업만 행한다는 말이다.
- '신(信)'은 본래가 '자신이 말한 것을 반드시 지킨다'는 뜻이므로 여기서는 사업을 벌일 때 한 약속을 반드시 지켜 공신력을 얻어야 한다는 말이다.
- '절용이애인(節用而愛人)'은 사업비용을 절제해야 하지만 그것이 지나쳐 그 사업에 종사하는 관리들의 원망을 사지 말아야 한다는 말이다. 여기서 '人'은 뒤에 나오는 '民'과 대비되어 '士' 이상의 지배계층을 가리키는 말이므로 '관리'로 풀이했다.
- '사민이시(使民以時)'는 사업에 백성들을 동원할 때는 농사철을 피해야 세금도 제대로 걷을 수 있고, 백성들의 원망도 줄일 수 있다는 말이다.
- 이 문장도 공자가 제자들에게 권유한 일종의 명령문이기 때문에 문장 끝에 조사를 붙이지 않았다.

1-6

子曰: 弟子入則(즉)孝, 出則弟, 謹而信, 汎愛衆, 而親仁. 行有餘力, 則(즉)以學文.

선생님께서 말씀하셨다: 젊은이는 가정에서는 부모님께 효도하고 사회에 나가서는 윗사람을 공경해야 하며, 신중하게 처신하고 자신이 한 말에 책임을 지며, 널리 많은 사람들과 친목하면서 성실한 사람을 가까이 해야 한다. 이를 실천한 다음에 여력이 있으면 옛 전적과 현인의 말씀을 학습해야 한다.

- '제자(弟子)'는 누군가의 아우거나 자식인 젊은이를 가리킨다.
- '근(謹)'은 신중하고 성실하게 처신하는 것을 뜻하는데, 입이 무거운 것을 뜻한다는 설도 있다.
- '문(文)'은 '문헌(文獻)', 즉 옛 전적과 옛 현인의 말씀을 가리킨다. 이것을 폭넓게 '교양'으로 풀이하기도 한다.

子夏曰: "賢賢易(이)色." 事父母能竭(갈)其力, 事君能致其身, 與朋
友交, 言而有信. 雖(수)曰未學, 吾必謂之學矣.

자하가 말했다: "덕행을 중시하고 겉모양을 중시하지 말라"는 옛말이
있다. 이것은 부모를 섬길 때는 있는 힘을 다할 수 있어야 하고, 군주
를 섬길 때는 목숨을 바칠 수 있어야 하며, 친구와 사귈 때는 자신이
한 말에 대해 책임을 진다는 말이다. 그런 사람이라면 비록 배운 적이
없다고 해도 나는 반드시 그가 이미 배움의 의미를 깨달은 사람이라고
단언하겠다.

의문에 싸인 "현현이색(賢賢易色)"의 의미

"賢賢易色"을 어떻게 볼 것인가에 대해서 수많은 학설이 존재한다. 한
(漢)·위(魏) 고주(古注)의 해석에 따르면 "현인을 존중하는 마음을 여색과 바
꿀 수 있듯이 하라. 즉 호색지심(好色之心)으로 호현(好賢)하라"이다. 이 해석
을 뒤에 나오는 문장과 연결시켜 보면 "현인을 존중하는 마음으로 부모를
섬길 때는 있는 힘을 다해야 한다"가 되는데, "부모를 섬기는 마음으로 현
인을 존중하라"라고 말하는 것보다 설득력이 부족하다. 일본의 미야자키
이치사다는 이것을 자하가 옛말을 인용한 것으로 보고 "도마뱀의 색은 현
현히 주변에 따라서 변한다는 옛말이 있다('역(易)'을 '척(蜴: 도마뱀)의 차자(借
字)로 보았음)"로 풀이하였다. 자신의 처지가 부모를 섬기는 자식일 때와 군
주를 섬기는 신하일 때와 친구를 사귀는 벗일 때 그 처지에 따라 처신을 달
리해야 함을 비유한 말로 본 것이다. 그러나 이 풀이는 "인간의 도리"를 언
급한 세 가지 이야기와 의미상의 관련성이 적다. 그래서 이 말을 부부 관계
에 대한 언급으로 보고 "아내에 대하여 품덕을 중히 여기고 용모를 중히 여

기지 않는다"고 풀이하기도 한다. 이것은 부부 관계, 부모와 자식의 관계, 군신 관계, 친구 관계로 이어져 일관성이 있어 보이지만 "현현이색(賢賢易色)"을 뒤의 말과 똑같이 자하가 직접 한 말로 보기에는 문장 구조와 어조에 차이가 많다. 그래서 여기서는 이 구절을 자하가 옛말을 인용한 것으로 처리하고 번역은 위와 같이 하였다.

1–8

子曰: 君子不重則(즉)不威(위), 學則不固. 主忠信, 無友不如己者, 過則勿憚(탄)改.

선생님께서 말씀하셨다: 제군들이여, 중후하게 처신하지 않으면 위엄이 없고, 배워야 고루해지지 않는다. 진정성과 신뢰의 확보에 주력하고, 자신만 못한 사람을 벗으로 삼지 말고, 잘못이 있으면 고치는 것을 꺼리지 마라.

- '군자(君子)'는 여기서 공자가 제자들을 지칭한 말이다.
- "학즉불고(學則不固)"를 "배워도 공고하지 않다"로 풀이하기도 한다. 그러면 "중후하게 처신하지 않으면 위엄이 없고, 배워도 공고해지지 않는다" 정도가 될 것이다.
- '불여기자(不如己者)'는 진정성과 신뢰의 측면에서 자신만 못한 사람이라는 뜻이다.
- 여기서 "군자(君子)"가 삼인칭으로 쓰여서 "군자란 이러이러한 사람이다"라는 식의 문장이라면 문미(文尾)에 판단을 나타내는 조사 '也'가 덧붙었을 것이다.

曾子曰: 愼(신)終追遠, 民德歸厚矣.

증삼 선생이 말씀하셨다: 부모의 노후를 잘 보살피고 먼 조상의 은혜를 잊지 않는다면 백성들의 인정이 깊어질 것이다.

• '신종(愼終)'의 '終'을 '부모의 사망'으로 보기도 하나 '추원(追遠)'의 '遠'이 '죽은 조상'을 가리키므로 여기서는 '부모의 노후'로 번역하였다.

子禽(금)問於子貢曰: 夫子至於是邦也, 必聞其政, 求之與? 抑(억)與之與? 子貢曰: 夫子溫良恭儉(검)讓(양)以得之. 夫子之求之也, 其諸(저)異乎人之求之與?

자금이 자공에게 물었다: 선생님께서는 어느 나라에 가면 반드시 국정에 참여하시게 되는데, 그것은 선생님이 구하신 것입니까? 아니면 상대방이 선생님께 의뢰한 것입니까? 자공이 대답했다: 선생님은 온후하고 선량하고 공손하고 검소하고 겸양하신 인품이기 때문에 그 지위를 얻으신 것이네. 선생님께서 구하셨다고 해도 그 방도는 아마 남들과는 다르지 않겠는가?

• '자금(子禽)'은 공자의 제자 진항(陳亢)으로, 공자보다 40세 아래이다.
• '자공(子貢)'은 공자의 제자 단목사(端木賜)로, 공자보다 31세 아래이다.
• '부자(夫子)'는 중국 고대의 경칭으로 대부분 대부(大夫)를 지낸 적이 있는 사람에게 사용했다. 공자는 노나라의 사구(司寇)를 역임했으므로 제자들이 그에게 이 경칭을 사용하였다.
• '시(是)'는 불특정한 것을 가리키는 지시대명사이다.

- "문기정(聞其政)"은 직역하면 "그 나라의 정치를 듣다"인데, 이는 국정에 참여하는 것을 뜻한다.
- '기저(其諸)'는 추측을 표시하는 부사로 '아마', '혹시' 정도의 뜻을 지닌다. 제(齊)나라와 노(魯)나라의 방언이라는 설이 있다.

1-11

子曰: 父在觀其志, 父沒(몰)觀其行, 三年無改於父之道, 可謂孝矣.

선생님께서 말씀하셨다: 부친이 살아 계실 때는 부친의 뜻을 잘 살피고, 부친이 돌아가셨을 때는 부친의 행적을 잘 살펴서 삼년상을 지내는 동안 부친이 가시던 길을 바꾸지 않는다면 효성스럽다고 할 수 있다.

- '삼년(三年)'은 삼년상(三年喪)을 뜻한다.
- '무(無)'는 여기서 '불(不)'과 같다.
- '어(於)'는 동작의 대상을 표시하는 전치사로, 자동사 뒤와 타동사 뒤에 다 쓸 수 있다.

법(法)보다 효(孝), 가부장제 확립의 의지

'효(孝)'에 대한 공자의 위와 같은 언급을 통해 그가 얼마나 가부장제의 확립과 유지에 노력했는가를 알 수 있다. 「자로편(子路篇)」을 보면 다음과 같은 글이 나온다. "섭공이 공자께 말씀하셨다: 우리 마을에 곧은 사람이 있습니다. 자신의 아버지가 양을 훔치자 아들이 그것을 고발했습니다. 공자께서 말씀하셨다: 우리 마을의 곧은 사람은 그와 다릅니다. 아버지는 아들을 위하여 숨겨주고 아들은 아버지를 위하여 숨겨주니, 곧음은 그 안에 있습니다."(葉公語孔子曰: 吾黨有直躬者, 其父攘羊, 而子證之. 孔子曰: 吾黨之直者異於是. 父爲子隱, 子爲父隱, 直在其中矣.) 절도범이 누구이건 그를 고발한 것은 법을 지킨 것인데, 공자는 그보다 아버지에 대한 효가 더 중요하다고 본 것이다. 이를 통해 효제주의적 질서가 법적 질서로 인해 파탄에 이르는 것을 공자가 매우 우려했음을 알 수 있다.

1—12

有子曰: 禮之用, 和爲貴. 先王之道, 斯(사)爲美. 小大由之, 有所不行, 知和而和, 不以禮節之, 亦不可行也.

유약 선생이 말씀하셨다: 예를 실행함에 있어서는 타협이 중요하다. 고대 현명한 군주의 정치는 이 점에서 훌륭하였다. 큰일 작은 일을 가리지 않고 모두 예가 규정한 대로 따르면 막히는 곳이 있게 마련이다. 이와는 반대로 타협의 중요성을 알아 타협에만 의존하고 예로써 그것을 절제하지 않는다면 이 또한 안 될 일이다.

● '斯爲美'의 '사(斯)'는 '禮之用, 和爲貴.'를 가리키고, '小大由之'의 '之'는 '禮'를 가리키고, '以禮節之'의 '之'는 '和'를 가리킨다.

동전의 양면, 예(禮)와 화(和)

공자에게는 예의 외형보다 그 내용인 예의 참된 뜻이 중요했다. 예의 정신에서는 '和(남과 나의 의견 절충을 통한 합의)'가 중요한 위치를 차지하고 있으므로, 공자는 여기서 예의 외형을 '예(禮)'로 보고 예의 정신을 '화(和)'로 보아 이 양자를 대립시켜 예를 실제로 실행할 때의 교훈을 말한 것으로 보인다.

有子曰: 信近於義, 言可復(복)也. 恭近於禮, 遠恥(치)辱(욕)也. 因不失其親, 亦可宗也.

유약 선생이 말씀하셨다: 지켜야 하는 언약이 정의에 부합하면 그 말은 실천할 수 있다. 태도의 공손함이 예에 합당하면 모욕을 당하지 않는다. 이에 의거하여 친밀함을 잃지 않는다면 본받을 만하다.

- '신(信)'은 본래 '자신이 말한 것을 반드시 지키는 것'이므로 여기서는 '지켜야 하는 언약'으로 번역하였다.
- '복(復)'은 '리(履)'와 같아서 '실천하다'의 뜻이다. 주희(朱熹)는 『집주(集注)』에서 "復, 踐言也(복(復)은 말을 실천하는 것이다)"라고 하였다.
- '인(因)'에 대해서는 여러 가지 풀이가 있으나 여기서는 '(앞에서 말한 것에) 의거하다'로 보았다.

子曰: 君子食無求飽(포), 居無求安, 敏(민)於事而慎(신)於言, 就有道而正焉(언), 可謂好學也已(이).

선생님께서 말씀하셨다: 제군들은 음식을 먹을 때 배부르도록 먹으려 하지 말고, 거처에서 쉴 때도 안일을 탐하지 마라. 일을 할 때는 솔선해서 하고 말을 할 때는 신중히 하며, 덕망 있는 사람을 찾아가 자신을 바로잡도록 하라. 그렇게 한다면 배움을 좋아한다고 할 수 있다.

- '거(居)'에는 '쉬다'는 뜻이 있어서 여기서는 단순한 '거주'가 아니라 '거처에서 쉰다'는 말로 보인다.
- '민(敏)'은 수고를 아끼지 않고 솔선수범하는 것을 뜻한다.
- '유도(有道)'는 '유덕자(有德者)', 즉 '덕망 있는 사람'의 뜻이다.

- '야이(也已)'는 단정적인 어기를 나타내는 어기조사이다.

1-15

子貢曰: 貧而無諂(첨), 富而無驕(교), 何如? 子曰: 可也, 未若貧而
樂道, 富而好禮者也. 子貢曰: 詩云: "如切如磋(차), 如琢(탁)如磨
(마)." 其斯(사)之謂與? 子曰: 賜(사)也, 始可與言詩已矣. 告諸(저)往
而知來者.

자공이 여쭈었다: 가난해도 부자에게 아첨함이 없고, 부유해도 가난
한 사람에게 교만하지 않다면 어떻습니까? 선생님께서 대답하셨다:
괜찮지만 가난한 중에도 인간적인 삶의 길을 찾아 만족하고 부유한 중
에도 겸손한 삶을 좋아하는 것만은 못하다. 자공이 다시 여쭈었다:
『시경』에서 "뼈나 뿔을 자른 다음에 다시 정교하게 다듬고, 옥석을 쪼
고 나서 다시 정교하게 갈듯이 (인생 공부를) 한다"고 말한 것이 아마 이
런 것을 두고 한 말이겠지요? 선생님께서 말씀하셨다: 사야, 너는 이
제 나와 더불어 『시경』을 토론해도 되겠다. 하나를 가르치니 열을 아
는구나.

- 중국에서 전해오는 대부분의 텍스트에는 '빈이락(貧而樂)' 뒤에 '도(道)'가 없는데, 황간본(皇侃本)과
  일본에 전해오는 사본에는 '道'가 있어서 이에 따랐다.
- "如切如磋, 如琢如磨." 는 『시경·위풍(衛風)·기욱(淇奧)』의 첫머리에 나오는 말로서, '절차탁마(切
  磋琢磨)'는 뼈·뿔·상아·옥과 같은 재료로 기물을 만들 때 먼저 대충 외형을 만든 다음에 아름답게
  다듬고 새기는 네 가지 방법을 뜻한다.
- '기(其)'는 추측을 표시하는 부사이다.
- '사지위(斯之謂)'는 '謂斯'의 도치형식인데, 이와 같이 강조를 위해 목적어를 동사 앞에 놓는 경우, 목
  적어와 동사 사이에 결구조사 '之'를 쓴다. '斯'는 앞에서 공자가 한 말을 가리킨다.

- '사(賜)'는 자공(子貢)의 이름이다.
- '저(諸)'는 '之'와 같은 대명사로서, 2인칭으로 사용되어 '사(賜)'를 가리킨다.
- '왕(往)'은 여기서 이미 알고 있는 일을 비유하고, '래자(來者)'는 아직 알지 못하는 일을 비유한 것이다.

'절차탁마(切磋琢磨)'의 진정한 뜻

자공과 공자의 대화에서 자공이 말한 것은 비유하자면 먼저 대충 외형을 만든 것이고('절(切)'과 '탁(琢)'), 그것을 공자가 아름답게 다듬었다는 뜻으로서('차(磋)'와 '마(磨)'), 인생 공부의 길이 그만큼 심오하다고 자공이 느껴 『시경』 구절을 인용하여 말한 것이다.

1-16

子曰: 不患(환)人之不己知, 患不(부)知人也.

선생님께서 말씀하셨다: 다른 사람이 나를 이해해 주지 않아도 나는 걱정하지 않는다. 내가 걱정하는 것은 내 자신이 다른 사람을 이해하지 못하는 것이다.

- '불기지(不己知)'는 부정문에서 대명사 목적어가 동사 앞에 놓인 형태이다.
- '문장 끝에 '야(也)'가 있으므로 공자의 말은 자신에 대한 말이지, 제자들에 대한 명령문(권유)이 아니다.

2. 위정편(爲政篇)

「위정편」은 모두 24장으로 이루어져 있다. 공자는 효제(孝悌) 사상을 바탕으로 사회의 혼란을 바로잡고 무너져 가는 영주제를 재건하려고 했다. '효제' 사상은 공자 이전에 이미 영주제를 지탱하는 지주였는데, 공자가 그것을 획기적으로 발전시켜 '효제 인륜도덕의 체계적 수립자'가 되었다고 할 수 있다. 따라서 공자는 여기서 위정자가 덕망의 정치를 펴야 하고, 백성들에게 효제(孝悌)의 중요성을 일깨워 정치의 바탕으로 삼아야 한다고 주장했다. 그리고 각론으로 효의 본질과 실천 방법을 설명하는 한편 사회생활에서 자신이 한 말에 책임을 지는 것과 말보다 실천이 중요하다는 것을 일깨웠다. 위정편은 이상의 것을 중심 내용으로 하면서『시경』의 정신과 내용, 공자 자신이 진단한 삶의 단계별 성취와 자각, 스승이 되기 위한 조건, 배움과 사고의 관계, 바람직한 교제 방법, 자기성찰의 중요성, 관료 생활의 비결 등을 말했다.

子曰: "爲政以德." 譬(비)如北辰(신), 居其所, 而衆星共之.

선생님께서 말씀하셨다: "정치는 덕망으로 한다"라는 말이 있다. 이
말은 북극성이 그 위치를 조금도 바꾸지 않고 뭇 별들이 북극성을 에
워싸고 회전하는 것과 같음을 비유한 것이다.

- '북신(北辰)'은 '북진'으로 발음하기도 한다.
- '공(共)'은 '공(拱)'과 같아서 '에워싸다'는 뜻이다.

북극성, 덕망 있는 군주의 상징

'爲政以德'은 고어(古語)로서 덕망 있는 군주가 하는 정치를 가리킨 말일 것
이다. 이런 군주는 특별히 힘쓰지 않아도 백관이나 백성이 군주의 뜻을 알
아 각자의 업무에 힘쓰도록 한다. 그 모습은 마치 하늘의 별들이 북극성을
에워싸고 회전하는 모습과 같다는 것이다.

子曰: 詩三百, 一言以蔽(폐)之, 曰思無邪(사).

선생님께서 말씀하셨다: 『시경』의 시 삼백 편을 한마디로 요약하면
"마음에 사념이 없다"이다.

- '왈(曰)'은 '시(是)'와 같아서 '…이다'라는 뜻의 동사이다.
- '사무사(思無邪)'는 『시경·노송(魯頌)·경(駉)』에 나오는 말이다. '思'가 『시경』에서는 별 뜻이 없는 어
  조사로 사용되었지만 공자는 이를 단장취의(斷章取義)하여 실사로 사용했을 것이다.

2-3

子曰: 道之以政, 齊之以刑, 民免而無恥(치). 道之以德, 齊之以禮, 有恥且格.

선생님께서 말씀하셨다: 백성을 이끄는 데 정치권력을 사용하고 백성을 다스리는 데 형벌을 쓴다면 백성은 벗어날 길만 생각하게 되고 죄의식을 갖지 않게 될 것이다. 백성을 이끄는 데 덕망으로써 하고 백성을 다스리는 데 예의로써 하면 백성은 염치를 알고 마음으로부터 따라오게 될 것이다.

- '도(道)'는 '도(導)'와 같아서 '이끌다'의 뜻이다.
- '제(齊)'는 '치(治)'와 같아서 '다스리다'의 뜻이다.
- '격(格)'은 '바르다(正)', '이르다(至)', '오다(來)', '공경하다(敬)' 등의 풀이가 있는데, 여기서는 '래(來)'의 뜻으로 보고 '마음으로부터 따라오다'로 번역하였다.

2-4

子曰: 吾十有五而志于學, 三十而立, 四十而不惑(혹), 五十而知天命, 六十而耳順, 七十而從心所欲, 不踰(유)矩(구).

선생님께서 말씀하셨다: 나는 열다섯에 학문의 길에 들어서기로 뜻을 세웠고, 서른에는 자신감을 갖게 되었고, 마흔에는 앎을 바탕으로 미혹됨이 없게 되었고, 오십에는 인간 능력의 한계를 깨달았고, 예순이 되어서는 무엇을 들어도 화를 내지 않게 되었고, 일흔이 되어서는 무엇을 하건 그다지 애쓰지 않아도 도를 넘어서는 일이 없어졌다.

'十有五'는 '十五'와 같다. '유(有)'는 '우(又)'와 같은데, 옛날에는 자리수와 단위수 사이에 '有'를 주로 사용했고 '又'는 사용하지 않았다.

'립(立)'은 '독립(獨立)'으로서, 자신감을 갖게 되었다는 말이다.

『논어』「자한편(子罕篇)」과 「헌문편(憲問篇)」에 '知者不惑'이란 말이 나오므로 여기서도 '不惑'을 '앎을 바탕으로 미혹됨이 없게 되었다'로 번역하였다.

'이순(耳順)'과 '불유구(不踰矩)'는 공자가 체력과 기력이 쇠퇴해 가는 것을 느끼면서 자신의 삶과 인간관계에 대한 자각을 언급한 말일 것이다.

지천명(知天命), 하늘의 힘을 아는 분투

'지천명(知天命)'을 직역하면 '천명을 알다'인데, 그 구체적인 내용에 대해 미야자키 이치사다가 "공자의 일생을 그린 포물선의 정점은 천명을 알게 되었던 오십 세 때일 것이다. 이 천명이 문제인데 공자에게 하늘(天)은 아직 정의를 집행하는 신이 아니었다. 하늘은 전혀 알 수 없는, 두려운 힘을 가진 존재였다. 아무리 인사(人事)를 다해도 무언가 알 수 없는 원인 때문에 생각대로 일이 되지 않는다. 그것은 바로 천명(天命), 곧 하늘의 작용 때문이었다. 그러나 그렇다고 해서 노력을 멈출 수는 없다. 성패를 뛰어넘은 분투가 공자가 최후에 도달한 각오이고 실제로 그 이상의 인생관은 생각할 수 없는 것이 아니겠는가?"라고 『논어』에서 해설한 것이 설득력이 있어서 여기서도 "인간 능력의 한계를 깨달았다"라고 번역하였다.

孟懿(의)子問孝. 子曰: 無違. 樊(번)遲(지)御, 子告之曰: 孟孫問孝於
我, 我對曰, 無違. 樊遲曰: 何謂也? 子曰: 生事之以禮, 死葬(장)之
以禮, 祭之以禮.

맹의자가 효행의 방법에 대해 여쭈니 선생님께서 말씀하셨다: 예절을
어기지 않도록 하시오. 번지가 공자의 수레를 몰고 돌아올 때 선생님
께서 말씀하셨다: 맹손이 내게 효행의 방법에 대해 묻기에 예절을 어
기지 않도록 하라고 가르쳐 주었다. 번지가 여쭈었다: 무슨 뜻입니
까? 선생님께서 대답하셨다: 부모가 살아 계신 동안 섬길 때 예절을
어기지 않도록 하고, 돌아가시면 장례를 치를 때 예절을 어기지 않도
록 하고, 제사 지낼 때 예절을 어기지 않도록 하라고 말한 것이다.

- '맹의자(孟懿子)'는 노(魯)나라의 대부로 성은 중손(仲孫)이고 이름은 하기(何忌)이다. '의(懿)'는 그의 시호이다.
- '번지(樊遲)'는 공자의 제자로 이름은 수(須)이고 자는 자지(子遲)이며, 공자보다 46세 아래이다.

孟武伯問孝. 子曰: 父母唯其疾之憂.

맹무백이 효행의 방법에 대해 여쭈었다. 선생님께서 대답하셨다: 부
모는 오직 자식이 병이 나지는 않을까 그것만을 걱정합니다.

- '맹무백(孟武伯)'은 맹의자(孟懿子)의 아들로, 무(武)는 그의 시호이고 백(伯)은 항렬이며 이름은 체(彘)이다.

子游問孝. 子曰: 今之孝者, 是謂能養(양). 至於犬馬, 皆能有養, 不敬, 何以別乎?

자유가 효행에 대해 여쭈니 선생님께서 말씀하셨다: 요즈음에는 효행이라고 하면 단지 먹여 살릴 수 있는 것을 말하는데, 개나 말에 이르러서도 모두 먹여 살리는 일을 행할 수 있으니 공경하지 않는다면 무엇으로 구별하겠는가?

- '자유(子游)'는 공자의 제자 언언(言偃)의 자(字)이다. 오(吳)나라 사람으로 공자보다 45세 아래이다.
- '효자(孝者)'의 '者'는 음절을 조정하고 어기를 고르는 어기조사이다.
- '시(是)'는 '지(祇)'와 같아서 '단지'의 뜻이다.

子夏問孝. 子曰: 色難. 有事, 弟子服其勞. 有酒食, 先生饌(찬), 曾是以爲孝乎?

자하가 효행에 대해 여쭙자 선생님께서 말씀하셨다: 부모를 모실 때의 안색이 중요하다. 일이 있을 때는 젊은 사람이 힘든 일을 하고, 술과 밥이 있으면 연장자에게 먼저 드린다. 이와 똑같이 부모에게 해드렸다고 해서 바로 그것을 효행이라고 할 수 있겠느냐?

- '색난(色難)'은 자식이 부모를 모실 때 한결같이 온화한 낯빛을 하기가 쉽지 않지만, 그렇게 하는 것이 중요하다는 말이다.
- '제자(弟子)'와 '선생(先生)'은 여기서 젊은이와 연장자를 가리킨다.
- '증(曾)'은 '내(乃)'와 같아서 '바로'의 뜻이다.
- '시(是)'는 "有事, 弟子服其勞. 有酒食, 先生饌"을 받는 대명사이다.

子曰: 吾與回言終日, 不違如愚. 退而省(성)其私, 亦足以發, 回也,
不愚.

선생님께서 말씀하셨다: 내가 온종일 안회와 학문을 이야기했으나 그
는 결코 반대 의견이나 의문을 제기하지 않아 마치 우둔한 사람처럼
보였다. 그런데 안회가 물러나서 혼자 있을 때의 모습을 보니 내가 말
한 것을 분명히 이해하고 있음을 알았다. 안회는 어리석은 사람이 아
니다.

- '회(回)'는 공자가 가장 총애했던 제자 안회(顏回)의 이름이다. 자가 자연(子淵)이고 공자보다 30세
  아래이다.
- '발(發)'은 '(선생님께서 말씀하신 것을) 발휘하다, 천명하다'는 뜻이다.

子曰: 視其所以, 觀其所由, 察(찰)其所安, 人焉廋(수)哉(재)? 人焉廋
哉?

선생님께서 말씀하셨다: 사람은 그 행동을 주시하고, 그가 목표 달성
을 위해 채용한 방법을 살피고, 그가 무엇에 안심하고 무엇에 불안해
하는가를 알아내면, 아무리 감추려고 해도 그 사람됨이 드러나게 마련
이다.

- '소이(所以)'의 '以'는 '하다'라는 뜻을 갖는 동사이다.
- '소유(所由)'의 '由'는 '유차행(由此行)'의 '由'로서 여기서 '所由'는 '일을 행하는 방법'을 가리킨다.
- "人焉廋哉?"를 직역하면 "그 사람이 어떻게 숨기겠는가?"이다.

2−11

子曰: 溫故而知新, 可以爲師矣.

선생님께서 말씀하셨다: 옛것을 연구하여 거기서 새로운 지식을 끌어낼 수 있다면 스승이 될 수 있다.

2−12

子曰: 君子不器.

선생님께서 말씀하셨다: 제군들은 한정된 용도에만 쓰이는 기물 같이 되지 말아야 한다.

2−13

子貢問君子. 子曰: 先行, 其言而後從之.

자공이 어떻게 해야 바람직한 사람이 될 수 있는지 여쭈니 선생님께서 말씀하셨다: 실행을 우선하고 말을 앞세우지 않도록 하라.

• "其言而後從之"를 직역하면 "실행에 대한 말은 나중에 행동이 뒤따르게 해야 한다" 정도가 될 것이다.

子曰: 君子周而不比, 小人比而不周.

선생님께서 말씀하셨다: 제군들은 도의를 기치로 서로 사귀고, 사리 사욕을 위해 결탁해서는 안 된다.

- '군자(君子)'가 '바람직한 인간'으로서 제자들을 지칭하는 말로 쓰인 경우, '소인(小人)'은 '바람직하지 않은 인간'으로서 군자와 대비되어 부정 명령의 내용을 갖는다.
- '주(周)'는 도의로써 서로 의기투합하는 것을 가리키고, '비(比)'는 사리사욕을 위해 결탁하는 것을 가리킨다.

子曰: 學而不思則罔(망), 思而不學則殆(태).

선생님께서 말씀하셨다: 배우기만 하고 스스로 생각하지 않으면 자신의 세계를 열 수 없고, 생각만 하고 배우지 않으면 위험하다.

- '망(罔)'은 그물 안에 갇혀 있게 된다는 말인데, 바꾸어 말하면 스승의 학문 세계라는 보이지 않는 벽 안에 갇혀 있어서 자신의 세계를 열어 나갈 수 없다는 말이다.
- 우리는 배움을 통해서 인류가 오랜 기간 쌓아온 문화유산의 현재 수준까지 비교적 단기간에 도달할 수 있게 된다. 그와 같은 '배움'의 존재 이유를 무시하고 순전히 자신의 힘만으로 무언가를 이루려고 한다면 비록 성공한다고 해도 많은 시간과 정력을 낭비하게 될 위험이 있다. '태(殆)'는 바로 그 위험성을 지적한 말이다.

子曰: 攻乎異端, 斯害也已.

선생님께서 말씀하셨다: 검증되지 않은 주장을 따르는 것은 해가 될 뿐이다.

- '공(攻)'은 여기서 '순종하다', '따르다'는 뜻이다.
- '호(乎)'는 동작의 대상을 표시하는 전치사로 '어(於)'와 같다.
- '이단(異端)'은 '자신들의 학설과는 다른 학설'의 뜻으로 많이 쓰이지만 공자가 활동하던 시기에는 유가와 다른 사상체계를 지닌 집단이 없었으므로 여기서는 '검증되지 않은 주장'으로 번역하였다.
- '사(斯)'는 '攻乎異端'을 가리키는 대명사이다.
- '야이(也已)'는 단정의 어기를 표시하는 어기조사이다.

子曰: 由! 誨(회)女知之乎! 知之爲知之, 不知爲不知, 是知也.

선생님께서 말씀하셨다: 유야! 너에게 안다는 것이 무엇인지를 가르쳐 주마. 아는 것을 안다고 하고 모르는 것을 모른다고 한다. 바로 이것이 안다는 것이다.

- '유(由)'는 공자의 제자 중유(仲由)로, 자(字)가 자로(子路)이고 노(魯)나라 사람으로 공자보다 9세 아래이다.
- '知之'의 '之'는 일반적인 대상을 가리키는 대명사인데, 타동사를 명사화 하는 작용을 갖는다.

아는 것과 모르는 것을 아는 앎

아는 것과 모르는 것의 한계를 명확히 아는 것이 가장 잘 아는 것이라는 말이다. 모든 학문 분야에서 자신이 어디까지 알고 있는지를 아는 사람이 있다면 그 사람이 가장 잘 아는 사람일 것이다.

2-18

子張學干(간)祿(록). 子曰：多聞闕(궐)疑, 愼(신)言其餘, 則寡尤(우).
多見闕殆(태), 愼行其餘, 則寡悔(회). 言寡尤, 行寡悔, 祿在其中矣.
자장이 봉급생활의 비결을 가르쳐 달라고 하자 선생님께서 말씀하셨
다: 널리 듣고 나서 의심스러운 것이 있으면 보류해 두고, 확실한 것
을 신중하게 말하면 비난 받을 일이 적다. 널리 보고 나서 의심스러운
것이 있으면 보류해 두고, 자신 있는 것을 신중히 실행하면 실수할 일
이 적다. 자신이 한 말에 대해 비난이 적고 실행한 일에 실수가 적으면
봉급은 저절로 들어오게 마련이다.

- '자장(子張)'은 공자의 제자 전손사(顓孫師)의 자(字)이다. 진(陳)나라 사람으로 공자보다 48세 아래
  이다.
- '간록(干祿)'의 '干'은 구한다는 뜻이고, '祿'은 관리의 봉급을 뜻한다.
- '궐의(闕疑)'는 의심스러운 것을 보류해 둔다는 말인데, 뒤에 나오는 '궐태(闕殆)'는 뜻이 같은 동의사
  (同義詞)이다.
- '기여(其餘)'는 의심스러워 보류해 둔 것을 제외한 나머지 확실한 것을 가리킨다.

哀公問曰: 何爲則 (즉)民服? 孔子對曰: 擧直錯 (조)諸 (저)枉, 則民服.
擧枉錯諸直, 則民不服.

(노나라) 애공이 물었다: 어찌하면 백성들이 심복하겠습니까? 공자께서
대답하셨다: 올바른 사람을 등용하여 그를 통해 굽은 사람을 바로잡으
면 백성들이 심복할 것입니다. 굽은 사람을 등용하여 그를 통해 올바
른 사람을 굽어지게 만들면 백성들은 결코 심복하지 않을 것입니다.

- '하위(何爲)'는 '爲何'와 같다. 의문대명사가 타동사의 목적어일 경우에는 동사 앞에 놓인다.
- '조(錯)'는 '조(措)'로서 '치(置)'의 뜻이다.
- '저(諸)'는 '지어(之於)'와 같다. 따라서 '조저왕(錯諸枉)'을 직역하면 '그를 굽은 사람 위에 두다'이다.

季康子問: 使民敬忠以勸, 如之何? 子曰: 臨之以莊則敬, 孝慈 (자)
則忠, 擧善而敎不能則勸.

계강자가 물었다: 어찌하면 백성들이 군주를 존경하고 성심을 다하며
근면하게 일하겠습니까? 선생님께서 말씀하셨다: 군주가 백성들을
근엄하게 대하면 존경할 것이고, 군주가 효도와 자애의 모범을 보이
면 성심을 다할 것이고, 올바른 사람을 등용하여 아직 힘이 닿지 못하
는 사람을 교화시키면 근면하게 일할 것입니다.

- '이(以)'는 병렬관계를 표시하는 접속사로 '而'와 같다.
- '임(臨)'은 원래 높은 곳에서 낮은 곳을 향해 내려다본다는 뜻인데, 여기서처럼 '아랫사람을 대한다'
  는 뜻으로도 많이 쓰인다.

- '권(勸)'은 '백성들에게 일을 열심히 하도록 권면하다'는 뜻이다.

2-21

或謂孔子曰: 子奚(해)不爲政? 子曰: 『書』云 "孝乎惟孝, 友于兄弟, 施(시)於有政", 是亦爲政, 奚其爲不爲政?

어떤 사람이 공자에게 물었다: 선생님은 왜 정치를 하지 않으십니까? 선생님께서 말씀하셨다: 『서경』에 "효행이라면 더할 나위 없이 효성스럽고, 형제간에 우애 있다면 정치에 기여하는 것이다"라고 쓰여 있습니다. 이 역시 일종의 정치 행위라는 말입니다. 그렇다면 나도 정치를 하지 않는 것은 아닙니다.

- '『書』云' 이하 세 구절은 『상서(尙書)』에는 빠져 있는 문장으로, 『위고문상서(僞古文尙書)』를 만들 때 여기서 뽑아내어 「군진편(君陳篇)」에 넣었다.
- '유정(有政)'의 '有'는 명사 앞에 놓이는 의미 없는 조사로서, 4자 구를 만드는 역할을 한다.
- 원문에 '奚其爲爲政'이라고 되어 있지만 미야자키 이치사다의 견해를 따라 두 '爲'자 사이에 '不'자를 보충해 넣었다.

子曰: 人而無信, 不知其可也. 大車無輗(예), 小車無軏(월), 其何以
行之哉?

선생님께서 말씀하셨다: 사람이 자신이 한 말에 대해 책임을 지지 않
는다면 아무 짝에도 쓸모가 없다. 큰 수레에 채가 없고 작은 수레에 채
가 없다면 그 수레를 무엇으로 끌고 가겠는가?

- 중국 고대에 소가 끄는 수레를 '대거(大車)'라 했고, 말이 끄는 수레를 '소거(小車)'라고 했다. 두 종류
  모두 가축을 수레의 끌채에 채웠다. 수레의 끌채 앞면에는 횡목(橫木)이 있어서 여기에 가축을 맸
  다. 대거의 횡목을 격(鬲)이라 불렀고, 소거의 횡목을 형(衡)이라고 했다. 격과 형의 끝머리에 관건
  (關鍵)이 있는데, 예(輗)는 격의 관건이고 월(軏)은 형의 관건이다. 수레에 그것이 없다면 가축을 수
  레에 맬 수 없게 된다.

子張問: 十世可知也? 子曰: 殷(은)因於夏禮, 所損益, 可知也. 周
因於殷禮, 所損益, 可知也. 其或繼周者, 雖百世, 可知也.

자장이 여쭈었다: 십대 후의 일을 알 수 있습니까? 선생님께서 말씀
하셨다: 은나라가 하나라의 제도를 계승한 이래 증감한 것은 중요하
지 않은 부분이기 때문에 잘 알 수 있다. 주나라가 은나라의 제도를 계
승한 이래 증감한 것은 중요하지 않은 부분이기 때문에 잘 알 수 있다.
주나라를 세승할 나라가 있겠지만 백대를 지나서도 중요한 부분은 변
치 않으리라는 것을 알 수 있다.

子曰: 非其鬼而祭之, 諂(첨)也. 見義不爲, 無勇也.

선생님께서 말씀하셨다: 자기 집의 귀신도 아닌데 이를 제사하는 것은 필시 이익을 노리고 하는 것이다. 마땅히 나서야 할 때에 물러나 있는 것은 비겁한 것이다.

- 고대에는 죽은 사람을 모두 '귀(鬼)'라고 했다. 일반적으로는 돌아가신 조상을 가리키는 말이지만 때로는 총괄해서 가리키는 경우도 있다.
- '첨(諂)'은 '아첨하다'는 말인데, 제사를 지내 귀신에게 아첨한다는 말은 이익을 노리고 제사한다는 뜻이다.

3. 팔일편(八佾篇)

「팔일편」은 모두 26장으로 이루어져 있다. 여기서 공자는 예의 생활화를 주문하면서 예의 실행은 '인간애'라는 근본적인 인덕을 내면에 먼저 갖추어야 의미와 가치를 지닌다고 강조했다. 그런 견지에서 공자는 위계질서를 문란하게 하는 가신들의 행위를 비난했고, 예의 정신을 잊고 행하는 제례(祭禮)에 대해 우려를 표명하였고, 예의 생활화를 위해 감정을 절제할 필요가 있으며, 예의 정신을 담고 있는 전통을 존중해야 한다고 가르쳤다. 또한 사회 질서의 확립과 유지를 위해 예와 더불어 악(樂)이 사람과 사람 사이 및 지역 간의 화합을 위해 중요하다고 하면서 그 효용을 설명하였다.

孔子謂季氏: 八佾(일)舞於庭, 是可忍也, 孰(숙)不可忍也?

공자께서 계씨에 대해 말씀하셨다: 천자의 가신이면서 천자의 덕을 기리는 팔일무(八佾舞)를 공공연하게 뜰에서 추게 했다. 이런 일을 참고 넘어간다면 다른 일을 어떻게 비난할 수 있겠는가?

- '팔일(八佾)'이란 가로 세로 8열을 지어 64명의 무용수가 조를 짜서 추는 춤을 말한다. 제후는 가로 세로 6열 36명이고 그 가신인 계씨는 본래 가로 세로 4열 16인의 춤밖에는 허락되지 않았다고 한다.

三家者以雍(옹)徹(철). 子曰: "相維辟(벽)公, 天子穆(목)穆", 奚(해)取於三家之堂?

노나라의 가신 중손(맹손)·숙손·계손 삼가가 천자의 음악인 옹(雍)으로 제사를 마쳤다. 이에 선생님께서 말씀하셨다: 『시경·주송(周頌)·옹(雍)』에 "제사를 돕는 것은 제후이고, 천자는 엄숙하게 제사를 주관한다"는 말이 있다. 이 말의 뜻을 삼가(三家)가 제사하는 대청에서는 찾을 수가 없구나.

- '삼가(三家)'는 당시 노나라의 정치를 담당했던 중손(仲孫: 孟孫)·숙손(叔孫)·계손(季孫)의 세 집안을 가리킨다.
- 천자가 종묘에서 제사를 지낼 때 세사가 끝나고 나서 옹(雍)을 연주했다고 한다.
- "해취(奚取)"를 직역하면 "무엇을 취하겠는가?"이다.

子曰: 人而不仁, 如禮何? 人而不仁, 如樂(악)何?

선생님께서 말씀하셨다: 어질지 못한 인간이 예를 배워서 무엇하랴?
어질지 못한 인간이 음악을 배워서 무엇하랴?

예(禮)와 악(樂)의 효용

효제(孝悌)를 바탕으로 하는 사회질서가 확립되지 않으면 상하질서를 위한
예(禮)와 지역 간의 화합을 위한 악(樂)이 설 토대가 없어진다는 말이다.

林放問禮之本. 子曰: 大哉問. 禮, 與其奢(사)也, 寧儉(검). 喪, 與其
易(이)也, 寧戚(척).

임방이 예의 근본에 대해 여쭈었다. 선생님께서 말씀하셨다: 어려운
질문이구나. 예식은 허세를 부려 낭비하기보다는 검소한 것이 낫다.
특히 상례의 경우는 일을 잘 처리하는 것보다 상을 당한 슬픈 마음을
지니는 것이 중요하다.

- '임방(林放)'은 노(魯)나라 사람으로, 공자의 제자라는 설이 있지만 확실하지 않다.
- '이(易)'에는 '일 처리를 잘하다'는 뜻이 있다. 『맹자·진심(盡心) 상』, "易其田疇." (그 농지를 잘 처리하다.)

子曰: 夷狄(적)之有君, 不如諸夏之亡(무)也.

선생님께서 말씀하셨다: 문화가 발달하지 못한 오랑캐의 나라에도 군주가 있다고 한다. 지금은 오히려 중원의 나라들이 군주 없는 상태에 빠져 있다.

- '之'는 주어와 술어 사이에 놓여 명사구나 절이 되게 하는 결구조사이다.
- '不如'는 여기서 '…와 같지 않다'는 뜻이지, '…만 못하다'는 뜻이 아니다.

군주 없는 중원을 근심하다

이 장은 "군주 없는 중원의 나라들이 군주가 있는 오랑캐 나라보다 낫다"는 해석도 있지만 「자장편(子張篇)」에 "紂之不善, 不如是之甚也(은나라 왕 주가 폭정을 했다고 해도 세간에서 말하는 만큼 심한 것은 아니었다)"의 용례가 있으므로 위와 같이 번역했다. 「자한편(子罕篇)」 14장에서 공자가 구이(九夷)에 살고 싶다고 한탄한 것과 같은 맥락으로 보인다.

季氏旅於泰山. 子謂冉(염)有曰: 女弗能救與? 對曰: 不能. 子曰:
嗚呼! 曾謂泰山不如林放乎?

노나라의 가신 계씨가 노나라 군주를 흉내 내어 태산에서 제사를 지냈
다. 선생님께서 염유에게 말씀하셨다: 너는 계씨의 집사이면서 이를
막을 수 없었느냐? 염유가 대답했다: 없었습니다. 선생님께서 말씀하
셨다: 아! 너도 전에 태산의 제례에 대해 말했을 때 임방과 의견이 같
지 않았느냐?

- '여(旅)'는 동사로서 '산에 제사를 지내다'는 뜻이다. 당시 천자와 제후만이 '명산대천(名山大川)'에 제사할 자격이 있었으나, 계씨는 노나라의 가신이면서 결국 태산에 가서 제사를 지냈다.
- '염유(冉有)'는 공자의 제자 염구(冉求)로, 자는 '자유(子有)'이고 공자보다 29살 아래이다. 당시 그는 계씨의 집사로 일하고 있었다.
- '여(女)'는 '여(汝)'와 같다. 대등한 사이거나 손아랫사람에 대한 2인칭 대명사이다.
- '불(弗)'은 목적어가 없는 타동사 앞에 놓여 강한 부정의 어기를 표시하는 부정부사이다.

태산의 제례는 가볍지 않다

'泰山不如林放'을 "태산의 신이 임방만도 못하다"고 풀이하는 경우가 많은
데, 아무래도 적절해 보이지 않는다. 염유와 임방 둘 다 이전에 태산에 제
사지내는 예를 가볍게 말한 적이 있어서 공자가 그 사실을 들추어 염유를
질책한 말인 듯하다. (미야자키 이치사다 참고)

子曰: 君子無所爭. 必也射乎! 揖(읍)讓而升, 下而飮, 其爭也君子.

선생님께서 말씀하셨다: 제군들은 승부를 겨루는 일은 하지 말도록 하라. 굳이 한다면 활쏘기를 하라. 경기에 나설 때는 정중히 예의를 다하고 끝나면 진 쪽이 벌주를 마신다. 그런 승부야말로 인간적이다.

- 중국 고대의 활쏘기 경기에서는 활을 다 쏜 뒤 누가 과녁에 적중한 화살이 많은지를 계산하여 적중한 화살이 적은 사람이 벌주를 마셨다.
- 마지막의 "其爭也君子"를 단어 뜻대로 풀이하면 "그런 승부야말로 바람직한 사람들이 하는 것이다" 정도가 될 것이다.

子夏問曰: "巧笑倩(천)兮, 美目盼(반)兮, 素以爲絢(현)兮." 何謂也?
子曰: 繪(회)事後素. 曰: 禮後乎? 子曰: 起予者商也! 始可與言詩已矣.

자하가 여쭈었다: 『시경』에 "귀엽게 웃는 얼굴 사랑스럽고, 반짝이는 눈매 아름답네. 흰 분을 바르고 발갛게 물들였구나"라고 한 것은 무슨 뜻입니까? 선생님께서 말씀하셨다: 그림 그리는 일은 먼저 바탕을 희게 한 후에 한다는 말이다. 자하가 여쭈었다: 그렇다면 예라고 하는 것은 마지막 마무리가 되는 것이군요. 선생님께서 말씀하셨다: 상(商)아, 네가 나를 일깨워 주었구나! 이제 너와 함께 『시경』을 논할 수 있겠다.

- "巧笑倩兮, 美目盼兮" 두 구는 『시경 · 위풍(衛風) · 석인(碩人)』에 보인다. "素以爲絢兮" 는 지금의 『시경』에는 없는 구절인데, 왕선겸(王先謙)의 『삼가시의집소(三家詩義集疏)』에서는 이 구절이 『노시 (魯詩)』에 들어 있다고 보았다.
- '예후(禮後)'는 바탕에 '인(仁)'이 마련된 뒤라야 진정한 예를 행할 수 있다는 뜻이다. 「팔일편」 3장에 서 공자가 "어질지 못한 인간이 예를 배워서 무엇하랴?" 라고 말한 것을 참고할 만하다.

3-9

子曰: 夏禮吾能言之, 杞(기)不足徵(징)也. 殷禮吾能言之, 宋不足徵 也. 文獻(헌)不足故也. 足則吾能徵之矣.

선생님께서 말씀하셨다: 하나라의 제도를 자세히 말하고 싶지만 그 후예인 기나라의 현 제도는 근거가 되지 못한다. 은나라의 제도도 자 세히 알고 싶지만 그 후예인 송나라의 현 제도는 근거가 되지 못한다. 당시의 전적과 현인의 말씀이 제대로 전해지지 않기 때문이다. 제대 로 전해진다면 자세히 살펴보고 싶다.

- '문헌(文獻)'은 전적과 현인의 말씀을 포함한 개념이다.

3-10

子曰: 禘(체)自旣灌(관)而往者, 吾不欲觀之矣.

선생님께서 말씀하셨다: 체(禘) 제사는 관(灌)의 의식이 끝난 뒤에는 보 고 싶지 않다.

- '체(禘)' 제사는 천자만이 거행할 수 있었던 의식이고, '관(灌)'은 제사의 끝 무렵에 향을 넣은 술을 뿌려 조상의 영혼을 부르는 의식이다. 아마 그 뒤에 이어서 계속되는 것은 대부분의 제례 끝에 수반되는 술자리였을 것이다.

3-11

或問禘(체)之說. 子曰: 不知也. 知其說者之於天下也, 其如示諸(저) 斯乎! 指其掌.

어떤 사람이 체 제사에 대해 설명해 달라고 했다. 선생님께서 대답하셨다: "모릅니다. 만약 그것을 아는 사람이 있다면 천하를 이 손바닥에 놓아서 보여줄 것입니다"라고 말씀하시며 당신의 손바닥을 가리키셨다.

천하가 놓인 손바닥의 암시

번역은 했지만 무슨 말인지 파악이 쉽지 않다. 천하를 손바닥 위에 놓고서 설명해 보인다는 것은 천자만이 가능한 일이다. 그래서 억측이지만 체 제사의 핵심은 천자가 모든 시종을 물리치고 오직 혼자서 극비리에 집행한 비밀의식이었을 가능성이 있다. 아마 그것은 하늘의 신과 소통함으로써 정통 천자라는 특권을 과시하는 행위였을 것이다. 공자는 일부러 천자라는 말을 피해서 에둘러 말했을 것이다. (미야자키 이치사다 참고)

祭如在, 祭神如神在. 子曰: 吾不與祭, 如不祭.

선생님께서 조상에게 제사를 지낼 때에는 조상이 그곳에 계시는 듯이 하셨으며, 신에게 제사를 지낼 때는 신이 그곳에 있는 듯이 하셨다. 선생님께서 말씀하셨다: 스스로 제사에 참여하지 않는 제사는 제사하지 않는 것과 같다.

王孫賈(가)問曰: "與其媚(미)於奧(오), 寧媚於竈(조)." 何謂也? 子曰: 不然. 獲(획)罪於天, 無所禱(도)也.

왕손가가 물었다: "아랫목에 아첨하느니 차라리 부뚜막에 아첨하는 편이 낫다"는 말은 무엇을 뜻하는 것입니까? 선생님께서 말씀하셨다: 그렇지 않습니다. 하늘에 죄를 지으면 빌 데가 없습니다.

- '왕손가(王孫賈)'는 위(衛)나라 영공(靈公)의 가신으로 당시 실권을 쥐고 있었다.
- '오(奧)'는 방의 서남쪽 구석으로, 제사를 지낼 때 신주를 모시는 곳이며 집안의 어른이 거처하는 곳이다. 직접적으로는 집안의 어른을 가리키고, 비유적으로는 위나라 영공을 가리킨다.
- '조(竈)'는 부뚜막으로, 음식을 만드는 곳이므로 실권자가 있는 곳이란 뜻도 되어 왕손가 자신을 비유하고 있다.

왕손가의 속담을 물리친 공자

공자가 위나라에 가서 영공을 만나자 당시 실권자이던 왕손가가 "아랫목에 아첨하느니 차라리 부뚜막에 아첨하는 편이 낫다"는 속담을 들어 자신

에게 잘 보이는 것이 어떠냐고 떠보자 공자는 군주를 하늘에 비유함으로써
왕손가에게 일침을 가한 것으로 보인다.

3-14

子曰: 周監於二代, 郁(욱)郁乎文哉! 吾從周.

선생님께서 말씀하셨다: 주나라의 제도는 하(夏)·상(商) 양대의 전통
을 이은데다가 그 문화가 찬란하다. 나는 주나라를 좇아 배우겠다.

* '욱욱(郁郁)'은 문채가 성한 모양, 문화가 찬란한 모양이다.

3-15

子入太廟(묘), 每事問. 或曰: 孰謂鄹(추)人之子知禮乎? 入太廟, 每
事問. 子聞之曰: 是禮也.

선생님께서 노나라의 조상을 제사하는 태묘에 들어가서 제사를 도울
때 일일이 물어서 행하셨다. 이를 보고 어떤 사람이 "누가 추 출신의
애송이가 예를 안다고 했는가? 태묘에 들어와서 무엇이든 남에게 물
어서 하는구나."라고 말했다. 선생님께서 그 말을 듣고 말씀하셨다:
그것이 비로 예다.

* '추인지자(鄹人之子)'의 '鄹人'은 공자의 아버지 숙량흘(叔梁紇)을 가리킨다. 그는 추의 대부를 지낸 적
  이 있었고, 공자가 태어난 곳도 바로 추읍이다. 공자를 '鄹人之子'라고 부른 것은 경멸의 말투이다.

예를 물을 줄 아는 예

공자가 마지막에서 "그것이 바로 예다"라고 말한 것은 아마 공자가 처음으로 그 제사에 참가했기 때문에 한 가지도 소홀함이 없도록 주변 사람에게 물은 다음에 행했을 것이다. 예에는 확실하게 정해진 형태가 없기 때문에 공자는 그 자리의 예법에 맞게 신중을 기하여 실수가 없도록 했는데, 그것이 예의 정신이라는 의미일 것이다. 예는 이미 정해져 있는 형태의 전통이 아니라 그 속에 담겨 있는 정신이라는 것이 공자가 하고자 한 말이었을 것이다.

3-16

子曰: 射不主皮, 爲力不同科, 古之道也.
선생님께서 말씀하셨다: 사냥을 할 때는 사냥감의 많고 적음을 따지지 않고, 힘겨루기를 할 때는 등급을 나누어 한다. 이것이 예로부터의 오랜 관례이다.

"사부주피(射不主皮)"의 뜻

이 문장의 일반적인 해석은 "활을 쏘는 데 과녁을 뚫는 것을 중시하지 않는 것은 각 개인의 힘이 다르기 때문이다. 이것이 옛날의 활쏘기 규칙이었다"이다. 그러나 여기서 '사(射)'는 '사례(射禮)'가 아니라 사냥터에서 활을 쏘아 사냥을 하는 행위를 가리키고, '피(皮)'는 사냥의 주목적인 모피를 가리킬 것이다. 공자의 뜻은 사냥할 때 모피의 획득에 너무 집착해서는 안 된다는 데 있었을 것이다. '위력(爲力)'이란 씨름, 달리기, 높이뛰기 등의 스포츠일 것이다.

子貢欲去告(곡)朔之餼(희)羊. 子曰: 賜也, 爾愛其羊, 我愛其禮.

자공이 새 달을 맞이하는 제례에 쓸 양을 그만 희생시키고 싶어 했다.
선생님께서 말씀하셨다: 사야, 너는 양을 아끼겠지만 나는 예의 전통
을 중시한다.

● '곡삭희양(告朔餼羊)'은 곡삭에서 희생으로 쓰는 양이다. '곡삭(告朔)'은 주대(周代)에 제후들이 매달
초하루에 종묘에 간직해둔 그 달의 달력을 꺼내어 시행하면서 종묘에 그 사실을 고하는 일인데, 노
나라 문공(文公) 때 곡삭 의식은 없어지고 양을 바치는 절차만 남았던 까닭에 자공이 그만두고 싶어
했던 것이다. 후에는 이것이 형식적인 허례를 비유하는 말로 사용되었다.

子曰: 事君盡禮, 人以爲諂(첨)也.

선생님께서 말씀하셨다: 군주를 섬김에 예를 극진히 하면 요즘 사람
들은 아첨한다고 한다.

定公問: 君使臣, 臣事君, 如之何? 孔子對曰: 君使臣以禮, 臣事君
以忠.

노나라 정공이 물었다: 군주가 신하를 부리고 신하가 군주를 섬기는
데에는 어떻게 하면 좋겠습니까? 선생님께서 대답하셨다: 군주가 신
하를 부릴 때에는 정중하게 대하고, 신하가 군주를 섬길 때에는 성심
을 다해야 할 것입니다.

- 정공(定公)은 노나라 군주로 이름은 송(宋)이고 소공(昭公)의 동생이다. 소공의 뒤를 이어 왕위에 올
  라서 15년 간 재위했다. '정(定)'은 시호이다.

子曰: 關雎(저), 樂而不淫, 哀而不傷.

선생님께서 말씀하셨다: 『시경』의 「관저」는 부부화합을 노래하는데,
그 가르치는 바는 즐거움에 겨워 무절제에 빠지지 말고, 슬픔에 겨워
자포자기하지 말라는 것이다.

- '관저(關雎)'는 『시경』의 첫 번째 편 제목이다. 그 내용을 보면 결코 슬픈 분위기가 있지 않아 '哀而不
  傷'이 가리키는 것은 「권이(卷耳)」라는 설도 있지만, 여기서 공자가 강조한 것은 감정을 절제할 필
  요가 있다는 점일 것이다.

哀公問社於宰我. 宰我對曰: 夏后氏以松, 殷人以栢, 周人以栗(률).
曰使民戰栗. 子聞之曰: 成事不說, 遂事不諫(간), 旣往不咎(구).

노나라 애공이 토지신인 사(社)에 대해 물었다. 재아가 대답하여 말했
다: 하나라 때는 소나무를 심고, 은나라 때는 잣나무를 심었는데 주나
라 때부터 밤나무를 심게 되었습니다. 이는 백성을 전율케 하는 것이
목적이라고 합니다. 이 말을 듣고 선생님께서 말씀하셨다: 끝난 일은
들추어 말하는 것이 아니고, 돌이킬 수 없는 것은 충고하는 것이 아니
고, 지난 일은 탓하는 것이 아니거늘.

• '曰使民戰栗'의 '曰'은 '是'와 같아서 '이것'의 뜻이다.

인신공양을 요구하는 무서운 토지신, 사(社)

'사(社)'는 토지신으로, 이를 상징하기 위해 신목(神木)을 심는데 이것이 시대
에 따라 변천했다고 한다. 이 사(社)는 때로 인신공양을 요구하는 무서운 신
으로서『좌전』「희공(僖公) 19년」조에 송의 양공이 회(鄫)의 군주를 희생으로
바쳐 사(社)에 제사했다는 기록이 있다.『논어』의 이 부분은 노나라 애공이
사(社) 제사에 인신공양을 한 다음 모르는 척하고 재아에게 사(社)의 의미를
물은 장면이다. 이에 대해 재아는 주나라 이후 밤나무를 신목으로 삼은 것은
그 음 '율'이 의미하듯이 백성을 전율시키는 것이 목적이라고 대답했다. "지
금도 주군께서는 그 목적대로 백성을 전율시키셨는데, 백성들이 받은 충격
은 비할 길이 없습니다"라는 의미이다. 이 말을 듣고 공자는 걱정했다. 돌이
킬 수 없는 일은 충고하는 것이 아니라는 말은 보통의 경우라면 이것은 이상
한 반응이다. 기정사실을 인정하고만 있어서는 반성도 진전도 없을 것이기

때문이다. 그러나 공자는 재아가 너무 깊이 들어가서 위험에 빠질 것을 걱정하여 그렇게 말했을 것이다. 같은 말을 세 번 거듭한 것은 이야기의 주제가 보통이 아닌 중대한 것임을 나타낸다.

3-22

子曰: 管仲之器小哉! 或曰: 管仲儉乎? 曰: 管氏有三歸, 官事不攝(섭), 焉得儉? 然則管仲知禮乎? 曰: 邦君樹塞(색)門, 管氏亦樹塞門, 邦君爲兩君之好, 有反坫(점), 管氏亦有反坫, 管氏而知禮, 孰不知禮?

선생님께서 말씀하셨다: 관중은 그릇이 너무 작구나. 어떤 사람이 물었다: 관중이 너무 검소하다는 말씀입니까? 선생님께서 말씀하셨다: 관중은 백성들에게서 많은 물품세를 거두고 하인에게는 한 가지 일밖에 시키지 않았는데 어찌 검소하다고 하겠는가? 그 사람이 다시 물었다: 그러면 관중은 예를 아는 사람입니까? 선생님께서 말씀하셨다: 제후의 문에는 나무를 세워서 안이 보이지 않게 하는데 가신인 관중도 나무를 세웠다. 또 제후끼리 회견할 때 술잔 받침대로 반점이라는 것을 놓는데, 관중도 똑같이 반점을 놓았다. 관중이 예를 안다고 하면 누군들 예를 알지 못하겠는가?

- '三歸'에는 ①이성(異姓)의 세 여자를 아내(正妻)로 맞아들였다는 설. ②집을 세 군데 가지고 있었다는 설. ③돈을 보관하는 창고. ④세금을 많이 거두었다는 설 등이 있는데, 여기서는 양백준(楊伯峻)이 주장한 ④에 따라 번역하였다.
- '官事不攝'의 '官'은 '臣'과 같은 의미이고, '臣'은 가내 노예였다. '攝'은 두 가지 이상의 일을 겸임한다는 말이다.

3-23

子語魯大(태)師樂(악), 曰: 樂(악)其可知也. 始作翕(흡)如也, 從之純
如也, 皦(교)如也, 繹(역)如也以成.

선생님께서 노나라의 궁정 악장에게 음악에 대해 말씀하셨다: 음악은
내가 조금 알 것 같습니다. 연주를 시작할 때는 여러 가지 소리가 혼연
일체를 이루다가 이어서 한 가지 소리가 순수하고 명석하게 울리고,
끊어질 듯 말 듯 이어지다가 끝나게 되지요.

- '흡여(翕如)'는 여러 가지 악기 소리가 어우러져 혼연일체를 이루는 것이다.
- '교여(皦如)'는 악기 소리가 뒤섞이지 않고 하나씩 단독으로 연주되므로 음색이 또렷하게 울리는 것이다.
- '역여(繹如)'는 음악의 연주가 끊어질 듯 말 듯 이어지는 것을 말한다.

3-24

儀封人請見(현), 曰: 君子之至於斯也, 吾未嘗不得見(현)也. 從者見
(현)之. 出曰: 二三子何患於喪乎? 天下之無道也久矣, 天將以夫子
爲木鐸(탁).

공자가 의(儀)읍을 지날 때 의읍의 순찰관이 면회를 요청하며 말했다:
어떤 분이라도 이곳에 오시게 되면 제 직책상 반드시 뵙게 되어 있습
니다. 그래서 시종이 만나 뵙게 했다. 그가 물러나와서 제자들에게 말
했다: 그대들은 결코 불우하다고 한탄하지 마시게. 천하에 도가 없어
진 지 오래 되었는데, 이제 하늘이 세상을 예전과 같이 돌려놓으려고
선생님을 보내어 경세의 종을 울리려고 하는 것이오.

- '의(儀)'는 위(衛)나라에 속했던 읍이라고 한다. '봉인(封人)'은 국경의 경비를 맡은 관리이고, 업무상 이방인의 신원조사를 하러 왔을 것이다.
- 순찰관이 '군자(君子)'라고 칭한 것은 당시의 깍듯한 말씨로 매우 정중한 표현이다.
- '상(喪)'은 집이나 관직을 잃는 것을 뜻한다.
- '목탁(木鐸)'은 동(銅) 바탕에 나무 혀를 단 방울이다. 고대 관청에서 선포할 일이 있을 때 이 방울을 울려서 사람들을 불러 모아 듣도록 했다.

3-25

子謂韶(소), 盡美矣, 又盡善也. 謂武, 盡美矣, 未盡善也.

선생님께서 소(韶) 음악을 일러 지극히 아름답고 또한 지극히 교육적 이라고 말씀하셨다. 무(武) 음악에 대해서는 지극히 아름답지만 지극 히 교육적이지는 않다고 말씀하셨다.

- '소(韶)'는 순(舜) 임금이 지었다는 문덕(文德)을 갖춘 음악이고, '무(武)'는 주나라 무왕(武王)이 지었 다는 무덕(武德)을 표현한 음악이라고 한다.

3-26

子曰: 居上不寬, 爲禮不敬, 臨喪不哀, 吾何以觀之哉?

선생님께서 말씀하셨다: 높은 자리에 있으면서 너그럽지 않고 예를 행함이 신중하지 않고 상례에 임하여 슬퍼하지 않는다면 내가 무엇을 가지고 그 사람을 보아 내겠는가?

4. 이인편(里仁篇)

「이인편」은 모두 26장으로 이루어져 있다. 여기서 공자는 인덕의 함양을 강조하였다. 인덕이 사람을 편안하고 이롭게 하므로 사람이 사는 공동체는 인간애라는 인덕이 갖추어져 있는 곳이어야 하며, 인덕을 갖추어야 타인을 올바로 판단할 수 있다고 하였다. 개인은 부귀의 추구나 명예의 추구에 앞서 인덕을 함양해야 할 것이고, 위정자는 인덕을 함양하여 덕정(德政)을 펴야 나라가 잘 다스려질 것이라고 하였다. 또한 공자는 인덕의 효용과 함양 방법을 말한 다음에 자신이 그 실천을 일관되게 해 왔음을 천명하고, 그 연장선상에서 부모를 어떻게 섬겨야 하는지 구체적으로 설명하였다.

子曰: "里仁爲美." 擇不處仁, 焉得知?

선생님께서 말씀하셨다: "인심 좋은 마을에 사는 것이 최고다"라는 옛말이 있다. 사는 곳을 택하는데 인심이 나쁜 곳을 만났다면 어떻게 지혜롭다고 하겠느냐?

인심 좋은 마을을 택하는 지혜

'리(里)'는 읍의 한 구획으로 주위에 장벽을 두르고 여문(閭門)이라는 문을 통해서 출입한다. '里仁爲美'는 예로부터 내려오는 속담 같은 말을 공자가 인용한 것으로 보인다. 공자 자신의 말이라면 자신의 주관적인 판단을 표시하는 조사 '也'를 덧붙여 "里仁爲美也"라고 했을 가능성이 크다. 또한 같은 의미의 말을 바꾸어 반복하는 경우라면 어느 한쪽이 옛말에서 인용한 것이라고 볼 수 있다.

子曰: 不仁者不可以久處約, 不可以長處樂. 仁者安仁, 知者利仁.

선생님께서 말씀하셨다: 어질지 못한 사람은 검약한 생활을 오래 할 수 없고, 편안한 생활도 오래 지속하지 못한다. 어진 사람은 인(仁)을 편안히 여겨서 그것을 실천하고, 지혜로운 사람은 인을 이롭게 여겨서 그것을 실천한다.

• '약(約)'은 검약, 곤궁의 뜻이다.

4-3

子曰: 惟仁者, 能好人, 能惡(오)人.

선생님께서 말씀하셨다: 오직 어진 사람만이 좋아해야 할 사람을 좋아하고 미워해야 할 사람을 미워할 수 있다.

4-4

子曰: 苟志於仁矣, 無惡也.

선생님께서 말씀하셨다: 진실로 인덕의 실행에 뜻을 둔다면 해로운 점이 없을 것이다.

子曰: 富與貴, 是人之所欲也. 不以其道得之, 不處也. 貧與賤, 是
人之所惡(오)也. 不以其道得之, 不去也. 君子去仁, 惡(오)乎成名?
君子無終食之間違仁, 造次必於是, 顚(전)沛(패)必於是.

선생님께서 말씀하셨다: 재물과 지위는 누구나 바라는 것이다. 그러
나 정당한 방법으로 얻은 것이 아니라면 지킬 가치가 없다. 가난하고
천한 것은 누구나 싫어하는 것이다. 그러나 당연한 결과로서 그렇게
된 것이 아니라면 억지로 벗어나려고 하지 않아도 좋을 것이다. 제군
들이 인덕의 수양을 버리면 어떻게 명예를 이루겠는가? 제군들은 밥
한 끼 먹는 시간에도 인덕의 수양을 잊어서는 안 된다. 다급해져도 잊
지 말고 곤경에 빠져도 잊어서는 안 된다.

- '기도(其道)'의 '其'는 '올바른', '정당한'의 뜻이다.
- '오호(惡乎)'는 '어하처(於何處)'와 같아서 '어디서'의 뜻인데, 여기서는 '어떻게'로 번역하였다.
- '조차(造次)'는 '다급하다', '급박하다'는 뜻이다.
- '어(於)'는 동사로서 '기대다', '의지하다'는 뜻이다.
- '전패(顚沛)'는 '곤경', '좌절'의 뜻이다.

춘추시대 관용적 표현의 한 단면

'貧與賤'에 대해 '不以其道得之'라고 표현한 것이 다소 어색하다. 오히려 '不
以其道去之(정당한 방법으로 벗어나는 것이 아니라면)'라고 표현하는 것이 납득하
기 쉬운데, 그렇게 하지 않은 것은 당시 사람들의 독특한 표현방법이었을
것이다.

子曰: 我未見好仁者, 惡(오)不仁者. 好仁者, 無以尙之. 惡(오)不仁
者, 其爲仁矣, 不使不仁者加乎其身. 有能一日用其力於仁矣乎?
我未見力不足者. 蓋(개)有之矣, 我未之見也.

선생님께서 말씀하셨다: 나는 아직 인덕을 좋아하고 어질지 못한 것
을 미워하는 사람을 보지 못했다. 인덕을 좋아하는 사람은 더할 나위
없이 좋고, 어질지 못한 것을 미워하는 사람은 인덕을 행함에 있어서
어질지 못한 것이 자신의 몸에 가하지 못하도록 한다. 하루라도 자신
의 힘을 인덕에 쏟을 수 있겠는가? 해보았지만 자신의 힘이 부족했다
고는 말하지 못할 것이다. 그런 사람이 있을지 모르겠으나 나는 아직
그런 사람을 본 적이 없다.

- "無以尙之"를 직역하면 "그를 능가할 방법이 없다"이다.
- '不使不仁者'의 '者'는 실사 뒤에 놓여 그 실사를 명사어로 만들어주는 조사로서, '不仁者'는 '어질
  지 못한 것'이란 뜻이다.
- '개(蓋)'는 추측을 표시하는 부사이다.

子曰: 人之過也, 各於其黨. 觀過, 斯知仁矣.

선생님께서 말씀하셨다: 사람의 잘못은 각기 그 부류가 있다. 그 사람
이 저지른 잘못을 관찰해 보면 그 사람됨을 알 수 있다.

- '各於其黨'의 '於'는 '在'와 같고, '당(黨)'은 '류(類)'와 같다.
- 여기서 '仁'은 '人'과 같다. 『후한서·오우전(吳祐傳)』에서는 이 문장을 인용하면서 '人'으로 썼다.

子曰: 朝聞道, 夕死可矣.

선생님께서 말씀하셨다: 아침에 진리를 듣고 만족했다면 저녁에 죽는다 해도 여한이 없다.

子曰: 士志於道, 而恥惡衣惡食者, 未足與議也.

선생님께서 말씀하셨다: 선비가 진리에 뜻을 두고서도 거친 음식과 허름한 옷을 수치스럽게 여긴다면 함께 이야기할 가치가 없다.

• '사(士)'는 여기서 '학문을 닦는 사람'의 뜻이어서 '선비'라고 번역했다.

子曰: 君子之於天下也, 無適也, 無莫也, 義之與比.

선생님께서 말씀하셨다: 제군들은 세상일에 대해서 반드시 어떻게 해야 한다든지 어떻게 하지 말아야 한다는 것은 정해진 바가 없고 다만 정의의 편에 서도록 하라.

• '적(適)'과 '막(莫)' 두 글자에 대해서는 여러 가지 견해가 있다. '가까움과 소원함(親疎)'으로 보기도 하고, '좋아함과 싫어함'으로 보기도 한다. 여기서는 주희(朱熹)의 견해를 따랐다.
• '비(比)'는 '가까이하다', '이웃하다'는 뜻이다.

子曰: 君子懷德, 小人懷土. 君子懷刑, 小人懷惠.

선생님께서 말씀하셨다: 위정자가 덕정(德政)에 힘쓰면 백성은 그 땅에 안주하게 되지만 위정자가 형벌로 다스리려고 하면 백성은 은혜로운 곳을 찾아 떠날 생각을 하게 된다.

- 여기서는 군자가 제군의 뜻으로 쓰이지 않았다. 문장을 이와 같이 대비시킬 때는 군자와 소인이 삼인칭이어도 통상 판단의 조사 '야(也)'를 붙이지 않는다.

백성을 떠나게 하는 정치

"백성이 은혜로운 곳을 찾아 떠날 생각을 하게 된다"는 말은 위정자가 형벌 위주로 백성을 다스리면 백성이 불만을 품고 도망가기 쉽다는 말이다.

子曰: 放於利而行, 多怨.

선생님께서 말씀하셨다: 개인의 이익에 따라 행동하면 원망이 많다.

- '방(放)'은 '의거하다'는 뜻이다.

子曰: 能以禮讓爲國乎? 何有? 不能以禮讓爲國, 如禮何?

선생님께서 말씀하셨다: 예의 정신을 바탕으로 나라를 다스리면 아무런 어려움이 없을 것이다. 예의 정신을 바탕으로 했는데도 나라를 다스릴 수 없다면 그런 예를 어디에 쓰겠는가?

- '예양(禮讓)'은 복합사로서 '禮'와 '讓'이 갖는 의미의 공통부분을 취한 것이다. 여기서는 이것을 '예의 정신'으로 번역했다.
- "하유(何有)"를 직역하면 "무엇이 있겠는가?"로 아무런 어려움이 없다는 뜻이다.

子曰: 不患無位, 患所以立. 不患莫己知, 求爲可知也.

선생님께서 말씀하셨다: 지위가 없음을 근심하지 말고 지위를 맡을 자질이 없음을 근심하라. 자신을 알아주는 사람이 없음을 근심하지 말고 다른 사람들이 자신의 가치를 알 수 있도록 노력하라.

- "患所以立"을 직역하면 "그 지위를 맡게 되는 연유를 근심하다"이다.
- '莫己知'는 '無人知己'와 같다.
- "求爲可知"를 직역하면 "알 수 있는 상태가 되기를 추구하다"이다.

子曰: 參(삼)乎! 吾道一以貫之. 曾子曰: 唯. 子出, 門人問曰: 何謂
也? 曾子曰: 夫子之道, 忠恕(서)而已矣.

선생님께서 말씀하셨다: 삼아, 내 길은 오직 하나다. 증자가 말했다:
알겠습니다. 선생님께서 나가시자 문인들이 증자에게 물었다: 무슨
말씀입니까? 증자가 대답했다: 선생님의 길은 오직 '성심' 하나라는
것이다.

- '삼(參)'을 '참'으로 읽기도 한다. 당대(唐代)의 시인 '岑參'도 '잠삼'으로 읽기도 하고 '잠참'으로 읽기
  도 한다.
- '충서(忠恕)'는 여기서 '예양(禮讓)'과 마찬가지로 복합사로 보아야 한다. 이것을 '충(忠)'과 '서(恕)' 둘
  로 나누면 '一以貫之'와 모순되기 때문이다. 공자 자신의 정의에 의하면 「안연편」의 "己所不欲,
  勿施於人(자신이 하고 싶지 않는 것을 남에게 떠넘기지 않는다)"이 '서(恕)'이고, 「옹야편」의 "己欲立而立
  人,己欲達而達人(자신이 일어서려고 할 때 남을 먼저 세워주고, 자신이 도달하려고 할 때 남을 먼저 남을 먼저 도달하
  게 한다)"이 '충(忠)'인데, 여기서는 이 둘의 공통부분을 고려하여 '성심(誠心)'으로 번역했다. (미아자
  키 이치사다 참고)

子曰: 君子喩於義, 小人喩於利.

선생님께서 말씀하셨다: 제군들은 정의에 민감하고 이익에 민감하지
마라.

모호한 소인(小人)의 의미

이 문장 끝에 판단의 조사 '也'가 없긴 하지만 '君子'와 '小人'을 대비시켰으
므로 군자와 소인에 대한 공자의 생각을 말한 것으로 볼 수도 있지만 소인

이 구체적으로 지칭하는 것이 분명치 않으므로 이와 같이 번역했다.

──
4-17

子曰: 見賢思齊焉, 見不賢而內自省(성)也.

선생님께서 말씀하셨다: 훌륭한 사람을 보면 그같이 되려고 노력하고, 못된 인간을 보면 그를 통해 자신을 반성해야 한다.

──
4-18

子曰: 事父母幾諫(간), 見志不從, 又敬不違, 勞而不怨.

선생님께서 말씀하셨다: 부모를 섬김에 있어서는 간할 일이 생겨도 완곡하게 말씀드리고, 받아들여지지 않더라도 거스르지 말고 공손히 할 것이며, 힘이 들더라도 원망하지 마라.

- '기(幾)'는 '기미(幾微)'의 '幾'로, '경미하다', '완곡하다'의 뜻이다.
- "見志不從"을 직역하면 "따를 수 없는 부모의 뜻이 보이다"이다.
- '로(勞)'는 부모에게 간언한 것이 받아들여지지 않아서 결국 좋지 않은 일이 생겨 마음고생을 한다는 뜻이다.

子曰: 父母在, 不遠遊, 遊必有方.

선생님께서 말씀하셨다: 부모가 살아 계실 때에는 쓸데없이 멀리 나
가지 않는다. 나갈 때는 반드시 가는 곳을 말씀드린다.

부모의 곁을 지키는 도리

여기서 '不遠遊'는 무조건 멀리 나가서는 안 된다는 뜻이 아니다. 부모가 납
득할 수 있는 뚜렷한 목적이 있고 여건이 허용된다면 멀리 나가도 괜찮았
을 것이다. 실제로 공자를 따라 열국을 주유한 제자들 중에는 부모가 살아
계신 사람들도 있었을 것이다.

子曰: 三年無改於父之道, 可謂孝矣.

선생님께서 말씀하셨다: 삼년상을 지내는 동안 부친이 가시던 길을
바꾸지 않는다면 효성스럽다고 할 수 있다.

● 이 장은 「학이편」 11장의 뒷부분이 중복되어 나온 것이다.

子曰: 父母之年, 不可不知也. 一則以喜, 一則以懼(구).

선생님께서 말씀하셨다: 부모의 연세는 알고 있지 않으면 안 된다. 한 편으로는 장수하심을 기뻐하고, 다른 한편으로는 노쇠하심을 염려할 수 있기 때문이다.

- '이(以)'는 원인을 표시하는 전치사이다.

子曰: 古者, "言之不出", 恥躬之不逮(체)也.

선생님께서 말씀하셨다: 옛말에 "말을 가볍게 입 밖으로 내지 않는 다"는 것은 실행이 말을 따르지 못하는 것을 부끄럽게 생각한다는 뜻 이다.

- '躬之不逮'는 '躬行之不逮言'의 뜻이다.

子曰: 以約失之者鮮矣.

선생님께서 말씀하셨다: 스스로를 절제하고 단속하고도 잘못을 저지 르는 경우는 거의 없을 것이다.

- '약(約)'은 절제하고 단속한다는 뜻이다.
- '선(鮮)'은 '드물다', '거의 없다'는 뜻이다.

4-24

子曰: 君子欲訥(눌)於言, 而敏於行.

선생님께서 말씀하셨다: 제군들은 말은 적게 하고 실행은 앞서서 하라.

4-25

子曰: 德不孤, 必有隣.

선생님께서 말씀하셨다: 인품을 갖추면 외롭지 않고 반드시 알아주는 사람이 있다.

4-26

子游曰: 事君數(삭), 斯辱矣. 朋友數(삭), 斯疏(소)矣.

자유가 말했다: 군주를 섬기는 데 집요하면 화를 입게 되고, 친구를 사귀는 데 집요하면 멀어지게 된다.

- '삭(數)'의 본뜻은 '빈번하다'이다. 여기서는 '집요하다'로 번역하였다.

5. 공야장편(公冶長篇)

「공야장편」은 모두 28장으로 이루어져 있다. 공자는 여기서 제자들을 비롯한 여러 사람들에 대한 인물평을 통해 '사회 속에서 어떻게 살아야 하는가'라는 처세에 관한 자신의 견해를 피력하였다. 공야장, 남용, 자로, 염구, 공서적, 안회, 재여, 자공에 대한 품평을 통해 자신의 신념을 지키면서도 말을 앞세우지 말고 신중하게 처신할 것을 당부했고, 자산, 안영, 장문중, 자문, 진문자, 계문자, 영무자, 백이 숙제, 미생고에 대한 품평을 통해 사람됨을 어떻게 보아야 하는지를 제자들에게 가르쳤다. 그와 같은 가르침의 특징은 인생과 사회에서의 실천철학이 바탕을 이루고 있다는 점이다.

子謂公冶(야)長, "可妻也. 雖在縲(류)絏(설)之中, 非其罪也." 以其子
妻之.

선생님께서 공야장에 대해 말씀하셨다: "사위로 삼을 만한 사람이다.
비록 구속되어 있기는 하지만 그의 죄가 아니다." 그리고는 사위로 삼
으셨다.

- '공야장(公冶長)'은 공자의 제자로, 제(齊)나라 사람이며 자(字)는 자장(子長)이다.
- "以其子妻之"를 직역하면 "자신의 딸을 그에게 아내로 삼게 하셨다"이다.

子謂南容, "邦有道不廢(폐), 邦無道免於刑戮(륙)." 以其兄之子妻
之.

선생님께서 남용에 대해 말씀하셨다: "나라가 잘 다스려질 때는 버림
받지 않고, 나라가 어지러울 때에도 형벌을 받지 않을 사람이다." 그
리고는 형의 딸을 그에게 시집보내셨다.

- '남용'은 공자의 제자 남궁괄(南宮适)로, 노나라 사람이다.
- 공자에게는 맹피(孟皮)라는 형이 있었다. 이 때 맹피는 죽고 없었기 때문에 공자가 형을 대신해서 그
  딸의 혼례를 주관했다.

딸과 질녀, 서로 다른 사위의 조건

공자가 자신의 딸을 반듯하지만 구속되어 있는 공야장에게 시집보내고 형

의 딸을 어떤 경우에도 살아남을 남용에게 시집보낸 것은 나름대로 음미할 만하다. 질녀의 배우자로는 그만큼 안전하게 질녀를 돌봐줄 사람을 필요로 했을 것이다.

5-3

子謂子賤, "君子哉若人! 魯無君子者, 斯焉取斯?"

선생님께서 자천에 대해 말씀하셨다: 군자로다, 이 사람은! 그러나 노나라에 그 동료가 될 만한 군자가 없었다면 옛말에 있듯이 "이 사람이 어떻게 이 사람이 될 수 있었을까?"

- '자천'은 공자의 제자 복부제(宓不齊)이다. 자가 자천이고 공자보다 49세 아래이다.
- '斯焉取斯'는 아마 고어일 것이다. 앞뒤에 '斯'를 쓴 것은 일종의 리듬일 것이다.

5-4

子貢問曰: 賜也何如? 子曰: 女器也. 曰: 何器也? 曰: 瑚(호)璉(련)也.

자공이 여쭈었다: 제가 어떤 사람인지 말씀해 주십시오. 선생님께서 말씀하셨다: 너는 쓸모 있는 사람이다. 자공이 다시 여쭈었다: 어떤 쓸모가 있겠습니까? 선생님께서 다시 말씀하셨다: 중요한 제사에 빠져서는 안 될 호련과 같은 사람이다.

- '호련(瑚璉)'은 종묘의 제사에 음식을 담아 올리는 중요한 제기였다고 한다. 제정일치의 시대였기 때문에 중요한 제사에 쓸모가 있는 것이라면 정치에도 쓸모가 컸을 것이다.

5-5

或曰: 雍(옹)也仁而不佞(녕). 子曰: 焉用佞? 禦(어)人以口給, 屢(루) 憎(증)於人. 不知其仁, 焉用佞?

어떤 사람이 말했다: 염옹은 인덕을 갖추고 있지만 말재주가 없다. 선생님께서 말씀하셨다: 말재주를 어디에 쓰겠는가? 남과 말다툼을 할 때 교묘하게 응수한다 해도 결국 남에게 미움 받는 것이 고작이다. 그가 인덕을 갖추었는지는 모르겠지만 말재주를 어디에 쓰겠는가?

- '옹(雍)'은 '염옹(冉雍)'으로, 자(字)는 중궁(仲弓)이고 공자보다 29세 아래이다.
- '어(禦)'는 '대하다', '대처하다'의 뜻이다.
- '구급(口給)'은 '말재주', '구변'의 뜻이다.

"모른다"는 말의 속뜻

공자가 모른다고 말했을 때, 그 말은 정말로 모르는 것이 아니고 부정의 다른 방식이다. 공자가 실제로 의미한 것은 "염옹이 아직 인덕을 제대로 갖추지 못했다"이다.

子使漆(칠)彫開仕. 對曰: 吾斯之未能信. 子說(열).

선생님께서 칠조개에게 관직에 나갈 것을 권하셨다. 그가 사양하며 "저는 아직 충분한 자신이 없습니다"라고 대답했더니 선생님께서 기뻐하셨다.

- '칠조개(漆彫開)'는 노나라 사람으로 공자의 제자이다. 성이 칠조이고 이름은 계(啓), 자는 자개(子開)로 공자보다 11세 아래이다.
- '吾斯之未能信'은 '吾未能信斯'의 도치형식이다.

子曰: 道不行, 乘桴(부)浮于海, 從我者, 其由與? 子路聞之喜. 子曰: 由也好勇過我, 無所取材.

선생님께서 말씀하셨다: 나의 정치적 이상이 실현되지 않는지라 뗏목을 타고 바다로 나간다면 나를 따를 자는 아마도 유(자로) 한 사람이겠지? 자로가 그 말을 듣고 기뻐하니 선생님께서 말씀하셨다: 유의 용기는 나를 능가하는구나. 어디서 그런 용기가 나오는지 모르겠다.

- '유(由)'는 공자의 제자 중유(仲由)로, 자가 자로(子路)이다.

공자의 총애를 나타내는 "무소취재(無所取材)"

"無所取材"는 '材'를 ① 글자 그대로 '목재'로 해석해서 "뗏목 만들 목재를 구할 데가 없다." ② '재(裁)'로 보고 '재량하다'로 해석해서 "적당히 멈출 줄을 모른다." ③ '재(哉)'로 보고 '감탄을 나타내는 어기사'로 해석하여 "달리 취할 바가 없구나." 등의 풀이가 있는데, 이 문장이 공자가 자신의 정치적 이상을 실현할 수 없어서 세상을 등지고 해외로 나갈 결심을 한다고 했을 때, 그런 참담한 경우에도 자신을 끝까지 추종할 사람이 '자로'라고 추켜세운 것임을 감안하면 '材'를 '哉'로 보고 "無所取(勇)哉"(어디서 그런 용기를 취했는지 알 수 없구나)로 해석하여 자로의 용기를 높이 평가한 것으로 보고 싶다.

―
5-8

孟武伯問: 子路仁乎? 子曰: 不知也. 又問. 子曰: 由也, 千乘之國, 可使治其賦(부)也, 不知其仁也. 求也何如? 子曰: 求也, 千室之邑, 百乘之家, 可使爲之宰也, 不知其仁也. 赤也何如? 子曰: 赤也, 束帶立於朝, 可使與賓(빈)客言也, 不知其仁也.

맹무백이 물었다: 자로는 어진 사람입니까? 선생님께서 대답하셨다: 모르겠습니다. 거듭 물으니, 선생님께서 말씀하셨다: 유(由)는 전차 천 대를 동원할 수 있는 나라의 군정(軍政)을 맡을 수는 있겠지만 그가 어진 사람인지는 모르겠습니다. 맹무백이 다시 염구(冉求)는 어떠냐고 물으니 선생님께서 말씀하셨다: 구(求)는 천 호쯤 되는 읍의 장관이나 전차를 백 대쯤 보유한 경대부 가의 집사를 맡을 수는 있겠지만 그가 어진 사람인지는 모르겠습니다. 맹무백이 다시 공서적(公西赤)은 어떠냐고 물으니 선생님께서 말씀하셨다: 적(赤)은 예복을 입고 조정에 나가서 외교를 맡을 수는 있겠지만 그가 어진 사람인지는 모르겠습니다.

- '맹무백(孟武伯)'은 맹의자(孟懿子)의 아들로, 이름은 체(彘)이다. '武'는 시호이고 '伯'은 항렬이다.
- '부(賦)'는 '병부(兵賦)'로 병역제도를 뜻하는데, 여기서는 군정사무(軍政事務)를 가리킨다.
- '재(宰)'는 경대부(卿大夫) 가의 살림살이를 총괄하는 집사를 가리킨다.
- '속대(束帶)'는 '의복을 갖추어 입다'는 뜻인데, 여기서는 '예복을 입다'고 번역하였다.
- "與賓客言(빈객과 말을 나눈다)"는 것은 외교를 맡는다는 말이다.

공자의 제자 추천 전략

맹무백이 공자에게 제자 세 사람에 대해 의견을 구한 것은 추천 받을 뜻이 있음을 내비친 것이다. 공자는 세 제자에 대해 '인(仁)'을 허용하지 않음으로써 제자를 자랑하지 않는 겸양의 미덕을 보인 한편 세 제자가 각각 어떤 일을 맡을 수 있는지 구체적으로 언급함으로써 맹무백의 의중에 답했을 것이다.

▬▬
5-9

子謂子貢曰: 女與回也孰愈? 對曰: 賜也何敢望回? 回也聞一以知十, 賜也聞一以知二. 子曰: 弗如也. 吾與女弗如也.
선생님께서 자공에게 물으셨다: 너와 안회는 누가 나으냐? 자공이 대답했다: 제가 어찌 감히 안회를 바라보겠습니까? 안회는 하나를 들으면 열을 아는데, 저는 하나를 들으면 둘을 알 뿐입니다. 선생님께서 말씀하셨다: 그렇다. 너뿐만 아니라 나도 그만 못하다.

- '吾與女'의 '與'를 동사로 보고 '동의하다'로 풀이하기도 한다. 그러면 이 문장의 번역은 "나도 네가 그만 못하다는 말에 동의한다"가 될 것이다. (양백준(楊伯峻) 『논어역주』 참고)

宰予晝寢(침). 子曰: 朽(후)木不可雕也. 糞(분)土之牆不可杇(오)也. 於予與何誅? 子曰: 始吾於人也, 聽其言而信其行. 今吾於人也, 聽其言而觀其行, 於予與改是.

재여가 낮잠을 잤다. 선생님께서 말씀하셨다: 썩은 나무로는 조각을 할 수 없고 썩은 흙으로 쌓은 담에는 덧칠할 수 없다. 재여는 이제 꾸짖을 가치조차 없다. 선생님께서 다시 말씀하셨다: 처음에 나는 사람을 대할 때 그가 말하는 것을 들으면 그대로 실행되리라고 믿었다. 그런데 이제는 남이 말한 것을 들은 다음 과연 그대로 실행하고 있는지 관찰하기로 했다. 나는 재여로 인해 방침을 바꾸었다.

- '재여(宰予)'는 공자의 제자로 자가 자아(子我)이고, '여(予)'는 그의 이름이다.
- '분토(糞土)'는 비료가 되는 부식물이 섞여 있는 작물 재배용 흙이다. 담장은 밀착력이 강한 점토를 사용해야 흙손으로 덧칠할 수 있다.

잠이 오면 잠을 자는 재여

재여가 낮잠을 잤다는 것은 휴식시간에 잠깐 조는 정도가 아니라 아예 이불을 깔고 깊은 잠에 빠진 것이라고 추측된다. 어떻게 보면 재여는 피곤하면 달게 자는 것이 좋다고 생각하는 합리주의자였을 것이다. 그런데 공자는 「학이편」 14장에서 "제군들은 음식을 먹을 때 배부르도록 먹으려 하지 말고, 거처에서 쉴 때도 안일을 탐하지 마라"라고 말했듯이 엄격한 금욕주의의 일면이 있다. 그래서 공자는 재여를 호되게 꾸짖었는데, 두 입장의 충돌은 「양화편」 21장에노 보인다.

子曰: 吾未見剛者. 或對曰: 申棖(정). 子曰: 棖也慾, 焉得剛?

선생님께서 말씀하셨다: 나는 아직 마음이 굳센 사람을 보지 못했다. 어떤 사람이 대꾸하여 말했다: 신정은 어떻습니까? 선생님께서 대답하셨다: 신정은 욕심이 많아서 마음이 굳셀 리 없다.

- '신정(申棖)'은 공자의 제자로 노나라 사람이다.
- "焉得剛"을 직역하면 "어찌 마음이 굳셀 리 있겠는가?"이다.

子貢曰: 我不欲人之加諸(저)我也. 吾亦欲無加諸(저)人. 子曰: 賜也, 非爾所及也.

자공이 말했다: 저는 남이 제게 폐를 끼치길 원치 않는 것처럼 저도 남에게 폐를 끼치고 싶지 않습니다. 선생님께서 말씀하셨다: 사야, 그것은 아직 네가 해낼 수 있는 일이 아니다.

- '가(加)'는 '강요하다', '폐를 끼치다'의 뜻이다.
- '저(諸)'는 여기서 '之於'와 같은데, '之'는 구체적으로 지칭하는 것이 없는 일반적인 사실을 가리킨다.

내가 남이 될 수 있는가?

자공의 말은 「안연편」 2장과 「위영공편」 24장의 "己所不欲, 勿施於人(자신이 하고 싶지 않은 일을 남에게 시키지 말라)"과 의미상의 연관이 있는데, 여기서는 공자가 자공에게 "그것은 아직 네가 해낼 수 있는 일이 아니다"라고 말한 반면에 「위영공편」 24장에서는 자공의 "단 한 마디로 평생토록 받들 가치가 있는 말이 있습니까?"라는 질문에 답하여 "남의 입장이 되어보는 것이리라! 자신이 원하지 않는 일을 남에게 시키지 말아야 한다"고 하여 실천 가능한 덕목으로 언급하였다.

5-13

子貢曰: 夫子之文章, 可得而聞也, 夫子之言性與天道, 不可得而聞也.

자공이 말했다: 선생님의 인생철학에 대한 가르침은 늘 받아 왔지만 성명론(性命論)과 우주론은 아직 들어본 적이 없다.

- '문장(文章)'은 옛 전적과 현인의 말씀을 전하는 학문을 가리키는데, 여기서는 이것을 '인생철학'이라고 번역했다.
- '성명(性命)'은 만물이 타고난 기질과 운명으로서 강유지속(剛柔遲速)의 구별이 성(性)이고 귀천요수(貴賤夭壽)의 구별이 명(命)이다.

『논어』에 쓰인 성(性)의 뜻

'성(性)'을 '본성(本性)'으로 풀이하면 「양화편」 2장, "子曰: 性相近也, 習相遠也(사람은 본성은 서로 비슷하지만 습관에 의해 서로 달라진다)"가 있어서 여기서는 '성명론'으로 빈역했다.

송대에 발달한 성리학(性理學)은 한당(漢唐) 훈고학의 결함이었던 사상적 공백을 보충하고 노장사상과 불교사상을 극복하여 공맹(孔孟)의 정신을 재생

한 새로운 유학이어서 그 안에 우주론과 세계관이 포함되어 있다.

5-14

子路有聞, 未之能行, 唯恐有聞.

자로는 가르침을 받고 아직 그것을 실행할 수 없는 동안은 다시 새로운 가르침을 받을까 봐 걱정하였다.

● 마지막의 '有'는 '又'와 같다.

자로의 걱정

자로는 왜 가르침을 받고 아직 그것을 실행할 수 없는 동안은 다시 새로운 가르침을 받을까 봐 걱정했을까? 자로는 공자의 가르침에 우직할 정도로 충실한 제자였다. 공자의 가르침은 관념적인 것이 아니라 실천을 염두에 둔 것이었으므로 자로가 그렇게 생각했던 것이다.

子貢問曰: 孔文子, 何以謂之文也? 子曰: 敏而好學, 不恥下問, 是
以謂之文也.

자공이 여쭈었다: 공문자는 어째서 '문(文)'이라는 시호를 받았습니
까? 선생님께서 말씀하셨다: 그는 솔선수범하여 학문을 좋아하였고,
아랫사람에게 묻는 것을 부끄러워하지 않았다. 그런 까닭에 그에게
'문'이라는 시호가 주어졌다.

• '공문자(孔文子)'는 위(衛)나라의 대부 공어(孔圉)를 가리킨다. 시호는 생전의 언행과 공적에 의해 정
해지며 '문(文)'이라는 시호는 가장 높은 단계의 것이었는데, 자공이 보기에 그는 욕심 많고 충성심
이 부족한 사람이었는데도 '문'이라는 시호를 받았기 때문에 자공이 공자에게 그런 질문을 한 것이
다. 그러나 공자는 그런 질문을 한 자공의 마음을 미리 읽고 그에게 동조하는 대신에 공문자를 편들
어주는 발언을 함으로써 자공이 보지 못한 일면을 깨우쳐 준 것으로 보인다.

子謂子產, 有君子之道四焉. 其行己也恭, 其事上也敬, 其養民也
惠, 其使民也義.

선생님께서 자산에 대해 정치가로서 바람직한 덕을 네 가지 지니고 있
다고 말씀하셨다: 그 태도는 겸손하고, 군주를 섬길 때는 신중하고,
백성을 다스릴 때는 자비롭고, 백성을 부릴 때는 합리적이었다.

• '자산(子產)'은 정(鄭)나라의 대부 공손교(公孫僑)의 자(字)이다. 춘추시대 정나라의 어진 재상으로
알려져 있다. 당시 정나라는 지리적으로 강대국 진(晉)나라와 초(楚)나라 사이에 끼어 있었지만 자
산은 뛰어난 정치력과 외교력으로 어느 나라에도 굽실거리지 않으면서도 나라의 존엄과 안전을 지

컸다고 한다.

- '행기(行己)'는 '몸가짐'의 뜻이다.

5-17

子曰: 晏平仲, 善與人交, 久而敬之.

선생님께서 말씀하셨다: 안평중은 교제를 할 줄 아는 사람이다. 오래 사귄 사람일수록 그를 존경하였다.

- '안평중(晏平仲)'은 제(齊)나라 대부 안영(晏嬰)을 가리킨다. '平'은 시호이고, '仲'은 항렬이다. 지금 전해지는 『안자춘추(晏子春秋)』가 안영이 직접 지은 책은 아니지만 서한(西漢) 이전의 책임에 틀림 없다.

5-18

子曰: 臧(장)文仲居蔡(채), 山節藻(조)梲(절), 何如其知也?

선생님께서 말씀하셨다: 장문중이 (천자의 흉내를 내어) 채라고 부르는 거북이를 위해 집을 지어 주어 살도록 했는데, 거택의 기둥머리에는 산 모양의 조각을 하고 대들보의 동자기둥에는 바닷말의 장식을 그렸으니 그의 지혜가 어찌 이렇단 말인가?

- '장문중(臧文仲)'은 노나라 대부 장손진(臧孫辰)이다.
- '채(蔡)'는 점치는 데 사용할 수 있는 큰 거북이를 가리킨다. 장문중은 그것을 소중히 감추어 두었으며, 거북이가 있는 장소도 매우 중시했다고 한다.

- '산절조절(山節藻梲)'의 '節'은 기둥 위에 댄 방형이나 구형의 나무이고, '절(梲)'은 들보 위의 짧은 동자기둥이다.
- '지(知)'는 '지(智)'와 같다.

子張問曰: 令尹子文, 三仕爲令尹, 無喜色. 三已之, 無慍色. 舊令
尹之政, 必以告新令尹, 何如? 子曰: 忠矣. 曰: 仁矣乎? 曰: 未知,
焉得仁? 崔子弑(시)齊君, 陳文子有馬十乘, 棄而違之. 至於他邦,
則曰: 猶吾大夫崔子也, 違之. 之一邦, 則又曰: 猶吾大夫崔子也,
違之. 何如? 子曰: 淸矣. 曰: 仁矣乎? 曰: 未知, 焉得仁?

자장이 여쭈었다: 초나라의 재상 자문은 여러 번 재상으로 등용되었
지만 기쁜 내색을 하지 않았고, 여러 번 면직되었지만 화난 얼굴을 하
지 않았습니다. 재상직을 떠날 때는 새로 맡은 사람에게 임기 중의 행
정에 대해서 남김없이 알려주고 사무인계를 했습니다. 이를 어떻게
평가하면 좋겠습니까? 선생님께서 대답하셨다: 충직한 사람이다. 자
장이 다시 여쭈었다: 인자(仁者)라고 할 수는 없겠습니까? 선생님께서
말씀하셨다: 모르겠다만 어찌 인자라고 할 수 있겠느냐? 자장이 다시
여쭈었다: 제나라의 가신 최자가 그 군주를 시해했을 때 진문자는 사
십 필의 말과 나머지 재산을 모두 버리고 떠났습니다. 그런데 다른 나
라에 이르러서는 "여기도 우리나라의 최자와 같은 가신이 있구나" 하
고 떠났습니다. 또 다른 나라에 이르러서도 "여기도 우리나라의 최자
와 같은 가신이 있구나" 하고 떠났습니다. 이를 어떻게 평가하면 좋겠
습니까? 선생님께서 대답하셨다: 결백한 사람이다. 자장이 다시 여쭈
었다: 인자(仁者)라고 할 수는 없겠습니까? 선생님께서 말씀하셨다:
모르겠다만 어찌 인자라고 할 수 있겠느냐?

• 초나라에서는 재상을 영윤(令尹)이라고 했다. 자문(子文)은 바로 투구오도(鬪穀於菟)이다.『좌전』에
 의하면 자문(子文)은 노나라 장공(莊公) 30년부터 영윤이 되어서 희공(僖公) 23년에 자옥(子玉)에게
 자리를 물려주었는데, 그 기간이 28년이었다. 그 동안 아마도 여러 차례 임면을 거듭했을 것이다.

- '미지(未知)'를 "아직 지자(知者)라고 할 수 없겠거늘"로 풀이하기도 한다.
- '馬十乘'은 말 사십 필을 말한다. '승(乘)'이 숫자 '4'를 가리킨다.

---

5 — 20

季文子三思而後行. 子聞之曰: 再, 斯可矣.

계문자는 무슨 일이나 여러 번 생각한 후 실행에 옮겼다. 선생님께서 그 말을 듣고 말씀하셨다: 두 번 정도로 좋(았)을 것이다.

공자의 맞춤형 교육

공자가 개인의 특성에 따라 맞춤형 교육을 실시했음을 감안해보면 이 글이 계문자(季文子) 개인을 겨냥해 한 말일수도 있고, 생각과 실행에 대한 일반적인 상황을 언급한 것일 수도 있다. 후자라면 생각을 여러 번 하면 경우에 따라서는 제1감이 주는 직관의 힘이 사라져 오히려 정확한 판단이 흐려질 수도 있고, 실행에 옮겼을 때 발생할 수도 있는 불리함이 갈수록 크게 부각되어 타이밍을 놓치고 추진력이 위축될 가능성이 있다.

5-21

子曰: 甯(영)武子, 邦有道則知, 邦無道則愚, 其知可及也, 其愚不可及也.

선생님께서 말씀하셨다: 영무자는 나라가 태평할 때는 지혜로운 사람으로 통하고 나라가 어지러울 때는 어리석은 사람으로 보였다. 지혜로운 사람으로 통하는 것은 다른 사람이 따라할 수 있겠지만 어리석은 사람으로 보이는 것은 따라할 수 없을 것이다.

5-22

子在陳曰: 歸與! 歸與! 吾黨之小子狂簡, 斐(비)然成章, 不知所以裁之.

선생님께서 진나라에 계실 때 말씀하셨다: 돌아가자! 돌아가자! 고향에 두고 온 젊은이들은 포부는 크지만 치밀하지 못하고 아름다운 비단을 짜 내면서도 재단할 줄을 모른다.

- '당(黨)'은 500가구가 사는 마을로, 여기서는 공자의 고향을 가리킨다.
- "광간(狂簡)"은 포부가 크고 대범하다는 뜻인데, 대범하다는 것은 치밀하지 못한 면이 있다는 말이기도 하다. 여기서는 뒷말의 흐름을 고려하여 "포부는 크지만 치밀하지 못하다"고 번역하였다.
- 애공(哀公) 3년(BC 492) 노나라의 정치를 전횡하던 계환자(季桓子)가 죽고 그 뒤를 이은 계강자(季康子)가 공자의 제자 염구(冉求)를 초빙하자 당시 진나라에 머물고 있던 공자는 새로운 시대에 대한 일말의 희망을 안고 고향으로 돌아가 자신의 이상을 제자들에게 전수하기로 작정했다. 애공 11년(BC 484)에 계강자가 염구의 권고로 공자에게 귀국을 요청하니 이로써 10여 년에 걸친 공자의 유랑생활이 끝났다.

子曰: 伯夷叔齊, 不念舊惡, 怨是用希.

선생님께서 말씀하셨다: 백이와 숙제는 옛 악연을 잊으려고 노력했기 때문에 원망하지 않을 수 있었다.

- '시용(是用)'은 '시이(是以)'와 마찬가지로 전치사 '用' 앞에 목적어 '是'가 놓인 형태인데, 관용어화하여 '이로써'라는 뜻을 갖는다.
- '희(希)'는 '희(稀)'와 같아서 '드물다'는 뜻인데, 부정을 완곡하게 표현한 것이다.

공자가 본 백이와 숙제

백이와 숙제는 전설에 의하면 은나라 말 고죽군(孤竹君)의 두 아들로, 고죽군의 지위를 서로 양보하려고 주 문왕(文王)이 있는 곳으로 몸을 피했다. 그후 주 무왕(武王)이 은나라 주왕을 토벌하려고 했을 때 그 앞에 나아가 만류하다가 뜻을 이루지 못하자, 주나라의 곡식을 먹지 않겠다고 선언하고 수양산(首陽山)에 들어가 고사리로 연명하다가 굶어 죽었다고 한다. 이 이야기대로라면 '구악(舊惡)'은 주 무왕과의 악연을 가리킬 가능성이 크다. 그러나 「술이편」 15장에서 공자가 백이·숙제에 대해 평가한 것이 고죽국의 왕위 계승과 관련된 것임을 감안하면 '구악'은 '두 사람이 고죽군의 지위를 서로 양보하려고 나라를 떠나 피신한 것'을 지칭할 가능성이 크다. 황종희(黃宗羲)가 『맹자사설(孟子師說)』에서 말한 것을 정리해 보면 백이와 숙제는 서로 왕위를 양보하다 수양산에 들어가서 굶주리며 살았다. 그러다 주 문왕이 노인을 성심껏 봉양한다는 소문을 듣고 문왕에게 귀의했다. 다만 그때 숙제는 이미 죽었을 것이고 백이는 연로한 상태였을 것이다. 그러므로 백이가 무왕을 비난하고 수양산에서 굶어 죽었다고 하는 『사기·백이열전』은 시간을 도치시킨 허구의 이야기라는 것이다. 따라서 '구악'은 고죽국의 왕위 계승과 관련된 것이라고 판단된다.

子曰: 孰謂微生高直? 或乞醯(혜)焉, 乞諸(저)其鄰(린)而與之.

선생님께서 말씀하셨다: 누가 미생고를 우직하다고 했는가? 어떤 사람이 식초를 달라고 하자 미생고는 이웃에서 얻어서 그에게 주었다고 하더라.

● '저(諸)'는 '之於'의 합음(合音)이다.

미생고(微生高)의 '직(直)'에 대한 새로운 해석

『장자(莊子)』, 『전국책(戰國策)』등의 책에 미생고(尾生高)가 신의를 지킨 이야기가 기재되어 있다. 그는 한 여자와 다리 밑에서 만나기로 약속했다. 약속 시간이 되었는데도 여자는 나타나지 않았다. 때마침 물이 불어 그대로 있으면 익사할 것이 뻔했는데도 그는 약속을 지키기 위해 버티고 있다가 결국 익사하고 말았다는 이야기다. '미(微)'와 '미(尾)'는 고음(古音)이 서로 가까워 통용해서 썼다. 이 때문에 많은 사람들은 미생고(微生高)가 바로 미생고(尾生高)라고 생각한다. 따라서 '微生高'와 '尾生高'가 동일인이라면 공자가 '신(信)'의 미덕을 굳게 지킨 미생고를 위해 변호한 말일 가능성이 크다.

子曰: 巧言令色足(주)恭, 左丘明恥之, 丘亦恥之. 匿(닉)怨而友其
人, 左丘明恥之, 丘亦恥之.

선생님께서 말씀하셨다: 남이 듣기에 좋은 말, 아첨하는 낯빛과 지나
친 공손을 좌구명은 수치로 생각했고 나 또한 수치로 생각한다. 적의
를 감추고서 친구처럼 사귀는 것을 좌구명은 수치로 생각했고 나 또한
수치로 생각한다.

- '주(足)'는 '지나치다'는 뜻이다.
- 좌구명(左丘明)'은 『좌전(左傳)』의 저자로 알려져 있는데, 이 책이 공자와 같은 시대 또는 공자보다
  더 이른 시기에 생존했던 좌구명에 의해 쓰였다는 것은 불가능하므로 여기 나온 좌구명은 『좌전(左
  傳)』의 저자가 아니다.

顏淵季路侍. 子曰: 盍(합)各言爾志? 子路曰: 願車馬衣(輕)裘(구), 與
朋友共, 敝(폐)之而無憾(감). 顏淵曰: 願無伐善, 無施勞. 子路曰: 願
聞子之志. 子曰: 老者安之, 朋友信之, 少者懷之.

안연과 계로가 좌우에서 공자를 모시고 있었다. 선생님께서 말씀하
셨다: 두 사람이 평소에 품은 뜻을 좀 말해보거라. 자로가 말했다: 저
는 외출용 거마와 의복을 친구와 같이 쓰다가 망가지거나 해져도 아
깝지 않을 교제를 하고 싶습니다. 안연이 말했다: 저는 제가 잘하는
것을 자랑하지 않고 공로를 과장하지 않기를 바랍니다. 자로가 말했
다: 선생님의 포부를 들었으면 합니다. 선생님께서 말씀하셨다: 노인
들은 편안하게 해드리고, 친구는 서로 믿게 하며, 젊은이들은 보살피
고 싶다.

- '계로(季路)'는 공자의 제자 자로(子路)를 가리킨다. 계로는 50세가 되면 백중숙계(伯仲叔季)의 항렬
  과 자(字)를 사용한 옛날의 예법에 따른 호칭이다.
- '합(盍)'은 '하불(何不)'의 합음(合音)이다.
- '경(輕)'은 후대인이 덧붙인 것으로, 당(唐) 이전의 판본에는 이 글자가 없었다. 여기서도 이 '輕' 자가
  없는 것으로 보고 번역했다.
- 마지막의 세 '之'는 각각 '老者', '朋友', '少者'를 가리킨다.
- "懷之"에 대해 "젊은이들이 나를 생각하게 하고 싶다", "젊은이들이 나를 따르게 하겠다" 등의 풀이
  도 있다.

子曰: 已矣乎! 吾未見能見其過, 而內自訟(송)者也.

선생님께서 말씀하셨다: 그만두자구나! 자신이 저지른 잘못을 깨닫고 스스로 반성하는 사람을 아직 보지 못했다.

- '자송(自訟)'은 '자신을 꾸짖다', '스스로를 책망하다'는 뜻이다. '自'는 의미상의 목적어일 때 동사 앞에 놓인다.

子曰: 十室之邑, 必有忠信如丘者焉, 不如丘之好學也.

선생님께서 말씀하셨다: 단지 열 집밖에 없는 마을에도 반드시 나처럼 성실한 사람이 있을 것이나 나처럼 학문을 좋아하는 사람은 좀처럼 없을 것이다.

- '언(焉)'은 '於是'와 같고, '是'는 '十室之邑'을 가리키는 지시대명사이다.

6. 옹야편(雍也篇)

「옹야편」은 모두 30장으로 이루어져 있다. 여기서 공자는 먼저 앞 편에 이어 여러 사람들에 대한 품평을 통해 각자가 지니고 있는 덕목을 이야기하였고, 염옹에 대한 위로를 통해 그가 제자를 받아들일 때 신분, 지위, 재산 등을 따지지 않았음을 보였고, 자로, 자공, 민자건, 백우 등의 품평과 일화를 통해 그가 얼마나 세심하게 제자들을 배려하고 사랑했는지를 알려 주었다. 이어서 공자는 실질과 문식의 조화를 역설하였고, 아는 것과 좋아하는 것과 즐기는 것의 층차를 설명했으며, 지자(知者)와 인자(仁者)의 차이를 구분했고, 명실상부의 중요성과 중용의 중요성을 언급했으며, 어떤 사람이 인자이고 인의 실천 방법이 무엇인지 구체적으로 설명했다.

子曰: 雍也可使南面.

선생님께서 말씀하셨다: 염옹(冉雍)이라면 관청의 수장을 맡길만하다.

- '남면(南面)'은 북쪽에 앉아 남쪽을 향한다는 말인데, 천자·제후·경대부를 막론하고 그가 제일 웃어른이 되어 나타날 때는 항상 남면이었다.

仲弓問子桑(상)伯子. 子曰: 可也簡. 仲弓曰: 居敬而行簡, 以臨其民, 不亦可乎? 居簡而行簡, 無乃大(태)簡乎? 子曰: 雍之言然.

중궁이 자상백자에 대해 여쭈었다. 선생님께서 말씀하셨다: 그는 대범하다. 중궁이 말했다: 마음에 품고 있을 때는 신중하고 실행에 옮길 때는 대범한 처신으로 백성을 다스린다면 괜찮지 않겠습니까? 마음에 품고 있을 때도 대범하고 실행에 옮길 때도 대범하다면 지나치게 대범한 것이 아니겠습니까? 선생님께서 말씀하셨다: 네 말이 옳다.

- '중궁(仲弓)'은 염옹(冉雍)의 자(字)이다.
- '자상백자(子桑伯子)'가 누군지는 고증되지 않았다. 다만 '伯子'라고 부른 것을 보면 경대부(卿大夫)였을 가능성이 크다.
- '가(可)'는 자상백자(子桑伯子)의 이름일 것이다.
- '간(簡)'은 여기서 '대범하다'로 번역했는데, '느슨하다', '간소하다' 등으로 풀기도 한다. 그러나 담고 있는 의미는 비슷하다.
- '무내(無乃)'는 반문에 사용되어 '…하지 않은가?'의 뜻이다.
- '태(大)'는 '태(太)'와 같다.

哀公問: 弟子孰爲好學? 孔子對曰: 有顔回者好學, 不遷(천)怒, 不貳(이)過. 不幸短命死矣, 今也則亡(무), 未聞好學者也.

애공이 물었다: 제자 중에 누가 학문을 좋아합니까? 선생님께서 대답하셨다: 안회라는 제자가 학문을 좋아했습니다. 언짢은 일을 당해도 스스로 소화하여 남이 알게 하지 않았고 같은 잘못을 두 번 반복하지 않았습니다. 불행히도 단명하여 지금은 없습니다. 이후 그만큼 학문을 좋아하는 사람을 이제껏 본 적이 없습니다.

안회의 불천노(不遷怒)

'불천노(不遷怒)'를 '다른 사람에게 화풀이하지 않다'로 풀이하기도 하는데, 그런 정도를 공자가 안회의 미덕으로 애공에게 내세웠을 것 같지는 않다. 안회가 수양이 깊어서 언짢은 일을 당해도 그것을 스스로 소화하여 남이 알게 하지 않았다는 뜻일 것이다.

子華使(시)於齊, 冉子爲其母請粟(속). 子曰: 與之釜. 請益, 曰: 與之
庾(유). 冉子與之粟五秉(병), 子曰: 赤之適齊也, 乘肥馬, 衣輕裘. 吾
聞之也, 君子周急不繼富.

공서적(公西赤)이 제나라에 사신으로 가게 되자 염자가 공서적의 모친
을 위해서 공자에게 곡식을 줄 것을 청했다. 선생님께서 말씀하셨다:
1부(釜: 여섯 말 넉 되)를 주어라. 염자가 좀 더 줄 것을 요청하니 선생님께
서 말씀하셨다: 1유(庾: 열여섯 말)를 주어라. 염자는 그래도 너무 적다고
생각하여 독단으로 그에게 5병(秉: 팔십 석)을 주었다. 선생님께서 말씀
하셨다: 공서적이 제나라에 갈 때 살찐 말 네 필로 수레를 끌게 하고
가볍고 따뜻한 가죽옷을 입고 갔다. 내가 듣건대 남의 위에 있는 자는
단지 다른 사람이 어려울 때 도울 뿐, 부자에게 더 보태지는 않는다고
했다.

- '자화(子華)'는 공자의 제자 공서적(公西赤)의 자(字)이다. 공자보다 42살 아래이다.
- '염자(冉子)'는 공자의 제자 염구(冉求)인데, '염자'로 높여 부른 것을 보면 이 글이 염구의 제자에 의하여 기록되었을 것이다.
- '부(釜)'는 중국 고대의 용량 단위로 6말 4되이다.
- '유(庾)'는 중국 고대의 용량 단위로 16말이다. 일실에는 2말 4되이다.
- '병(秉)'은 중국 고대의 용량 단위로 16곡(斛: 20리터)이다. 고대에는 10말을 1곡이라고 했으므로 5병을 80석으로 번역했다. 그 당시의 80곡은 오늘날의 16석에 해당한다.
- '승비마(乘肥馬)'는 '살찐 말 네 필로 수레를 끌게 하다'는 뜻이다. 당시는 아직 사람이 직접 말을 타지 않았고(사람이 직접 말을 탄것은 전국시대에 들어와서의 일이다), '승(乘)'은 말 네 필이 끄는 수레를 뜻한다.
- '주(周)'는 후대의 '주(賙)'와 같아서 '구제하다'는 뜻이다.
- '계(繼)'는 '보태주다'는 뜻이다.

原思爲之宰, 與之粟九百, 辭. 子曰: 毋(무)! 以與爾鄰里鄉黨乎!

원헌(原憲)이 선생님 댁의 집사가 되었을 때 수당으로 그에게 곡물 구백 석을 주기로 했다. 너무 많다고 사양하자 선생님께서 말씀하셨다: 사양하지 마라. 많다고 생각되거든 네 이웃과 마을 사람들에게 나누어 주려무나.

- '원사(原思)'는 공자의 제자 '원헌(原憲)'으로, 자가 자사(子思)이다.
- '위지재(爲之宰)'의 '之'는 여기서 공자를 가리킨다.
- 九百 뒤에 용량 단위가 없어서 습관적으로 가장 많이 쓰는 용량 단위가 생략된 것일 것이다. 여기서는 생략된 용량 단위를 '석(斛)'으로 보았다.
- 원래 5호를 '린(隣)', 25호를 '리(里)', 12,500호를 '향(鄉)', 500호를 '당(黨)'이라고 했지만 여기서는 자기 집을 중심으로 한 이웃과 마을을 가리킨다.

子謂仲弓曰: 犁(리)牛之子騂(성)且角, 雖欲勿用, 山川其舍諸(저)?

선생님께서 염옹(冉雍)에 대해 말씀하셨다: 얼룩소의 새끼가 털빛이 붉고 뿔도 나 있다면 사람이 비록 제물로 쓰지 않으려고 해도 제사를 받는 산천이 어찌 그것을 그냥 내버려 두겠느냐?

- '이우(犁牛)'는 노란 털과 검은 털이 섞인 얼룩소이다. 제사에 바치는 희생은 털빛이 순일해야 하기 때문에 얼룩소는 희생으로 쓰지 않고 밭을 가는 데 썼다.
- '성(騂)'은 '붉다'는 뜻이다. 주나라에서는 붉은색을 귀하게 여겨서 제사 때 붉은색 가축을 희생으로 썼다.
- '기(其)'는 '기(豈)'와 같아서 '어찌'의 뜻이다.
- '저(諸)'는 '지호(之乎)'의 합음(合音)이다.

출신과 배경을 초월한 염옹

염옹이 스스로는 훌륭했지만 아버지가 천박하고 악행을 많이 저질렀기 때문에 당시에는 인정을 받기 힘든 상황이었다. 이에 공자가 출신 성분이 나쁘더라도 스스로 반듯하고 유능하면 잘 쓰일 수 있다고 염옹을 위로한 말이다. 이로부터 공자가 제자를 받아들일 때 신분, 지위, 재산 등을 따지지 않았음을 알 수 있다.

6-7

子曰: 回也, 其心三月不違仁, 其餘則日月至焉而已矣.

선생님께서 말씀하셨다: 안회는 그 마음이 오래도록 인덕에 어긋나는 일을 하지 않았다. 그 외의 덕도 하루나 한 달이면 지극한 경지에 이르렀다.

- '삼월(三月)'은 석 달이라기보다는 '여러 달', '오랫동안'이라는 뜻으로 보아야 한다.
- "기여(其餘)"를 '안회 이외의 제자들'로 보고 "다른 학생들은 단지 잠시 동안 인덕에 생각이 미칠 뿐이다"로 풀이하기도 하는데, 공자의 뜻이 다른 학생들과 안회를 비교하려는 것이 아니라 안회를 칭찬하는 데 있었을 것이라고 생각하여 이렇게 번역했다.
- '언(焉)'은 '於是'와 같으며 '是'는 '其餘'를 가리킨다.

季康子問: 仲由可使從政也與? 子曰: 由也果, 於從政乎何有? 曰:
賜也可使從政也與? 子曰: 賜也達, 於從政乎何有? 曰: 求也可使
從政也與? 子曰: 求也藝, 於從政乎何有?

계강자가 물었다: 중유에게 정사를 맡겨도 되겠습니까? 선생님께서
말씀하셨다: 중유는 결단력이 있으니 그에게 정사를 맡겨도 아무런
문제가 없을 것입니다. 단목사(端木賜)에게 정사를 맡겨도 되겠습니까?
선생님께서 말씀하셨다: 단목사는 사리에 밝으니 그에게 정사를 맡겨
도 아무런 문제가 없을 것입니다. 염구(冉求)에게 정사를 맡겨도 되겠
습니까? 선생님께서 말씀하셨다: 염구는 다재다능하니 그에게 정사
를 맡겨도 아무런 문제가 없을 것입니다.

- '계강자(季康子)'는 노나라의 대부 계손비(季孫肥)를 가리킨다.
- '중유(仲由)'는 공자의 제자 자로(子路)를 가리킨다.
- '사(賜)'는 공자의 제자 자공(子貢)을 가리킨다.

공자의 제자 사랑

공자의 제자들이 정사를 맡을 자격이 있겠느냐는 계강자의 물음에 공자는
단순히 자격이 있다고 대답하지 않고 제자들 각자의 특징을 함께 언급함으
로써 계강자가 제자들을 적재적소에 기용하도록 도와주었다. 이를 통해 공
자가 얼마나 세심하게 제자들을 배려하고 있는지 알 수 있다.

季氏使閔子騫(건)爲費宰. 閔子騫曰: 善爲我辭焉! 如有復(부)我者,
則吾必在汶(문)上矣.

계씨가 민자건을 비읍의 장관으로 임명하려고 하자 민자건이 찾아온
사람에게 말했다: 나를 대신해서 좋게 거절해 주시오! 만약 다시 나를
찾아온다면 나는 틀림없이 노나라를 떠나 문수의 북쪽에 있을 것이오.

* '민자건(閔子騫)'은 공자의 제자 민손(閔損)으로, 그의 자가 자건(子騫)이다. 공자보다 15세 아래이다.
* '비(費)'는 계씨의 식읍(食邑)으로 지금의 산동성 비현(費縣) 서북쪽에 있었다.
* '상(上)'은 일반적으로 강의 북쪽을 가리킨다. '문수(汶水)'는 당시 노나라와 제나라의 국경을 이룬 강
  으로 노나라는 이 강의 남쪽에 있고 제나라는 이 강의 북쪽에 있었다. 그러므로 '在汶上'은 노나라
  를 떠나 제나라에 가 있을 것이라는 말이다.

伯牛有疾, 子問之, 自牖(유)執其手, 曰: 亡之, 命矣夫! 斯人也而有
斯疾也! 斯人也而有斯疾也!

백우가 중병에 걸렸다. 선생님께서 문병을 가셨는데 (전염을 생각해서) 창
안으로 손을 넣어 그의 손을 굳게 잡고 한참을 있은 다음 돌아서서 말
씀하셨다: 소생하기 어렵겠구나. 이것이 운명이란 말인가! 이 사람이
이런 병에 걸리다니! 이 사람이 이런 병에 걸리다니!

* '백우(伯牛)'는 공자의 제자 염경(冉耕)으로, 자가 백우이다. 덕행이 안회, 민자건 다음가는 훌륭한 제
  자였다고 한다.
* '집(執)'은 굳게 잡고 떠나지 않는 것을 뜻한다.

6-11

子曰: 賢哉, 回也! 一簞(단)食(사), 一瓢(표)飲, 在陋巷, 人不堪(감)其憂, 回也不改其樂, 賢哉, 回也!

선생님께서 말씀하셨다: 훌륭하도다, 안회는! 찬밥에 냉수를 마시며 누추한 집에 살고 있구나. 다른 사람이라면 불평불만을 늘어놓을 텐데 안회는 그렇게 살면서도 한결같이 즐거워하니 훌륭하도다, 안회는!

• '일단사(一簞食), 일표음(一瓢飲)'을 직역하면 "한 대그릇의 밥과 한 표주박의 물"이다.

6-12

冉求曰: 非不說(열)子之道, 力不足也. 子曰: 力不足者, 中道而廢, 今女畫(획).

염구가 말했다: 저는 선생님의 방식에 찬성하지 않는 것은 아닙니다만 힘이 부족하여 따라가기 어려울 것 같습니다. 선생님께서 말씀하셨다: 정말 힘이 부족한 사람이라면 도중에 낙오하는 법인데, 지금 너는 아예 못한다고 선을 그어 놓고 발도 떼지 않는구나.

- '획(畫)'은 '선을 그어 놓다'는 뜻이다.

6-13

子謂子夏曰: 女爲君子儒, 無爲小人儒.

선생님께서 자하에게 말씀하셨다: 너는 고상한 학자가 되어라. 비굴한 학자가 되어서는 안 된다.

6-14

子游爲武城宰. 子曰: 女得人焉耳乎? 曰: 有澹(담)臺滅明者, 行不由徑, 非公事, 未嘗至於偃(언)之室也.

자유가 무성읍의 장관이 되었다. 선생님께서 말씀하셨다: 너는 거기서 어떤 인재를 얻었느냐? 자유가 말했다: 담대멸명이라는 사람이 있는데, 정도를 벗어나 지름길로 빠져나가는 일은 하지 않습니다. 공무이외의 일로 제 집에 찾아온 적도 없습니다.

- '자유(子游)'는 공자의 제자 언언(言偃)의 자(字)이다.
- '담대멸명(澹臺滅明)'은 노나라 무성 사람으로 성이 담대이고 이름이 멸명이며, 자는 자우(子羽)이다. 『사기·중니제자열전』에서 그를 공자의 제자로 언급하고 있지만 자유의 말투로 볼 때 이때에는 아직 공자의 문하에 들어가지 않았을 것이다.

子曰: 孟之反不伐, 奔而殿, 將入門, 策其馬曰: 非敢後也, 馬不進也.

선생님께서 말씀하셨다: 맹지반은 자기 자랑을 하지 않았다. 패전했을 때 후위를 맡았는데 성문에 이르렀을 때 갑자기 말을 채찍질하며 외치기를 자신이 일부러 나서서 후위를 맡은 것이 아니라 말이 느렸기 때문이라고 말했다.

- '맹지반(孟之反)'은 노나라의 대부로, 이름이 측(側)이고 '之反'은 그의 자이다.
- '분(奔)'은 '전쟁에서 패배하여 달아나다'는 뜻이다.
- '전(殿)'은 군대 행렬의 맨 뒤에서 군대를 보호하면서 행군을 독려하는 것을 말한다. 맹지반은 기원전 484년 노나라의 성문 밖에서 있었던 제나라와의 전투에서 크게 패배하여 성안으로 후퇴했는데, 그때 그는 퇴각하는 군대의 후위를 지키며 맨 뒤에 성으로 들어갔다고 한다.

子曰: 不有祝鮀(타)之佞(녕), 而有宋朝之美, 難乎免於今之世矣.

선생님께서 말씀하셨다: 축타와 같은 뛰어난 언변이 없이 송조와 같은 아름다운 외모를 지녔다면 지금 세상에서는 불행을 모면하기 어렵다.

- 축타(祝鮀)는 위(衛)나라의 대부로 말재주가 뛰어나 소릉(昭陵)에서 제후들이 회합할 때 채(蔡)를 위나라보다 상석에 두려고 하자 논쟁을 벌여 위나라를 상석에 두는 데 성공했다. 공자는 그의 능력을 높이 평가하여 위 영공이 그의 무도한 행위에도 불구하고 군주의 지위를 잃지 않은 이유 중의 하나로 꼽았다. (「헌문편」19장 참고)
- 송조(宋朝)는 송나라의 공자로 조(朝)가 그의 이름이다. 그가 위나라의 대부로 있을 때 양공(襄公)의 부인 선강(宣姜) 및 영공(靈公)의 부인 남자(南子)와 사통한 적이 있다고 한다.

송조의 아름다움이 불행을 가져온다?

공자의 이 말은 어떤 상황에서 무슨 의도로 한 것인지 분명치 않다. 이 문장을 위(衛)나라의 운명에 관한 것으로 보고 축타의 말솜씨로서 송조의 해독을 제어하지 않았다면 나라가 멸망했을지도 모른다고 풀이하기도 하는데, 그렇게 확대 해석하는 것보다는 역시 미모가 불행이 될 수도 있는 개인의 운명을 말하고 있는 것으로 보는 것이 좋겠다.

6-17

子曰: 誰能出不由戶? 何莫由斯道也?

선생님께서 말씀하셨다: 문을 통하지 않고 출입할 수 있는 사람은 없으련만 어찌하여 이 길을 걸으려는 사람은 없단 말인가?

6-18

子曰: 質勝文則野, 文勝質則史, 文質彬(빈)彬, 然後君子.

선생님께서 말씀하셨다: 실질이 있어도 문식이 따르지 않으면 투박하고, 문식만 내세우고 실질이 없다면 허황되다. 문식과 실질을 함께 갖추어 조화를 이루어야 교양 있는 군자라고 할 수 있다.

- '사(史)'는 실질적인 내용은 없으면서 겉모양만 그럴듯한 상태를 가리킨다.
- '빈빈(彬彬)'은 두 가지가 적절히 섞여서 조화와 균형을 이룬 모양이다.

子曰: 人之生也直, 罔(망)之生也幸而免.

선생님께서 말씀하셨다: 사람의 삶은 정직해야 한다. 부정직한 사람이 살아가는 것은 요행히 화를 면하는 것이다.

- '망(罔)'은 '부정직한 사람'의 뜻이다. 이를 '없다'는 뜻으로 보고 "罔之生"을 "정직 없이 살아가는 것"으로 풀이하기도 한다.

子曰: 知之者, 不如好之者. 好之者, 不如樂之者.

선생님께서 말씀하셨다: 이성으로 아는 것은 감정으로 좋아하는 것만 못하고, 감정으로 좋아하는 것은 온몸으로 즐기는 것만 못하다.

- '之'는 특정한 것을 가리키는 것이 아니라 일반적인 사실, 사물, 사람을 가리키는 대명사이다.

아는 것, 좋아하는 것, 즐기는 것

사람이 무엇인가를 알거나 이해하는 것은 인식과 식별의 차원인데, 거기서 더 나아가 그것을 좋아할 수 있다면 감정의 지원을 받는 것이 되어 그것에 더 가까이 다가가는 것이고, 그것을 즐길 수 있다면 그것과 혼연일체가 되는 것이니 가장 높은 경지라는 말이다.

子曰: 中人以上, 可以語上也. 中人以下, 不可以語上也.

선생님께서 말씀하셨다: 보통 이상의 사람이라면 수준 높은 것을 말해 줄 수 있지만 보통 이하의 사람에게는 수준 높은 것을 말해줄 수 없다.

● 여기서는 '上'을 '수준 높은 것'이라고 번역했지만, '上'이 '수준 높은 이야기'인지 '上人(뛰어난 인물)'
인지 분명치 않다.

樊(번)遲問知. 子曰: 務民之義, 敬鬼神而遠之, 可謂知矣. 問仁, 曰: 仁者先難而後獲, 可謂仁矣.

번지가 지자(知者)의 처신에 대해 여쭈었다. 선생님께서 말씀하셨다: 백성들이 의롭다고 생각하는 일을 행하는 데 힘써라. 귀신에 관한 일은 신중하게 다루되 깊이 들어가지 마라. 그것이 지자의 처신이라고 할 수 있다. 번지가 다시 인자(仁者)의 처신에 대해 여쭈니 선생님께서 말씀하셨다: 인자는 어려운 일을 솔선해서 처리하지만 대가를 바라지 않는다. 그것이 인자의 처신이라고 할 수 있다.

● "후획(後獲)"을 직역하면 "대가를 뒤로 미룬다"이다.

子曰: "知者樂(요)水, 仁者樂(요)山." 知者動, 仁者靜. 知者樂. 仁者壽.

선생님께서 말씀하셨다: "지자는 물을 좋아하고, 인자는 산을 좋아한다"는 말이 있다. 지자는 움직이는 것을 좋아하고 인자는 정적인 것을 좋아한다. 지자는 삶을 즐기고 인자는 천수를 누린다.

● '요수(樂水)'와 '요산(樂山)'의 '요(樂)'는 '좋아하다', '마음에 들어 바라다'는 뜻이다.

인자(仁者)의 수명

'수(壽)'는 보통 '장수하다'로 새기는데, 인자(仁者)라고 해서 다 장수한 것은 아닐 것이다. 그보다는 인자가 삶의 본질에 충실한 사람이라는 측면에서 '하늘이 부여한 수명'을 다 누린다는 뜻일 것이다.

지자(知者)와 인자(仁者)의 차이

지자는 변화하는 현재의 삶에 충실하고, 인자는 삶을 관조하여 그 본질에 충실한 사람이라는 말인 듯하다.

子曰: 齊一變, 至於魯, 魯一變, 至於道.

선생님께서 말씀하셨다: 제나라에 개혁이 행해지면 노나라의 수준에 이를 것이고, 노나라에 개혁이 행해지면 도의 국가에 이를 것이다.

노나라에 개혁이 이루어지면?

노나라에 개혁이 행해지면 문(文), 무(武), 주공(周公) 시대의 주나라처럼 정도가 행해지는 나라가 될 수 있을 것이라는 말이다.

6−25

子曰: 觚(고)不觚, 觚哉觚哉.

모난 술그릇인 고(觚)가 모나지 않다면 고라고 할 수 있겠는가? 고라고 할 수 있겠는가?

명실상부(名實相符)의 중요성

이 장은 공자가 당시에 사물의 이름과 실제가 일치하지 않음을 개탄한 것으로 보인다. 고(觚)는 위가 둥글고 아래에 네 개의 모서리가 있는 술잔인데, 이런 모양을 만들어 내기가 쉽지 않아 실제로는 원형 술잔에 가까운 것이 많았다고 한다.

6-26

宰我問曰: 仁者雖告之曰, "井有人焉." 其從之也? 子曰: 何爲其然也? 君子可逝也, 不可陷(함)也. 可欺(기)也, 不可罔(망)也.

재아가 여쭈었다: 인자라면 그에게 "지금 우물에 사람이 빠졌다"라고 알려 주면 그는 따라 내려가겠지요? 선생님께서 말씀하셨다: 어찌 그럴 리가 있겠느냐? (인자는 그만두고라도) 덕을 지닌 사람이라면 우물까지 가게 할 수는 있지만 그를 우물에 빠뜨릴 수는 없다. 잠깐은 속일 수 있을지 몰라도 끝까지 우롱할 수는 없다.

- '재아(宰我)'는 공자의 제자로 이름은 여(予)이고, 자가 자아(子我)이다.
- '기(欺)'와 '망(罔)'에 대해서 『맹자·만장(萬章) 상』에 있는 "군자는 사리에 맞는 방법으로 잠깐 속일 수 있지만 도리에 맞지 않는 방법으로 우롱할 수는 없다(君子可欺以其方, 難罔以非其道)"를 참고할 만하다.

6-27

子曰: 君子博學於文, 約之以禮, 亦可以弗畔矣夫.

선생님께서 말씀하셨다: 제군들이 널리 문물제도를 배우고 예의 실천을 통해 그 지식을 매듭지을 수 있다면 바람직한 교양인에서 벗어나지 않았다고 할 수 있다.

- '약지(約之)'의 '之'는 '文'을 가리킨다.
- '불반(弗畔)'은 '不畔之'와 같은데, '畔'은 '반(叛)'으로서 '위배하다', '벗어나다'의 뜻이고 '之'는 '君子'를 가리킨다.

子見南子, 子路不說(열). 夫子矢(시)之曰 : 予所否者, 天厭(염)之, 天厭之!

공자께서 남자(南子)를 만나러 가시자 자로가 좋아하지 않았다. 선생님께서 이에 맹세하며 말씀하셨다 : 내가 떳떳하지 못한 짓을 하지 않았다는 것은 하늘이 안다, 하늘이 알아!

- '남자(南子)'는 위(衛)나라 영공(靈公)의 부인으로 당시 위나라의 정권을 장악하고 있었는데, 정당치 못한 행동 때문에 평판이 좋지 않았다. 그런데도 그녀가 집요하게 회견을 요청하여 공자는 부득이 그녀를 만나러 갔다고 한다. 『사기·공자세가』에 이 일이 생동감 있게 묘사되어 있다.
- "천염지(天厭之)"는 맹세할 때 쓰는 상투어이다. 직역하면 "내가 떳떳치 못한 짓을 했다면 하늘이 그 것을 싫어할 것이다"이다.

子曰 : 中庸之爲德也, 其至矣乎. 民鮮久矣.

선생님께서 말씀하셨다 : 중용이란 덕은 지고의 것이지만 사람들이 그 것을 잃은 지 이미 오래되었다.

- '중용(中庸)'의 '中'은 '지나치거나 모자람'이 없는 것을 말한다. '庸'은 '상(常)'과 같은 뜻인데, '常'은 영구하다는 뜻이다. 즉 지나치거나 모자람이 없는 행위는 영구히 최상의 덕행이라는 말이다.
- '민(民)'은 여기서 백성이 아닌 모든 사람을 가리킨다.

子貢曰: 如有博施於民, 而能濟衆, 何如? 可謂仁乎? 子曰: 何事於
仁? 必也聖乎! 堯舜其猶病諸(저). 夫仁者, 己欲立而立人, 己欲達
而達人, 能近取譬, 可謂仁之方也已.

자공이 여쭈었다: 널리 백성에게 은혜를 베풀고 중생을 제도할 수 있
다면 인자라고 할 수 있겠습니까? 선생님께서 말씀하셨다: 어찌 인자
정도에 그치겠는가? 반드시 성인이라고 해야 할 것이다! 요순과 같은
성군도 그렇게 하기는 어려웠다. 인자는 자신이 일어서려고 할 때 남
을 먼저 세워 주고, 자신이 도달하려고 할 때 남을 먼저 도달하게 해
준다. 가까이에 있는 것을 보고 남의 입장을 이해하여 실행할 수 있다
면 그것이 인을 실천하는 방법이라고 할 수 있다.

- "其猶病諸'는 '其猶病之乎"로서 직역하면 "아마도 오히려 그것(博施於民, 而能濟衆)을 어려워했을
  것이다"이다.
- "能近取譬'를 직역하면 "가까이서 깨달음을 취할 수 있다면"이다.

7. 술이편(述而篇)

「술이편」은 모두 38장으로 이루어져 있다. 이 장은 주로 공자의 구체적인 언행을 언급하여 공자가 어떤 사람인지를 보여 주고 있다. 고대의 학문과 문화에 대한 애호와 존중, 배우고 가르치는 것에 대한 소명 의식, 희망이 사라져 가는 사회 현실에 대한 한탄, 제자에 대한 독특한 훈도와 사랑의 방식, 여러 가지 생활 단면, 음악에 대한 남다른 애호, 판단 성향 등을 예시하여 그가 어떤 자세로 어떻게 살고 있으며, 관심사가 무엇이고 그런 것들에 대해 어떻게 생각하고 판단하는지 독자들이 엿볼 수 있게 했다.

子曰: 述而不作, 信而好古, 竊(절)比於我老彭(팽).

선생님께서 말씀하셨다: 나의 목적은 선인의 말씀을 전하는 데 있지 새로운 것을 창작하는 데 있지 않다. 신뢰하는 태도로 고대의 문화를 좋아하고, 나 자신을 은근히 우리 노팽에 견주어본다.

● '노팽(老彭)'이 누구인가는 확실치 않다. 은나라 대부로 옛날 일을 즐겨 이야기했다는 노팽이라는 설, 노자(老子)와 팽조(彭祖) 두 사람이라는 설, 공자의 어투(우리 노팽)로 보아 공자가 친밀하게 느끼던 동시대인이리라는 설 등이 있다.

"술이부작(述而不作)", 공자의 신념

공자가 "나의 목적은 선인의 말씀을 전하는 데 있지 새로운 것을 창작하는 데 있지 않다"고 말한 것은 고대의 학문과 문화에 대한 그의 애호와 존중을 표현한 것이지만 동시에 자신의 주장이 믿을만한 것이라는 신념을 나타낸 것으로 보인다.

子曰: 默而識(지)之, 學而不厭, 誨(회)人不倦, 何有於我哉?

선생님께서 말씀하셨다: 묵묵히 마음속에 새기고, 열심히 배우며 싫증을 내지 않고, 남을 가르침에 지치지 않는 것은 나에게 무슨 어려움이 있겠는가?

● '지(識)'는 '기억하다', '마음속에 새기다'의 뜻이고, '之'는 일반적인 것을 가리키는 대명사이다.
● '하유(何有)'는 "무엇이 있는가", 즉 "나에게 갖추어져 있는 것이 없다"로 풀이하여 공자의 겸허한 마

음가짐을 나타낸 말이라고 보는 견해도 있는데,『논어』에 나오는 다른 '何有'가 대부분 '무슨어려움이 있겠는가'로 해석되고 공자가 그만한 자부심은 표현할 수 있다고 판단되어 위와 같이 번역했다.

7-3

子曰: 德之不脩, 學之不講, 聞義不能徙(사), 不善不能改, 是吾憂也.

선생님께서 말씀하셨다: 인품과 덕성을 몸에 익히지 않고, 학문을 연구하지 않으며, 올바른 것을 알면서도 동조하지 않고, 나쁜 줄 알면서도 고치지 않는 것, 이런 것들이 내가 우려하는 것이다.

7-4

子之燕居, 申申如也, 夭(요)夭如也.

선생님께서 자택에서 쉬고 계실 때는 느긋하고 편안해 보이셨다.

- '연거(燕居)'는 공무를 보지 않고 몸과 마음이 편한 상태에서 느긋하게 쉬는 것을 말한다.
- '신신(申申)'은 느긋하고 푸근한 모양이다. '伸伸'과 같다.
- '요요(夭夭)'는 편안하고 온화한 모양이다.

7-5

子曰: 甚矣吾衰(쇠)也! 久矣吾不復(부)夢見周公!

선생님께서 말씀하셨다: 심하도다, 나의 노쇠함이여! 오래되었구나, 내가 꿈에서 더 이상 주공을 뵙지 못한 것이!

7-6

子曰: 志於道, 據於德, 依於仁, 游於藝.

선생님께서 말씀하셨다: 바른 길에 뜻을 두고, 도덕에 근거하며, 인에 의지하고, 육예(六藝)에 노닐어라.

- '육예(六藝)'는 예(禮: 예법), 악(樂: 음악), 사(射: 활쏘기), 어(御: 수레 몰기), 서(書: 서예), 수(數: 수학)를 가리킨다.

7-7

子曰: 自行束脩以上, 吾未嘗無誨焉.

선생님께서 말씀하셨다: 속수의 예를 행하여 제자로 받아들인 다음에는 내가 직접 가르치지 않은 적이 없다.

- '자(自)'는 시발점을 표시하는 전치사이다.
- '속수(束脩)'는 입문할 때 지참하는 예물로, 말린 고기를 묶은 것이다. 이 정도의 예물은 대단치 않은 것이어서 최소한의 예를 행한 것이다. 나중에 한나라 때가 되면 유학이 번성하여 이름난 스승 밑에

는 제자가 수천 명이나 되었지만 스승이 직접 가르친 것은 고제(高弟) 뿐이고 일반 제자들은 고제에게 교육을 받았다. 공자 시대에는 아직 그런 계층 서열이 없었다.

7—8

子曰: 不憤不啓, 不悱(비)不發. 擧一隅, 不以三隅反, 則不復(부)也.

선생님께서 말씀하셨다: 정열이 없는 사람은 진보하지 못한다. 고민하지 않고서는 앞으로 나아가지 못한다. 네 귀퉁이의 하나를 가르치면 남은 세 귀퉁이를 스스로 시험해 보는 사람이 아니라면 가르칠 가치가 없다.

- '분(憤)'은 마음속으로 구하려 하나 얻지 못하고 있다는 뜻이다.
- '비(悱)'는 말로 표현해내지 못하는 고민을 한다는 뜻이다.
- '擧一隅, 不以三隅反, 則不復也.'를 직역하면 "네 귀퉁이의 하나를 가르쳐주었는데 남은 세 귀퉁이를 미루어 알지 못하면 다시 그를 가르치지 않는다."이다.

계발(啓發)의 주체는 누구인가?

'계(啓)'와 '발(發)'을 스승이 제자에게 깨우쳐 주고 계발해 주는 의미로 풀이하기도 하는데, 그렇게 하면 뒤에 나오는 말과 중복되어 마치 심술궂은 스승 같은 인상을 줄 것이다.

7-9

子食於有喪者之側, 未嘗飽也.

선생님께서 상을 당한 사람 곁에서 식사를 하실 때는 먹는 시늉만 하고 그만두셨다.

7-10

子於是日哭, 則不歌.

선생님께서 곡(哭)의 예를 행하시면 그날은 노래를 부르지 않으셨다.

• '시일(是日)'은 '어느 날이건 그날'의 뜻이다. 여기서 '是'는 막연한 것을 가리키는 지시대명사이다.

子謂顔淵曰: 用之則行, 舍之則藏, 惟我與爾有是夫. 子路曰: 子行
三軍, 則誰與? 子曰: 暴(포)虎馮(빙)河, 死而無悔者, 吾不與也. 必
也臨事而懼(구), 好謀而成者也.

선생님께서 안연에게 말씀하셨다: 쓰인다면 나가고 쓰이지 않는다면
물러나 소리도 내지 않는다. 이는 너와 나만이 할 수 있는 일이다. 자
로가 말했다: 선생님께서 만일 삼군의 대장이 되어 출정하신다면 누
구를 부관으로 삼으시겠습니까? 선생님께서 말씀하셨다: 맨손으로
호랑이와 격투하거나 황하를 헤엄쳐 건너다 죽더라도 후회하지 않을
사람에게는 맡기고 싶지 않다. 반드시 실행하기 전에 신중히 숙고하
고 만전의 계획을 세워 성공을 기하는 사람에게 맡길 것이다.

- '행군(行軍)'은 '행사(行師)'와 같은 말로서 출병의 뜻이 있다.
- '포호빙하(暴虎馮河)'는 '맨손으로 호랑이와 싸우고 맨발로 황하를 건넌다'는 뜻이다.

제자를 훈도하는 공자의 독특한 방식

공자가 안연에게 말을 한 후 자로가 공자에게 그런 질문을 한 것은 공자가
안연을 크게 칭찬하는 것을 보고 자신도 칭찬 받고 싶은 마음이 있어서였
을 것이다. 공자는 자로의 그와 같은 마음을 읽고 자로에게 간접적으로 신
중하게 처신하라는 훈계를 주었을 것이다.

子曰: 富而可求也, 雖執鞭之士, 吾亦爲之. 如不可求, 從吾所好.

선생님께서 말씀하셨다: 부가 추구할 만한 것이라면 시장에서 문을 지키는 사람 노릇이라도 기꺼이 했을 것이다. 부가 추구할 만한 것이 아니라면 내가 좋아하는 것을 하겠다.

- '이(而)'는 주로 문장 중간에 사용되는 가정이나 조건을 표시하는 접속사이다.
- '집편지사(執鞭之士)'는 '채찍을 든 사람'이라는 말인데, 『주례(周禮)』에 따르면 두 부류가 있었다. 한 부류는 천자나 제후가 출입할 때 2~8명이 가죽 채찍을 들고서 행인들에게 길을 비키도록 했고, 또 한 부류는 시장에서 문을 지키는 사람으로 손에 가죽 채찍을 들고서 질서를 유지했다. 여기서는 '부'와 관계 지어 후자로 번역하였다.

子之所愼, 齊(재)戰疾.

선생님께서 발언에 신중을 기하신 것은 종교 행사와 전쟁, 그리고 질병이었다.

- '재(齊)'는 '재(齋)' 또는 '재계(齋戒)'와 같아서 제사를 지내기 전에 먼저 심신을 정결히 하는 것을 일컬었다. 여기서는 이것을 '종교 행사'로 번역하였다.
- '전(戰)'과 '질(疾)'은 각각 국가의 존망, 사람의 생사와 관련되어 있기 때문에 발언에 신중을 기하지 않을 수 없었을 것이다.

子在齊聞韶(소), 三月不知肉味. 曰: 不圖爲樂(악)之至於斯也.

선생님께서 제나라에 계실 때 소(韶) 음악을 들으시고 오랫동안 고기 맛을 잊고 지내시더니 말씀하셨다: 음악이 이런 경지에까지 이를 줄은 생각지도 못했다.

- '소(韶)'는 당시의 태평성세를 구가한 순임금 때의 악곡인데, 순임금 후예의 나라인 진(陳)나라의 공자 완(完)이 제나라로 망명했기 때문에 제나라에 소 음악이 보존될 수 있었다고 전해진다.
- '부도(不圖)'는 '예상치 못하다', '생각지 못하다'는 뜻이다.
- '위악(爲樂)'은 '음악의 창작' 또는 '음악의 연주'이다.

冉有曰: 夫子爲衛(위)君乎? 子貢曰: 諾(낙), 吾將問之. 入曰: 伯夷
叔齊, 何人也? 曰: 古之賢人也. 曰: 怨乎? 曰: 求仁而得仁, 又何
怨? 出曰: 夫子不爲也.

염유가 자공에게 물었다: 선생님께서 위군(衛君) 편이 되어 주실까? 자
공이 말했다: 좋아, 내가 선생님께 여쭈어 보마. 자공이 안에 들어가
선생님께 여쭈었다: 백이와 숙제는 어떤 사람입니까? 선생님께서 말
씀하셨다: 옛날의 현인이다. 자공이 다시 여쭈었다: (그들 두 사람은 서로
사양하느라 모두 고죽국(孤竹國)의 왕이 되지 않으려 하더니 결국은 나라 밖으로 망명했는
데) 끝내는 원망하지 않았을까요? 선생님께서 말씀하셨다: 그들이 인
덕을 구하여 그것을 실천했으니 무슨 불만이 있겠느냐? 자공이 물러
나와 염유에게 말했다: 선생님께서는 위군을 도울 생각이 없으시다.

● '위(爲)'는 '돕다', '편들다'의 뜻이다.

자공의 유도심문

'위군(衛君)'은 위나라 영공(靈公)의 손자로 부친 괴외(蒯聵)를 대신하여 영공
을 계승한 출공(出公)이다. 그가 조부 영공이 죽은 뒤 송나라에 망명가 있던
부친을 불러서 왕위를 계승케 하지 않고 자신이 직접 왕위를 계승한 것은
서로 왕위 계승을 사양하다가 주나라로 망명한 백이·숙제와는 다른 행동
이었다. 그 후 출공의 부친 괴외(蒯聵)가 위나라로 돌아오자 출공은 왕위를
내놓고 노나라로 망명했다. 염유는 그린 출공을 공사가 보필하겠는가 하고
회의했고, 자공은 공자가 백이·숙제를 찬양하는 것을 보고 그럴 리 없다고
확신했다.

子曰: 飯疏食(사)飮水, 曲肱(굉)而枕之, 樂亦在其中矣. 不義而富且貴, 於我如浮雲.

선생님께서 말씀하셨다: 찬밥 먹고 물 마시며 팔을 베고 잠을 자도 즐거움이 그 안에 있다. 떳떳하지 못한 짓을 해서 얻은 부와 지위는 내가 보기에 뜬구름과 같다.

● '소사(疏食)'는 '거친 밥'이라는 말로, 옛날에는 잡곡밥을 의미했는데 지금의 독자들에게 의미가 잘 전달되도록 '찬밥'으로 번역했다.

━━━
7—17

子曰: 加我數年, 五十以學易, 可以無大過矣.

선생님께서 말씀하셨다: 내가 앞으로 몇 년을 더 살아 나이 오십에 『역경』을 배운다면 일생을 큰 실수 없이 지낼 수 있을 것이다.

『역경』은 언제 유가의 경전이 되었을까?

공자의 시대에 『역(易)』이 아직 유교의 경전이 아니었다는 것은 아마 사실일 것이다. 그러나 『논어』의 편집과정을 고려해 보면 이 말은 유가에 역학파가 등장하면서 그 학파의 주장이 논어에 수록되었을 가능성이 크다. 공자가 오십이 되어 『역』을 배우겠다고 한 것은 『사기·공자세가』에서 공자가 만년에 『역』을 좋아했다고 기록한 것과 일맥상통한다. 그런데 이것은 오히려 『역경』이 늦게 성립된 경전일 가능성이 크다는 것을 뒷받침한다. 즉, 늦게 성립된 경전일수록 무언가 이유를 붙여 그것이 가장 오래된 경전이라고 주장하려는 경향이 있는 것이다. 후대에 와서 오경의 순서는 『역경』을 맨 앞에 두는 것이 보통이다.

7-18

子所雅言, 『詩』『書』. 執禮, 皆雅言也.

선생님께서 표준어를 써서 암송하는 것은 『시경』과 『서경』이다. 또한 예를 집행하실 때도 표준어를 쓰셨다.

교양 있는 춘추시대 사람들이 두루 쓰던 말

'아언(雅言)'은 고아한 언어를 말하며 동시에 그 당시 가장 널리 통용되던 주나라의 발음에 기초한 표준어이다. 춘추시대에 각 나라의 언어가 통일될 수 없었으리라는 것은 상상할 수 있을 뿐만 아니라 고서에서 그 증거를 찾을 수 있다. 공자 당시의 유교는 말하자면 국제적인 교양이었고, 유교의 교육은 주나라의 말을 표준어로 삼아 이루어졌으므로 '아언'은 바로 제후국 사이에 통용되던 국제어였다.

葉(섭)公問孔子於子路, 子路不對. 子曰: 女奚(해)不曰? 其爲人也,
發憤忘食, 樂以忘憂, 不知老之將至云爾.

섭공이 자로에게 공자에 대해 물었는데, 자로가 대답을 하지 못했다.
이에 선생님께서 말씀하셨다: 다시 묻는다면 이렇게 대답하거라. 그
사람은 학문의 정열이 불타오를 때는 침식도 잊고 학문의 즐거움을 알
고서는 그때까지의 근심을 모두 잊어버린다. 그래서 이제 곧 노년이
다가오는 것도 모르는 사람이라고.

• '섭공(葉公)'은 지금의 하남성 섭현(葉縣) 남쪽 지역으로 당시 초나라에 속했던 섭 지방의 현장(縣長)
  이다. 초나라 임금이 왕이라고 칭하자 현장을 공(公)으로 칭했다. 이름은 심제량(沈諸梁)이고, 자는
  자고(子高)인데, 당시 초나라의 현자였다고 전해진다.

子曰: 我非生而知之者, 好古敏以求之者也.

선생님께서 말씀하셨다: 내가 태어나면서부터 지식을 갖고 있었던 것
은 아니다. 고대의 문화를 애호하고 부지런히 지식을 추구한 결과이다.

• '之'는 일반적인 것을 가리키는 대명사이다.

7—21

子不語怪力亂神.

선생님께서는 기괴한 것, 폭력적인 것, 배덕한 것, 신비한 것을 화제로 삼지 않으셨다.

7—22

子曰: 三人行, 必有我師焉. 擇其善者而從之, 其不善者而改之.

선생님께서 말씀하셨다: 몇 사람이 함께 일을 하면 그 중에는 반드시 본받을 만한 사람이 있다. 나는 그 장점을 취하여 배우고, 그 단점은 가려내어 고칠 것이다.

- '행(行)'은 '길을 가다', '행동하다' 등으로 풀이하기도 한다.
- '언(焉)' 전치사와 대명사를 겸한 것으로 '于是'와 같다.
- '기(其)'는 '三人'을 가리킨다.

공자에게 스승이 있었을까?

자공(子貢)이 말하기를 공자에게는 특정한 스승이 없었다고 하는데(「자장편(子張篇)」 19장에 보임), 이는 다시 말하면 도처에 스승이 있다는 뜻이어서 이 장에서 말한 것과 의미가 같다.

7-23

子曰: 天生德於予, 桓魋(퇴)其如予何?

선생님께서 말씀하셨다: 하늘이 나에게 가치 있는 행위를 기대하고 있다면 환퇴 따위가 나에게 무슨 해를 끼칠 수 있겠는가?

- '덕(德)'에는 '남에게 끼치는 좋은 영향력'의 뜻이 있다. 여기서는 '가치 있는 행위'라고 번역하였다.
- '환퇴(桓魋)'는 송나라의 군정을 맡은 사마(司馬)의 관직에 있던 상퇴(向魋)를 가리킨다. 그가 송나라 환공(桓公)의 후예였기 때문에 환퇴라고 불렀다. 공자가 제자들과 함께 송나라의 커다란 나무 밑에서 예를 실습하고 있었을 때 환퇴가 그 나무를 뽑아 공자를 죽이려고 했다. 제자들이 빨리 피하기를 권하자 공자가 위와 같이 대답했다고 한다.
- '기(其)'는 '장차(…하려고 하다)'의 뜻을 갖는 부사이다.

7-24

子曰: 二三子以我爲隱乎? 吾無隱乎爾. 吾無行而不與二三子者, 是丘也.

선생님께서 말씀하셨다: 너희는 내가 숨기는 것이 있다고 생각하느냐? 나는 너희에게 숨기는 것이 없다. 나는 너희와 함께 하지 않은 일이 없다. 이것이 바로 나 공구라는 사람이다.

子以四敎, 文, 行, 忠, 信.

선생님께서는 네 가지를 가르치셨다. 표현력, 실천력, 남에 대한 진정
성과 신의이다.

● '행(行)'은 명사로서 '실천력'의 뜻이다.

7-26

子曰: 聖人吾不得而見之矣. 得見君子者, 斯可矣. 子曰: 善人吾不
得而見之矣. 得見有恒者, 斯可矣. 亡(무)而爲有, 虛而爲盈, 約而爲
泰, 難乎有恒矣.

선생님께서 말씀하셨다: 성인은 내가 만나볼 수 없게 되었지만 교양
을 충분히 갖춘 문화인이라도 만날 수 있으면 좋겠다. 또 다른 때에 말
씀하셨다: 지극히 선한 사람은 만나기 힘들겠지만 지조 있는 사람이
라도 만날 수 있으면 좋겠다. 실체가 없는 것을 있다고 속이고 내용이
공허한 것을 가득 찼다고 속이고 빈약한 것을 풍부한 것처럼 보이게
하는 사람은 지조를 지키기 어렵다.

● '유항자(有恒者)'는 '항심을 지닌 사람', '지조 있는 사람'이라는 뜻이다.
● '위태(爲泰)'는 '풍부한 것으로 여기다', '풍부한 것으로 보이게 하다'의 뜻이다.

7—27

子釣(조)而不綱(강), 弋(익)不射(석)宿.

선생님께서는 고기를 잡을 때 낚시를 하되 그물을 쓰지 않으셨고, 활을 쏘아 새를 잡되 둥지에 있는 새는 쏘지 않으셨다.

- 그물을 조이는 데 쓰는 굵은 줄을 '강(綱)'이라고 한다. 여기서는 동사로 쓰여 '그물에 걸린 고기를 잡아 올리다'는 뜻이다. 이 글자가 '망(網)'을 잘못 쓴 것으로 추정하는 견해도 있다.
- '석(射)'은 활을 쏘아 적중시킨다는 말이다.
- '숙(宿)'은 '둥지에서 쉬고 있는 새'의 뜻이다.

7—28

子曰: 蓋有不知而作之者, 我無是也. 多聞, 擇其善者而從之, 多見而識(지)之, 知之次也.

선생님께서 말씀하셨다: 아마 잘 알지도 못하면서 새로운 이론을 지어내는 사람이 있는 모양인데, 나는 그런 일이 없다. 많이 듣고 그 가운데서 좋은 것을 골라 받아들이고, 많이 보고 그것을 기억해 둔다. 이렇게 아는 것은 "태어나면서부터 아는 것"에 버금가는 좋은 방법이다.

- '不知而作'을 고어(古語)의 인용으로 보고 "자각하지 않고서도 훌륭한 성과를 거두다"로 풀이하기도 한다. 여기서는 「술이편」 1장의 "述而不作(나의 목적은 선인의 말씀을 전하는 데 있지 새로운 것을 창작하는 데 있지 않다)"의 연관선상에서 위와 같이 번역했다.
- '작지(作之)'의 '之'는 일반적인 것을 가리키는 대명사이다.
- '지(識)'는 '마음에 새기다', '기억해 두다'의 뜻이다.
- '知之次也'는 「계씨편(季氏篇)」 9장 "生而知之者, 上也. 學而知之者, 次也(태어나면서부터 아는 것이 최상이고, 배워서 아는 것이 그다음이다)"와 연관 지어 번역했다.

7-29

互鄕難與言, 童子見(현), 門人惑. 子曰: 與其進也, 不與其退也, 唯何甚? 人潔(결)己以進, 與其潔也, 不保其往也.

호향이라는 마을은 기질이 나쁘기로 유명하여 아무도 그 마을 사람들을 상대하려 하지 않았다. 그 마을의 한 동자가 공자 문하에 들어오기 위해 찾아오니 제자들이 당혹스러워했다. 선생님께서 말씀하셨다: 나는 그의 진보에 찬성하고 그의 퇴보는 찬성하지 않는다. 그럴진대 어찌 너무 심하게 대하겠느냐? 사람이 자기 자신을 깨끗이 하고 진보하려 할 때 그의 깨끗한 면을 받아들이는 것이 그의 과거가 모두 옳았다고 보증해 주는 것은 아니다.

- '현(見)'은 공자를 알현하기 위해 찾아왔다는 말이다.
- '여(與)'는 '동의하다', '찬성하다'의 뜻이다.

7-30

子曰: 仁遠乎哉? 我欲仁, 斯仁至矣.

선생님께서 말씀하셨다: 인(仁)이 멀리 있단 말인가? 내가 인을 바라면 인은 바로 나에게 다가온다.

- '사(斯)'는 여기서 접속사로 쓰여 '곧', '바로'의 뜻이다.

陳司敗問, 昭公知禮乎? 孔子曰: 知禮. 孔子退, 揖巫馬期而進之
曰: 吾聞君子不黨, 君子亦黨乎? 君取於吳, 爲同姓, 謂之吳孟子.
君而知禮, 孰不知禮? 巫馬期以告. 子曰: 丘也幸, 苟有過, 人必知
之.

진나라의 사패가 선생님께 물었다. 노나라의 소공은 예를 아는 사람
입니까? 선생님께서 대답하셨다: 예를 아는 사람입니다. 선생님께서
물러나자 사패가 무마기에게 읍을 하고 가까이 불러들여 말했다: 나
는 교양이 높은 사람은 편들지 않는다고 들었는데 그런 사람도 편을
듭니까? 노나라의 소공은 오나라에서 부인을 맞이했는데 두 나라는
성이 같습니다. 따라서 부인은 보통이라면 맹희(孟姬)라고 해야 할 것
을 희(姬)자를 피해서 오맹자(吳孟子)라고 부른답니다. 소공이 예를 아는
사람이라고 한다면 도대체 이 세상에 예를 모르는 사람이 있겠습니
까? 무마기가 이 이야기를 선생님께 고하자 선생님께서 말씀하셨다:
나는 행복하게도 잘못이 있을 때는 남이 반드시 이를 알려 주는구나.

- '사패(司敗)'는 진나라의 관직명으로, 법의 집행을 담당했다.
- 노나라 소공(昭公)은 예를 잘 아는 군주로 알려져 있었지만 동성인 희(姬)씨를 아내로 맞아들인 후
이를 위장하기 위해 오맹자(吳孟子: 오나라의 장녀)라고 불렀기 때문에 진나라의 사패가 공자에게 이
를 물어보았다. 이에 대하여 공자는 자기 나라의 군주를 다른 나라 사람 앞에서 악평하는 것은 도리
가 아니라고 생각해서 예를 안다고 대답한 것인데 사패가 공자의 그런 태도를 꼬집은 것이다.
- '무마기(巫馬期)'는 공자의 제자로 성이 무마(巫馬), 이름이 시(施)이고 자가 자기(子期)이다. 공자보
다 30세 아래이다.
- '취(取)'는 '취(娶)'와 같아서 '아내를 맞다'는 뜻이다.
- '君而知禮'의 '而'는 가정이나 조건을 표시하는 접속사이다.
- 당시의 예법에는 동성(同姓)끼리의 결혼이 금지되어 있었다.

子與人歌而善, 必使反之, 而後和之.

선생님께서는 남이 노래하는 것을 듣고 그 노래가 마음에 들면 반드시 그것을 반복하여 부르게 한 다음 함께 노래를 부르셨다.

子曰: 文莫吾猶人也. 躬行君子, 則吾未之有得.

선생님께서 말씀하셨다: 노력이라고 하면 나도 이제까지 남들만큼 해 왔다. 그러나 이상적인 교양인답게 행동하기까지는 아직 이르지 못했다.

● '문막(文莫)'에 대해서는 여러 가지 설이 있는데, 유보남(劉寶楠)의 『논어정의(論語正義)』에 선유(先儒)의 설을 인용하여 민모(忞慔)와 같다고 보고, 민면(黽勉: 부지런히 힘쓰다)의 뜻으로 풀이한 것을 취하였다.

子曰: 若聖與仁, 則吾豈敢? 抑爲之不厭, 誨人不倦, 則可謂云爾已矣. 公西華曰: 正唯, 弟子不能學也.

선생님께서 말씀하셨다: 초인적인 성인이나 최고의 인격자인 인자를 내가 어찌 감당하겠느냐? 그러나 그것을 이상으로 삼아 배우는 데 싫증내지 않고 가르치는 데 게을리하지 않았다고 말할 수는 있을 것이다. 공서화가 말했다: 참으로 그렇습니다. 저희가 따라할 수 없는 것입니다.

- '위지(爲之)'의 '爲'는 '學'과 같고, '之'는 일반적인 것을 가리키는 대명사이다.
- '운이(云爾)'는 '이와 같을 뿐이다'의 뜻이다.
- '이의(已矣)'는 새로운 상황이 발생했거나 그럴 가능성이 있음을 표시하는 어기조사로 단정의 어기를 담고 있다.

子疾病, 子路請禱(도). 子曰: 有諸(저)? 子路對曰: 有之. 誄(뢰)曰: 禱爾于上下神祇(기). 子曰: 丘之禱久矣.

선생님의 병이 위중하자 자로가 기도를 하고 싶다고 청했다. 선생님께서 말씀하셨다: 그런 선례가 있느냐? 자로가 대답했다: 있습니다. 「뇌문(誄文)」에 이르기를 "너를 대신하여 천신과 지신에게 기도한다"라고 했습니다. 선생님께서 말씀하셨다: 그런 기도라면 벌써 오래 전부터 기도하고 있다.

- '질병(疾病)'은 병이 위중함을 뜻하는 말이다.
- '유저(有諸)'는 '有之乎'와 같다.
- '뢰(誄)'는 여기서 기도문이다. 죽은 사람을 애도하는 글인 '뢰(誄)'와는 다르다.
- '신기(神祇)'는 '천신과 지신'이다.

자로의 꼼수

이 장의 의미를 생각해보면 처음 자로가 기도하겠다고 청한 것은 아마 당시 민간의 신앙에 따라 미신적인 주술을 행하려고 했던 것 같다. 그런데 공자가 선례(예의 유무)를 묻자 급히 생각을 바꾸어 '정통의 천신과 지신에게 기도한다'는 기도문의 문구를 인용해서 대답했기 때문에 공자가 그런 기도라면 따로 너에게 부탁할 필요는 없다고 말했을 것이다.

7−36

子曰: 奢則不孫, 儉則固. 與其不孫也, 寧固.

선생님께서 말씀하셨다: 사치하면 오만하게 보이고 검소하면 고루하게 보인다. 오만하게 보이는 것보다는 고루하게 보이는 편이 낫다.

- '불손(不孫)'은 '불손(不遜)'과 같다.

子曰: 君子坦蕩蕩, 小人長(창)戚戚.

선생님께서 말씀하셨다: 제군들은 욕심 없이 평온하게 지내도록 하고, 욕심 때문에 걱정하며 지내지 마라.

- '탄탕탕(坦蕩蕩)'은 동요 없이 평온한 마음이 넉넉하게 펼쳐 있다는 뜻이다.
- '장(長)'을 '오래', '길게'의 뜻으로 보면 앞의 '탄(坦)'과 짝이 맞지 않는다. 아마 이 글자는 '창(悵)'의 가차자일 것이다.

子溫而厲(려), 威而不猛, 恭而安.

선생님께서는 온화하면서 준엄하시고, 위엄이 있으면서 사납지 않으시며, 정중하면서도 편안하셨다.

8. 태백편(泰伯篇)

「태백편」은 모두 21장으로 이루어져 있는데, 그 중 공자의 언행을 기록한 것이 16장이고 증자의 언행을 기록한 것이 5장이다. 이 편은 특별한 중심 주제라고 할 만한 것이 없고, 여러 가지 주제를 다양하게 언급하였다. 공자는 태백이 보여준 양보의 미덕, 예를 모를 때 자행되는 갖가지 폐단,『시경』과 예악의 효용, 학문의 목적과 성격, 어디서 어떻게 살아야할 것인지에 대한 원칙 등을 언급하고 요임금, 순임금, 우임금의 정치를 찬양하였다. 증자는 효행이란 임무의 막중함, 지도층 인사에게 요구되는 덕목, 배우는 자의 마음가짐과 이상적인 관료상 등을 언급하였다.

子曰: 泰伯其可謂至德也已矣. 三以天下讓, 民無得而稱焉.

선생님께서 말씀하셨다: 주나라의 태백은 최고의 덕을 몸에 지닌 사람이라고 할 것이다. 천하를 동생인 계력(季歷)에게 세 번 양보했는데, 그 양보가 너무나도 자연스러워 백성들이 그 덕을 칭송할 줄도 몰랐다.

- '기(其)'는 추측을 표시하는 부사이다.
- '득이(得而)'는 가능을 표시하는 조동사로 사용되었다.
- '언(焉)'은 '於之'와 같은데, '於'는 동작의 대상을 표시하는 전치사이고 '之'는 태백을 가리키는 지시대명사이다.

천하를 양보한 태백(泰伯)

'태백(泰伯)'은 '태백(太伯)'으로도 쓰는데, 주(周)나라의 선조인 고공단보(古公亶父)의 장자(長子)이다. 고공에게는 태백 외에 중옹(仲雍)과 계력(季歷) 두 아들이 더 있었다. 태백이 장자였으므로 주나라의 왕위 계승권을 가지고 있었지만 고공은 막내 계력의 아들 창(昌: 나중의 문왕(文王))이 천하를 평정할 뛰어난 인물임을 알고 계력에게 왕위를 전하고 싶어 했다. 이를 눈치 챈 태백이 동생 중옹과 함께 남방의 구오(勾吳)로 도망침으로써 왕위를 양보했다. 태백이 실제로 왕위를 사양한 나라는 은나라의 제후국인 주나라였지만 나중에 무왕이 은나라를 타도하고 천자국인 주나라를 세웠으므로 천하를 양보했다고 한 것이다.

子曰: 恭而無禮則勞, 愼(신)而無禮則葸(사), 勇而無禮則亂, 直而無禮則絞. 君子篤(독)於親, 則民興於仁. 故舊不遺, 則民不偸(투).

선생님께서 말씀하셨다: 공경하는 마음이 있어도 예를 모르면 헛수고로 끝난다. 신중한 사람이 예를 모르면 위축되어버린다. 용기 있는 사람이 예를 모르면 주위에 폐를 끼치게 된다. 정직한 사람이 예를 모르면 각박해진다. 위에 있는 사람이 친족에게 정이 두터우면 일반 백성들도 인덕을 지향하게 되고, 친했던 사람을 잊지 않고 계속 가깝게 지낸다면 백성들의 기질도 저절로 좋아질 것이다.

- '사(葸)'는 '두려워하다'는 뜻인데, 두려워하면 위축될 수밖에 없다.
- '교(絞)'는 '다른 사람의 목을 매다', '결박하다'는 뜻인데, 정직한 사람이 남을 결박한다면 그것은 '각박하다'는 말이다.
- '투(偸)'는 다른 사람에게 차갑게 대한다는 말이다.

曾子有疾, 召門弟子曰: 啓予足, 啓予手. 『詩』云: "戰戰兢(긍)兢, 如臨深淵, 如履(리)薄氷." 而今而後, 吾知免夫, 小子!

증자가 병이 깊어지자 제자들을 불러 모아 말했다: 내 발을 살펴보고 내 손을 살펴보라. 『시경』에 "몸을 소중히 하려면 늘 흠칫흠칫 깊은 연못을 굽어볼 때처럼 하고 살얼음 위를 걸을 때처럼 하라"는 말이 있는데 제자들이여, 이제야 나는 효행의 임무에서 해방되었노라!

- '계(瞽)'는 '계(瞽)'와 통하여 '보다', '살피다'는 뜻이다.
- 인용된 시는 『시경·소아·소민(小旻)』에 보인다.
- '리(履)'는 '보행하다'는 뜻이다.
- "吾知免夫"는 "내가 (그런 일을) 면하게 됨을 알겠다"는 말인데, 살아있을 동안에는 부모로부터 받은 몸을 잘 간수하기 위해 조심해야 했지만 죽고 나면 그 임무에서 해방될 것이란 말이다.

8-4

曾子有疾, 孟敬子問之. 曾子言曰: 鳥之將死, 其鳴也哀, 人之將
死, 其言也善. 君子所貴乎道者三, 動容貌, 斯遠暴(포)慢矣. 正顔
色, 斯近信矣. 出辭氣, 斯遠鄙倍(패)矣. 籩(변)豆之事, 則有司存.

증자의 병이 위중하자 맹경자가 문병을 왔다. 이에 증자가 말했다: "새는 죽을 때 우는 소리가 슬프고 사람은 죽을 때 말하는 것이 정직하다"라는 속담이 있습니다. 저는 당신에게 반드시 존중해야 할 세 가지 덕을 말씀드리고자 합니다. 비록 충격을 받았을 때라도 난폭하고 오만한 행동을 하지 마십시오. 정색을 하고 말한 것에 대해서는 끝까지 책임을 지십시오. 토론을 할 때는 야비한 말을 쓰지 않도록 신중하십시오. 사소한 사무적인 일들은 사무 담당자에게 맡기십시오.

- '맹경자(孟敬子)'는 노나라의 대부 중손첩(仲孫捷)이다. 맹무백(孟武伯)의 아들이며, '敬'은 그의 시호이다.
- '동용모(動容貌)'를 직역하면 '용모가 변동되다'이다. 이는 충격을 받았다는 뜻이다.
- '포만(暴慢)'은 난폭하고 오만하다는 뜻이다.
- '정안색(正顔色)'을 직역하면 '안색을 바로 하다'이다. 이는 정색을 하고 본심으로 말한다는 뜻이다.
- '비패(鄙倍)'의 '패(倍)'는 '패(背)'와 같아서 야비하고 사리에 어긋난다는 뜻이다.
- '변(籩)'은 제사 때 과일을 담는 대그릇이고, '두(豆)'는 제사 때 밥을 담는 나무그릇이다. 따라서 '籩豆之事'는 제기를 다루는 일인데, 여기서는 사소한 사무적인 일을 통칭하여 말한 것이다.

曾子曰: 以能問於不能, 以多問於寡. 有若無, 實若虛, 犯而不校. 昔者吾友, 嘗從事於斯矣.

증자가 말했다: 능력이 있어도 능력 없는 사람에게 가르침을 청하고, 지식이 풍부해도 지식이 적은 사람에게 가르침을 청하고, 재능이 있어도 감추어 드러내지 않고, 지식이 가득해도 겸손하여 텅 빈 것처럼 하고, 시비를 걸어와도 따지지 않는다. 지난날 나는 친구들과 함께 이러한 이상을 품고 수양에 힘썼다.

• '오우(吾友)'를 '나의 벗'으로 보고 '안회(顔回)'를 지칭한다는 설도 있는데, 자연스럽지 않아 여기서는 '吾與友'로 보았다.

曾子曰: 可以託六尺之孤, 可以寄百里之命, 臨大節而不可奪也. 君子人與? 君子人也.

증자가 말했다: 안심하고 어린 군주를 맡길 수 있고, 한 나라의 명맥을 맡길 수 있으며, 중대한 갈림길에 섰을 때도 평소의 신념을 바꾸지 않는다면, (재덕을 겸비한) 바람직한 사람인가? 바람직한 사람이다.

• 고대의 척(尺)은 지금보다 짧아서 '六尺'은 대략 지금의 138센티미터이다.
• '고(孤)'는 아버지를 여읜 어린아이를 말하는데, 여기서는 어려서 부왕을 여의고 왕위에 오른 어린 군주를 가리킨다.
• '백리(百里)'는 국토의 넓이가 사방 백리인 제후국을 가리킨다.
• '대절(大節)'은 중차대한 일을 가리킨다.

- '탈(奪)'은 '신념을 빼앗다'는 뜻이다.

8-7

曾子曰: 士不可以不弘毅(의), 任重而道遠. 仁以爲己任, 不亦重乎? 死而後已, 不亦遠乎?

증자가 말했다: 지도층 인사는 강인한 의지가 없으면 안 되나니 임무는 막중하고 갈 길은 멀기 때문이다. 인의 실현을 자신의 임무로 삼았으니 그 책임이 막중하지 않겠는가? 죽은 뒤에야 끝날 것이니 그 길이 멀지 않겠는가?

- '사(士)'는 원래 무기를 들고 전쟁에 참여할 권리와 의무를 지닌 지배계층 남자를 가리키는 말이었다. 여기서는 현실에 맞게 '지도층 인사'로 번역하였다.
- '홍의(弘毅)'는 '강의(强毅)'와 같아서 '굳센 의지', '강인한 의지'라는 뜻이다.
- '이(已)'는 '그치다', '그만두다'라는 뜻의 동사로 사용되었다.

8-8

子曰: 興於詩, 立於禮, 成於樂(악).

선생님께서 말씀하셨다: 『시경』 시를 배움으로써 학문이 시작되고, 예를 배움으로써 제구실을 하는 사람이 되고, 음악을 배움으로써 인격이 완성된다.

● "흥어시(興於詩)"를 직역하면 "시에서 일어난다"이다.

악(樂), 인격의 최종 단계

공자가 말한 '악(樂)'의 내용과 본질은 예(禮)와 떨어질 수 없는 것이기 때문에 항상 예와 악이 함께 언급된다. 또한 공자 자신도 음악을 깊이 이해하고 있었으므로 음악을 가르치는 일을 마지막 단계로 삼았다.

8-9

子曰: 民可使由之, 不可使知之.

선생님께서 말씀하셨다: 백성들로부터 정치에 대한 신뢰를 얻어 따라오게 할 수는 있겠지만 그들에게 정치의 내용을 알게 하기는 어렵다.

● '지(之)'는 일반적인 것을 가리키는 대명사이다.

8-10

子曰: 好勇疾貧, 亂也. 人而不仁, 疾之已甚, 亂也.

선생님께서 말씀하셨다: 지기 싫어하는 사람이 가난을 견딜 수 없게 되면 자포자기하게 된다. 사람이 어질지 못하다고 해서 미워함이 심하면 난동을 부릴 것이다.

8-11

子曰: 如有周公之才之美, 使驕且吝(린), 其餘不足觀也已.

선생님께서 말씀하셨다: 주공만큼 뛰어난 재능을 지닌 사람이라고 하더라도 교만하고 인색하다면 더 볼 것이 없다.

- '여(如)'는 양보를 표시하는 접속사이다.
- '사(使)'는 '가령 …하다면'의 뜻을 갖는 접속사이다.
- "周公之才之美"를 직역하면 "주공의 재능의 훌륭함"이다.

8-12

子曰: 三年學, 不至於穀(곡), 不易(이)得也.

선생님께서 말씀하셨다: 삼 년 동안 학문을 계속하면서도 관직을 얻으려는 생각을 하지 않는 사람은 찾아보기 어렵다.

- 중국 고대에는 곡미(穀米)로 관리의 봉급을 주었으므로, '곡(穀)'은 봉급(祿), 관직의 뜻을 갖는다.

子曰: 篤(독)信好學, 守死善道. 危邦不入, 亂邦不居, 天下有道則見(현), 無道則隱. 邦有道, 貧且賤焉, 恥也. 邦無道, 富且貴焉, 恥也.

선생님께서 말씀하셨다: 굳은 믿음으로 학문을 좋아하고 목숨을 걸고 삶의 원칙을 지킨다. 망해가는 나라에는 들어가지 않고, 어지러운 나라에는 살지 않는다. 세상이 잘 다스려질 때는 나가서 일을 하고, 세상이 어지러우면 은거한다. 정의가 행해지는 나라에 살면서 빈천한 것은 부끄러운 일이다. 그러나 불의가 횡행하는 나라에서 부귀한 것은 더 부끄러운 일이다.

- '선도(善道)'는 여기서 삶의 원칙을 뜻한다.
- '현(見)'은 '현(現)'과 같아서 세상에 나온다는 뜻이다.
- '언(焉)'은 음절을 조절하고 어기를 고르는 어기조사이다.

子曰: 不在其位, 不謀其政.

선생님께서 말씀하셨다: 그 정무를 처리해야 하는 직위에 있지 않다면 옆에서 참견하지 마라.

- '不謀其政'은 그 사람이 맡고 있는 정무에 간여하지 않는다는 뜻이다.

8—15

子曰: 師摯(지)之始, 關雎(저)之亂, 洋洋乎盈耳哉!

선생님께서 말씀하셨다: 궁정 악장 지(摯)가 연주를 시작하면 「관저」
의 마지막에 이르러서는 절묘한 가락이 온 귀 가득 넘실거리는구나!

- '사지(師摯)'는 노나라의 태사(太師) 지(摯)라는 말로서 '지'는 이름이다. 태사는 악관의 우두머리로
  장님을 썼다.
- '시(始)'는 악곡의 첫머리를 가리킨다.
- 「관저(關雎)」는 『시경』의 첫 번째 작품 이름이다.
- '란(亂)'은 음악의 마지막 부분을 가리킨다.
- '양양(洋洋)'은 '넘실거리는 모양', '충만하고 성대한 모양'이다.

8—16

子曰: 狂而不直, 侗(통)而不愿, 悾(공)悾而不信, 吾不知矣.

선생님께서 말씀하셨다: 고지식하면서도 정직하지 않고, 촌스러우면
서도 소박하지 않고, 진지해보이면서도 미덥지 않은 사람은 나도 어
떻게 말해야 할지 모르겠다.

- '광(狂)'은 자기 확신이 지나쳐 고지식한 것을 말한다.
- '공공(悾悾)'을 어리석어 무능함을 뜻한다고 보는 견해도 있다.
- '吾不知矣'는 그런 사람은 상식 밖의 사람이어서 어떻게 이해해야 좋을지 모르겠다는 말이다.

子曰: 學如不及, 猶恐失之.

선생님께서 말씀하셨다: 배움이란 영원히 따라가지 못할 듯한 것이며, 따라가도 놓쳐버릴 것만 같은 것이다.

子曰: 巍(외)巍乎, 舜禹之有天下也, 而不與焉!

선생님께서 말씀하셨다: 숭고하구나, 순임금과 우임금이 천하를 다스리는 방법이! 그들은 조금도 정사에 관여하는 것처럼 보이지 않았다.

- '외외(巍巍)'는 높고 큰 모양으로 '숭고하다'는 뜻이다.
- '與'는 '(정사에) 관여하다'는 뜻이다.

子曰: 大哉, 堯之爲君也! 巍(외)巍乎, 唯天爲大, 唯堯則(칙)之. 蕩
蕩乎, 民無能名焉. 巍巍乎, 其有成功也. 煥乎, 其有文章.

선생님께서 말씀하셨다: 위대하도다, 요의 군주로서의 처세가! 모든
숭고한 것 중에서 오직 하늘만이 위대한데, 요임금만이 하늘을 본받
을 수 있었다. 그의 덕이 너무나 크고 넓어 백성은 형용할 말을 알지
못한다. 숭고하도다, 그가 이룬 업적이여! 빛나도다, 그가 만든 예악
제도여!

- '則'은 본음(本音)이 '측'이어서 예전에는 '측'으로 발음했다.
- '문장(文章)'은 '문물제도', '문화'로 풀이하기도 한다.

舜有臣五人, 而天下治. 武王曰: 予有亂臣十人. 孔子曰: 才難, 不
其然乎? 唐虞(우)之際, 於斯爲盛. 有婦人焉, 九人而已. 三分天下
有其二. 以服事殷, 周之德, 其可謂至德也已矣.

순임금에게 다섯 명의 현명한 신하가 있어서 천하가 잘 다스려졌다.
주의 무왕은 "나에게 훌륭한 신하 열 명이 있다"고 말했다. 선생님께
서 말씀하셨다: "인재는 얻기 어렵다"고 하는데, 참으로 그렇지 않은
가? 요순시대 이후는 이때가 가장 전성기였다. 그러나 열 명의 인재
중 한 사람은 내조의 공을 다한 부인이있으니 실제 정치가는 아홉 명
뿐이었다. 천하의 삼분의 이를 차지하고서도 은나라를 섬겼으니 주나
라의 덕은 최고였다고 할 수 있을 것이다.

- '난(亂)'에 '치(治)'의 뜻이 있어서 '난신(亂臣)'은 '치국지신(治國之臣 : 나라를 잘 다스릴 수 있는 신하)'을 말한다.
- '기연(其然)'의 '其'는 반문의 어기를 표시하는 부사이다.
- "당우지제(唐虞之際)"는 '당요(唐堯)와 우순(虞舜) 이후', 즉 요임금과 순임금 이후를 말한다. 여기서 '제(際)'는 '…의 사이'로 보는 설과 '…이후'로 보는 설이 있다. 문맥상 후자를 따르는 사람이 많긴 하지만 다른 용례가 없어 이 구절을 "요임금과 순임금 사이와 주 무왕이 그 말을 했을 때"로 풀이하는 견해도 있다.
- "유부인언(有婦人焉)"은 "그 중에 부인이 있다"는 말이다. '부인'은 무왕의 어머니 태사(太姒)를 가리키고, '焉'은 '於是'와 같다.
- '이(以)'는 역접 관계를 나타내는 접속사로, '而'와 같다.
- '기(其)'는 추측을 표시하는 부사이다.

8-21

子曰: 禹, 吾無間然矣. 菲(비)飮食而致孝乎鬼神, 惡衣服而致美乎黻(불)冕, 卑宮室而盡力乎溝洫(혁). 禹, 吾無間然矣.

선생님께서 말씀하셨다: 우임금에게는 흠잡을 게 없다. 자신의 식사는 변변치 않게 하면서 조상의 제사는 성대하게 했다. 자신의 의복은 허름하게 입으면서도 제사 예복은 화려하게 했다. 자신의 궁실은 누추하게 하면서도 수리사업에는 있는 힘을 다 기울였다. 우임금은 내가 흠잡을 것이 없다.

- '간(間)'은 여기서 의동사로 활용되어 '다르게 여기다', '이의를 제기하다', '나무라다', '흠잡다'는 뜻으로 사용되었다.
- '연(然)'은 단정의 어기를 표시하는 '언(焉)'과 같다.
- '효호귀신(孝乎鬼神)'은 귀신에게 효도한다는 말인데, 이는 조상의 제사를 성대하게 한다는 뜻이다.
- '불면(黻冕)'은 제사 때 입는 예복을 가리킨다.
- '구혁(溝洫)'은 도랑과 용수로를 뜻하는데, 여기서는 '수리사업'이라고 번역했다.

공자는 왜 우임금에 대한 평가에 소극적이었을까?

앞의 4장은 요·순·우에서 주(周)에 이르기까지의 정치에 대한 설명과 찬사인데, 주나라 부분을 제외한 나머지 부분이 과연 공자의 말이었는지 의심스럽다. 특히 우임금에 대한 평가가 요순에 대한 평가와는 다르게 표현되고 있는데("흠잡을 게 없다"라는 소극적 인정에 가까운 말을 사용한 것), 아마도 당시는 우임금을 받드는 묵가의 세력이 아직 강성해서 유가가 우임금을 전적으로 받아들이기에는 불편한 점이 있었을 것이다.

9. 자한편(子罕篇)

「자한편」은 모두 31장으로 이루어져 있다. 이 편은 주로 공자의 사람됨과 성향, 살아가는 방식과 태도, 인생에 대한 고백, 대세에 휩쓸리지 않는 가치 판단과 선택, 신중하면서도 탄력성 있는 사고 경향, 문화전통의 계승자를 자처하는 자부심, 제자들을 가르치는 방식과 태도, 문제 해결을 위한 접근 방법, 죽음 앞에서 보여준 의연함과 자기 절제, 때를 기다려 출사하겠다는 기대와 의지, 뜻을 같이 하는 제자들에 대한 사랑과 신뢰 등을 기록하고 있어서 이를 통해 공자가 어떤 사람인지 이해할 수 있도록 하였고, 마지막으로 제자들이 지녀야 할 삶의 태도에 대한 몇 가지 훈계를 수록하였다.

子罕(한)言利, 與命, 與仁.

선생님께서 이익을 말씀하시는 경우는 매우 드물었다. 그럴 때라도 반드시 천명에 관련되거나 인도(仁道)에 관련되는 경우에 한하셨다.

공자가 이(利)를 말하는 방식

명(命)과 함께 이(利)를 말한다는 것은 아무리 이익을 추구하려고 해도 천명이 따르지 않으면 성공하기 어렵기 때문에 이(利)에 집착해서는 안 된다는 것이고, 인(仁)과 함께 이(利)를 말한다는 것은 인도(仁道)를 어기면서까지 이익을 추구해서는 안 된다는 말일 것이다.

9-2

達巷黨人曰: 大哉孔子! 博學而無所成名. 子聞之, 謂門弟子曰: 吾何執? 執御乎? 執射乎? 吾執御矣.

달항에 사는 같은 마을 사람이 말했다: 공자는 참으로 위대하다. 저렇게 박학한데도 명성을 이루지 못했으니! 선생님께서 그 말을 들으시고 제자들에게 말씀하셨다: 수레를 타고 사냥을 나갈 때 사수가 되겠는가 마부가 되겠는가를 묻는다면 나는 마부를 택할 것이다.

- '달항(達巷)'은 마을 이름이다. '달항'이 이미 마을 이름인데, 다시 '당인(黨人·마을 사람)'이라고 한 것은 '같은 마을에 사는 사람'임을 언급한 것이다.
- '집어(執御)'는 '마차 모는 일에 종사하다'는 뜻이다. 마찬가지로 '집사(執射)'는 '활 쏘는 일에 종사하다'는 뜻이다.

공자가 마부를 택한 이유

공자가 마부를 택하겠다고 한 것은 자신이 앞에 나서지 않고 뒤에 숨어서 일하지만 없어서는 안 될 일꾼 노릇을 하며 지내겠다는 말이다.

9-3

子曰: 麻冕, 禮也. 今也純, 儉, 吾從衆. 拜下, 禮也. 今拜乎上, 泰也. 雖違衆, 吾從下.

선생님께서 말씀하셨다: 삼실로 짠 관을 쓰는 것이 옛 예인데, 지금은 모두 생사로 짠 관을 쓴다. 이것은 검소한 것이므로 나는 대세에 따르고 싶다. 군주에게는 먼저 대청 아래서 절하고 대청 위에 올라가 다시 절하는 것이 옛 예인데, 지금은 모두들 (대청 아래서 절하는 것을 생략하고) 대청 위에서만 절을 한다. 이것은 교만한 것이므로 대세를 거스르는 행동이라 해도 나는 먼저 대청 아래서 절하고 싶다.

- '순(純)'은 '순면(純冕)', 즉 생사(生絲)로 짠 관을 말한다. 관을 삼실로 짜면 삼실이 매우 거칠어서 세밀하게 짜려면 잔손질이 많이 가므로 생사로 짜는 것보다 품이 많이 든다. 따라서 생사로 짜는 것이 오히려 비용이 적게 든다는 말이다.
- '배하(拜下)'는 신하가 군주에게 인사할 때는 먼저 대청 아래서 절하고 나서 대청 위에 올라가 다시 절하는 것을 가리킨다.

子絶四. 毋(무)意, 毋必, 毋固, 毋我.

선생님은 네 가지 삼가신 것이 있었다. 근거 없이 마음대로 결정하지 않으셨고, 틀림없이 그렇다고 단언하지 않으셨고, 완고하지 않으셨고, 아집에 빠지지 않으셨다.

子畏於匡(광), 曰: 文王既沒, 文不在兹乎? 天之將喪斯文也, 後死者不得與於斯文也. 天之未喪斯文也, 匡人其如予何?

선생님께서 광읍에서 구금되자 말씀하셨다: 문왕이 돌아가신 후 문화 전통은 나에게 있지 않은가? 하늘이 이 문화를 없애려 한다면 (나를 이곳에서 죽게 하여) 후세 사람들이 문화가 무엇인지 알지 못하게 할 것이다. 그러나 하늘이 이 문화를 없애려 하지 않는다면 광읍 사람들이 나를 어찌하겠느냐?

공자의 호언장담

공자는 평소 겸손하여 호언장담하는 일이 없었는데, 생명의 위협을 느끼자 이와 같이 한탄조로 자신을 위안하는 한편 천명에 자신을 맡기겠다는 생각을 했을 것이다.

大(태)宰問於子貢曰: 夫子聖者與? 何其多能也? 子貢曰: 固天縱
之將聖, 又多能也. 子聞之曰: 大宰知我乎? 吾少也賤, 故多能鄙
(비)事. 君子多乎哉? 不多也.

태재가 자공에게 물었다: 선생님께서는 성인이십니까? 어찌 그토록
다재다능하십니까? 자공이 말했다: 분명히 하늘이 선생님께 성인의
일을 하게 하려는 것입니다. 그러기 위해서는 당연히 다재다능해야
하겠지요. 선생님께서 그 말을 듣고 말씀하셨다: 태재는 모르겠지만
나는 젊었을 때 비천했으므로 비천한 일이라도 무엇이든 할 수 있게
되었다. 상류층 집안 출신이라면 다재다능하게 될 수 있었을까? 그럴
수 없었을 것이다.

- '태재(大宰)'는 국정을 총괄하는 관직명인데, 구체적으로 누구를 가리키는지는 분명치 않다.
- '종(縱)'은 '…하게 놓아두다'는 뜻인데, 여기서는 좀 더 적극적으로 '…하게 하다'는 뜻으로 사용되
  었다.
- '군자(君子)'는 여기서 출신이 비천하지 않은 사람을 뜻하므로 '상류층 집안 출신'으로 번역하였다.

牢(뇌)曰: 子云, "吾不試, 故藝."

뇌가 말했다: 선생님께서 말씀하시기를 "내가 관직에 등용되지 못했
기 때문에 기예를 익혔다"고 하셨다.

- '뇌(牢)'는 사람 이름인데, 공자의 제자라는 설도 있고 금장(琴張)이라는 설도 있다. 『한서(漢書)·고
  금인표(古今人表)』에 금뢰(琴牢)가 있는데, 왕념손(王念孫)은 '琴牢'가 '琴張'을 잘못 표기한 것이라

고 주장했다.(『독서잡지(讀書雜誌)』권4의 3장)

- '시(試)'는 '용(用)'과 같아서 '관직에 등용되다'는 뜻이다.

9-8

子曰: 吾有知乎哉? 無知也. 有鄙夫問於我, 空空如也. 我叩(고)其
兩端而竭(갈)焉.

선생님께서 말씀하셨다: 내가 아는 것이 있겠는가? 그렇지 않다. 한
촌 사람이 나에게 물어 왔는데 내가 아는 것이 아무 것도 없다면 그 문
제의 양 끝으로부터 파악해 들어가 힘을 다할 것이다.

- '유비부(有鄙夫)'의 '有'는 어떤 돌발성이 있음을 표현한다. '느닷없이', '갑자기' 정도의 의미가 숨어
  있다고 하겠다. 「학이편」 1장 "有朋自遠方來"의 '有'와 같다.
- '여(如)'는 형용사 접미사이다.

9-9

子曰: "鳳鳥不至, 河不出圖", 吾已矣夫!

선생님께서 말씀하셨다: "봉황도 찾아오지 않고 하도(河圖)도 나오지
않네"라는 말이 있는데, (그런 세상이 된 것 같으니) 나도 절망이로구나!

- '봉조(鳳鳥)'는 신령한 새로서 태평성세의 상징이며, '하도(河圖)'는 성왕(聖王)의 출현을 상징한다.

子見齊(자)衰(최)者, 冕衣裳者與瞽(고)者, 見之, 雖少, 必作. 過之, 必趨(추).

선생님께서는 상복을 입은 사람, 예복을 입은 사람과 장님을 만났을 때는 상대방이 자신보다 연하일지라도 반드시 자리에서 일어나 인사하셨다. 이 사람들의 앞을 지나실 때에는 반드시 종종걸음으로 경의를 표하셨다.

- '자최(齊衰)'는 중국 고대의 상복으로, 삼베로 만들었으며 아래쪽을 바느질하지 않았다.
- '면의상자(冕衣裳者)'는 예모와 예복을 입은 귀족이나 고급 관료이다.
- '작(作)'은 '기(起)'와 같아서 '일어나다'는 뜻이다.
- '추(趨)'는 '종종걸음치다'는 뜻이다.

顏淵喟(위)然歎曰: "仰之彌(미)高, 鑽之彌堅. 瞻(첨)之在前, 忽焉在後." 夫子循(순)循然善誘人, 博我以文, 約我以禮, 欲罷不能, 旣竭吾才. 如有所立卓爾, 雖欲從之, 末由也已.

안연이 길게 탄식하며 말했다: 옛말에 "우러러보면 볼수록 더욱 높고 뚫으면 뚫을수록 단단해진다. 눈앞에 있는가 하면 어느새 뒤에 있다"라고 한 것은 선생님 같은 경우를 두고 한 말이다. 선생님께서는 차근차근 우리를 인도하시어 옛 전적과 현인의 말씀으로 나의 견문을 넓혀 주셨고 예로써 나의 행동이 규범에 맞도록 가르치셨으니, 그만두려고 해도 그만둘 수 없어서 마침내 힘닿는 한 공부를 하게 되었다. 선생님께서는 높은 곳에 우뚝 서 계신 것 같아서 선생님을 따르려고 해도 따라갈 방법이 없다.

- '위연(喟然)'은 탄식하거나 감탄하는 모양이다.
- '순순연(循循然)'은 부사어로서 '차근차근'의 뜻이다.
- '약(約)'은 '단속하다'는 뜻인데, 여기서는 '행동이 규범에 맞게 하다'로 번역하였다.
- '탁이(卓爾)'는 '所立'을 수식하는 형용사로서 '우뚝하다'는 뜻이다.
- '말(末)'은 '…할 길이 없다'는 뜻으로 '莫', '無'와 같다.

子疾病, 子路使門人爲臣, 病間曰: 久矣哉, 由之行詐(사)也! 無臣
而爲有臣. 吾誰欺? 欺天乎! 且予與其死於臣之手也, 無寧死於二
三子之手乎! 且予縱不得大葬, 予死於道路乎?

선생님께서 병이 위독해지자, 자로가 자신의 제자들에게 장례를 치를
모임을 조직하게 했다. 병세가 호전되었을 때 선생님께서 말씀하셨
다: 또 유(자로)가 잔꾀를 부려 나를 속였구나. 나는 본래 사람들을 불
러 장례 준비 모임을 조직해서는 안 되는데도 오히려 사람들을 시켜
장례 준비 모임을 조직하다니, 내가 누구를 속이겠느냐? 하늘을 속이
겠는가! 내가 상 치르는 사람들의 손에 죽느니 차라리 너희들 손에 죽
는 것이 낫지 않겠느냐? 비록 화려하게 상을 치르지는 못할 지라도 내
가 길바닥에서 죽기야 하겠느냐?

- '위신(爲臣)'을 '장례 준비 모임을 조직하다'로 의역했다. 중국 고대에는 제후가 죽게 되면 '신(臣)'이
  라는 장례를 치를 사람들을 둘 수 있었는데, 공자 당시에는 많은 경대부들이 분수에 지나치게 이 예
  를 행했던 것 같다. 그런데 이 '신(臣)'은 사람이 죽기 전에 장례를 치를 모든 준비를 마치고 나서 그
  사람이 죽으면 장례를 치렀다. 그래서 공자가 "장례 준비 모임을 조직해서는 안 된다", "상 치르는
  사람들의 손에 죽느니 차라리 너희들 손에 죽는 것이 낫다"는 말을 한 것이다.
- '병간(病間)'은 '병세가 호전되다'는 뜻이다.
- "無臣而爲有臣"을 직역하면 "신이 없어야 하는데 신이 있는 것으로 하다"이다. 이는 당시 많은 경
  대부들이 '신(臣)'을 조직하는 것이 이미 분수에 지나친 일인데, 하물며 현직 경대부가 아닌 자신이
  '신(臣)'을 조직할 수는 없다는 말이다.
- "與其…無寧…"은 "…하는 것보다 차라리 …하는 것이 낫다"는 뜻의 관용어인데, 여기서 '無'는 발
  어사로 아무런 뜻이 없다.

子貢曰: 有美玉於斯, 韞(온)匵(독)而藏諸(저)? 求善賈(고)而沽諸? 子
曰: 沽之哉! 沽之哉! 我待賈者也.

자공이 말했다: 여기 아름다운 옥이 있다고 하면 그것을 상자에 넣어
감추어 둘까요? 아니면 물건을 볼 줄 아는 상인을 찾아서 팔까요? 선
생님께서 말씀하셨다: 팔아야지. 팔아야지. 나는 물건을 볼 줄 아는
상인을 기다리고 있다.

- '온독(韞匵)'은 '상자에 넣다'는 뜻이다.
- '저(諸)'는 '之乎'와 같다.
- '선고(善賈)'는 '물건을 볼 줄 아는 상인'이다. 이것을 '선가(善賈)'로 읽고 '좋은 가격'이라고 풀이하기
  도 하는데, 취하지 않았다.

子欲居九夷. 或曰: 陋, 如之何? 子曰: 君子居之, 何陋之有?

선생님께서 동방의 오랑캐 나라로 가서 살고 싶다고 하자 어떤 사람이
말했다: 그곳은 누추할 텐데 어쩌려고 그러십니까? 선생님께서 말씀
하셨다: 제군들이 함께 있어 준다면 무슨 누추함이 있겠느냐?

- '구이(九夷)'는 '회이(淮夷)'로 본래 노나라가 차지하고 있던 땅이었는데, 주공(周公)이 무력으로 그들
  을 항복시킨 적이 있다. 구이는 실제로 회수(淮水)와 사수(泗水) 사이에 흩어져 있었으며, 북쪽으로
  는 제니리, 노나라와 인접한 동방의 오랑캐 나라였다.
- '何陋之有'는 '有何陋'의 강조를 위한 도치 구문이다.

子曰: 吾自衛反魯, 然後樂(악)正, 雅頌各得其所.

선생님께서 말씀하셨다: 내가 위나라에서 노나라로 돌아온 후 음악이 바로잡히고 아와 송이 각각 제자리를 잡았다.

- 공자가 『시경』의 편찬에 관여한 사실을 스스로 밝힌 대목이다.

子曰: 出則事公卿, 入則事父兄, 喪事不敢不勉, 不爲酒困, 何有於我哉?

선생님께서 말씀하셨다: 공적으로는 공경의 밑에서 일하고 사생활에서는 부형을 섬기며, 장례식에 부름을 받으면 가능한 한 수고를 다하고 술을 과음하여 잘못을 저지르지 않는다. 이런 일이라면 나에게 무슨 어려움이 있겠는가?

- "何有於我哉"를 "나에게 아무런 어려움이 없다"는 식으로 풀이하면 공자가 오만한 사람으로 보일 우려가 있다며 "무엇이 나에게 갖추어져 있는가? 제대로 갖추어진 것이 없다"로 풀이하여 공자의 겸손함을 표현한 것으로 보는 견해가 있는데, 아마도 이 장은 공자가 제자들을 가르치며 스승으로서의 자신감을 보여준 대목일 것이다.

유가와 장례식

이 장은 공자가 제자들을 가르친 말일 것이다. 「학이편」 서두에 언급되어 있듯이 공자는 예의 교육을 중시하여 이를 바탕으로 제자들을 취직시키기도 했다. 유가의 예 교육에는 민간의 의식도 포함되어 있어서 장례식은 주로 유가의 제자들이 거들었는데, 이에 대한 사례금이 그들의 큰 수입원이 되었다.

9-17

子在川上曰: 逝者如斯夫, 不舍晝夜.

선생님께서 강가에서 말씀하셨다: 세월은 강물처럼 흘러가는가! 밤낮을 가리지 않는구나.

• '사(舍)'는 '머물다', '쉬다'는 뜻이다. "不舍晝夜"를 직역하면 "낮에도 머물지 않고 밤에도 머물지 않는다"이다.

9-18

子曰: 吾未見好德如好色者也.

선생님께서 말씀하셨다: 나는 아직 여색을 좋아하는 만큼이나 수양에 힘쓰는 사람을 보지 못했다.

• 이와 똑같은 말이 「위영공편」 13장에도 보인다.

子曰: 譬如爲山, 未成一簣(궤), 止, 吾止也. 譬如平地, 雖覆一簣, 進, 吾往也.

선생님께서 말씀하셨다: 학문은 비유하자면 산을 만드는 것과 같은 것이다. 마지막 한 삼태기의 흙을 더 부으면 완성할 수 있는데도 거기서 멈춘다면 그것은 내가 스스로 그만두는 것이다. 학문은 또한 평지를 메우는 것과 같아서 겨우 한 삼태기의 흙을 퍼 넣었을 뿐이라도 진전했다면 그만큼 내가 진보한 것이다.

- 이 장은 "비유컨대 흙을 쌓아 산을 만드는데, 마지막 한 광주리가 모자랄 뿐인데도 멈추어야 한다면 나는 멈추겠다. 비유컨대 평지를 흙으로 메우는데, 설사 이제 막 한 광주리의 흙을 붓더라도 만약 앞으로 나아가야 한다면 나는 나아갈 것이다"라고 해석할 수도 있다. 이 해석은 오로지 의(義)와 더불어 행동하겠다는 뜻이다.

子曰: 語之而不惰(타)者, 其回也與!

선생님께서 말씀하셨다: 배우는 동안 긴장을 조금도 늦추지 않는 사람은 안회로다!

- '어지(語之)'의 '之'는 막연한 대상을 가리키는 대명사이다. 이를 직역하면 '일러줌에'이다.

子謂顔淵曰: 惜乎! 吾見其進也, 未見其止也.

선생님께서 안연에 대해 말씀하셨다: 애석하구나! 나는 그가 나아가
는 것은 보았어도 멈추는 것은 보지 못했다.

子曰: 苗而不秀者有矣夫, 秀而不實者有矣夫.

선생님께서 말씀하셨다: 싹이 나서 자라도 꽃이 피지 않는 것이 있고,
꽃이 피었어도 열매를 맺지 못하는 것이 있다.

● '수(秀)'는 곡식에 꽃이 피는 것을 가리킨다. 따라서 이것을 '이삭'이라고 번역하기도 한다.

'묘(苗)'와 '수(秀)'와 '실(實)'의 관계

이 장은 싹이 나서 결실에 이르기까지 여러 단계와 과정이 있으며, 어느 것
하나 소홀히 할 수 없다는 말이다.

子曰: 後生可畏(외), 焉知來者之不如今也? 四十五十而無聞焉, 斯
亦不足畏也已.

선생님께서 말씀하셨다: 후생을 두려워해야 할 것이다. 그의 미래가
지금만 못하리라고 어찌 단정할 수 있겠는가? 그러나 사오십이 되어
도 가능성이 없는 사람에게는 더 기대할 것이 없다.

- '후생(後生)'은 단순히 젊은이를 가리키는 것이 아니라 선생에 대한 후생이고 학문에 몸담고 있는 후
  배일 것이다.
- "무문(無聞)"은 흔히 "명성을 얻지 못했다"로 번역하는데, 그것은 오해의 소지가 있다. 꼭 명성을 얻
  어야만 훌륭한 것은 아니기 때문이다. 여기서는 "가능성이 없다"는 뜻으로 번역하였다.

子曰: 法語之言, 能無從乎? 改之爲貴, 巽(손)與之言, 能無說(열)
乎? 繹(역)之爲貴, 說(열)而不繹, 從而不改, 吾末如之何也已矣.

선생님께서 말씀하셨다: 귀감이 될 만한 좋은 말을 따르지 않을 수 있
겠는가? 진정으로 그 말에 따라 잘못을 고치는 것이 중요하다. 듣기
좋게 칭찬하는 말을 좋아하지 않을 수 있겠는가? 그러나 그냥 좋아하
기만 해서는 안 되고 그 속에 담긴 뜻을 찾아내는 것이 중요하다. 좋아
하기만 하고 속뜻은 찾지 않고, 말로만 따르고 잘못을 고치지 않는다
면 나는 그 사람을 어떻게 할 수가 없다.

- '법어(法語)'는 '귀감이 될 만한 훌륭한 말', '예법에 맞는 말'의 뜻이다.
- '손여지언(巽與之言)'은 '듣기 좋게 칭찬하는 말'이다.

- '말(末)'은 '…할 수가 없다'는 뜻을 갖는 무칭지시대사이다.
- '如…何'는 '…를 어떻게 하다'는 뜻을 갖는 관용어이다.

9-25

子曰: 主忠信, 毋(무)友不如己者, 過則勿憚(탄)改.

선생님께서 말씀하셨다: 진정성과 신뢰의 확보에 주력하고, 자신만 못한 사람을 벗으로 삼지 말고, 잘못이 있으면 고치는 것을 꺼리지 마라.

- '不如己者'는 진정성과 신뢰의 측면에서 자신만 못한 사람이라는 뜻이다.
- 이 장은 「학이편」 8장의 후반부와 같다.

9-26

子曰: 三軍可奪帥(수)也, 匹夫不可奪志也.

선생님께서 말씀하셨다: 한 나라 군대의 대장을 사로잡을 수 있을지는 모르지만 필부라도 그 마음을 바꾸게 할 수는 없다.

- '삼군(三軍)'은 한 나라의 군대를 통칭한 것이다. 주나라의 제도에는 제후국 중에서 큰 나라는 삼군을 보유할 수 있었다.

子曰: 衣敝縕袍, 與衣狐(호)貉(학)者立, 而不恥者, 其由也與? "不忮(기)不求, 何用不臧?" 子路終身誦之. 子曰: 是道也, 何足以臧(장)?

선생님께서 말씀하셨다: 닳아 해어진 솜옷을 입고 여우와 담비의 모피로 만든 외투를 입은 사람과 함께 서있어도 아무렇지 않을 수 있는 사람은 유(자로) 정도일 것이다. 『시경』에 "남을 해치지 않고 남의 것을 탐내지 않으니 어찌 훌륭하지 않은가?"라고 했다. 자로가 그 말을 듣고는 항상 그 두 구절을 외고 다니자 선생님께서 말씀하셨다: 그 정도 가지고 무엇이 그리 좋다는 것이냐?

- '의(衣)'는 여기서 '입다'라는 동사로 사용되었다.
- 『시경』에서 인용한 두 구절은 「패풍(邶風)·웅치(雄雉)」에 보인다.
- '장(臧)'은 '좋다', '훌륭하다'라는 뜻의 형용사가 의동사(意動詞)로 활용된 것이다.

子曰: 歲寒, 然後知松柏之後彫也.

선생님께서 말씀하셨다: 날씨가 추워진 다음에야 소나무와 잣나무가 가장 늦게 잎이 떨어진다는 것을 알게 된다.

- '조(彫)'는 '시들어 떨어지다'는 뜻으로 '조(凋)'와 같다.

겨울이 되어야 알 수 있는 것

시련이 닥쳐야 역경에서도 꿋꿋이 자신의 의지를 꺾지 않는 사람이 누구인지를 알아볼 수 있다는 말이다.

子曰: 知者不惑, 仁者不憂, 勇者不懼(구).

선생님께서 말씀하셨다: 지혜로운 사람은 미혹되지 않고, 인덕이 있는 사람은 근심하지 않고, 용기 있는 사람은 두려워하지 않는다.

근심은 어디서 오는가?

근심은 욕망과 집착에서 오게 마련이다. 따라서 인덕이 있는 사람이란 욕망과 집착에서 벗어난 사람이라고 이해할 수도 있을 것이다.

子曰: 可與共學, 未可與適道. 可與適道, 未可與立. 可與立, 未可與權.

선생님께서 말씀하셨다: 함께 공부해도 같은 길을 함께 간다고는 할 수 없다. 같은 길을 함께 가도 함께 일할 수 있다고는 할 수 없다. 함께 일해도 운명을 함께 할 수 있다고는 할 수 없다.

- '여립(與立)'을 직역하면 '함께 성취할 수 있다'이다. 이는 함께 일함으로써 이룰 수 있는 것이므로 '함께 일하다'로 번역하였다.
- '여권(與權)'을 직역하면 '함께 임시변통할 수 있다'이다. 이는 함께 곤경에 처했을 때 도모할 수 있는

것이므로 의역하여 '운명을 함께 하다'로 번역하였다.

9-31

"唐棣(체)之華, 偏其反而. 豈不爾思? 室是遠而." 子曰: 未之思也,
夫何遠之有?

"앵두나무 꽃잎이 한들한들 흔들리니, 그대가 그립건만, 그대 집에 이
르지 못하네, 너무나 길이 멀어서"라는 시를 두고 선생님께서 말씀하
셨다: 그 그리움이 아직 진정한 것이 아니다. 어찌 멀다고 하는가?

- '편(偏)'은 '편(翩)'과 같아서 나부낀다는 뜻이다.
- '반(反)'은 '번(翻)'과 같아서 흔들린다는 뜻이다.
- '이(而)'는 감탄을 표시하는 어기조사이다.
- '豈不爾思'를 직역하면 "어찌 그대를 그리워하지 않겠는가?"이다.
- '시원(是遠)'의 '是'는 어세를 강조하는 부사로 '실로', '정말로'의 뜻이다.

그리운 그대는 멀리 있지 않다

공자의 말은 인(仁)은 결코 멀리 있는 것이 아니라 인의 실천을 바라는 마음
이 절실하지 않은 것일 뿐이라는 것이다. 「술이편」 30장의 "仁遠乎哉? 我欲
仁, 斯仁至矣(인(仁)이 멀리 있단 말인가? 내가 인을 바라면 인은 바로 나에게 다가온다)"
와 의미가 연관되어 있다.

186

10. 향당편(鄕黨篇)

「향당편」은 모두 27장으로 이루어져 있다. 여기서는 주로 일상생활과 사회 속에서 공자가 어떻게 말하고 행동했으며, 몸가짐과 태도 및 행동 방식이 어떠했는지를 언급했다. 마을의 회합 자리와 조정의 제사나 정치 자리에서 공자의 언동이 어떻게 다른지 구체적으로 설명하였고, 군주를 상대할 때와 동료를 상대할 때와 빈객을 상대할 때의 몸가짐과 언동이 어떻게 다른지 언급하였다. 또한 여러 가지 상이한 경우에 공자가 어떤 모습과 태도를 취했으며 의복을 어떻게 착용했는지 묘사하였고, 음식을 어떻게 선택하여 먹었으며, 잠잘 때의 몸가짐이 어떠했는지, 수레를 탈 때는 어떤 모습과 태도를 보였는지 등에 관해 구체적으로 서술하였다.

孔子於鄕黨, 恂(순)恂如也, 似不能言者. 其在宗廟朝廷, 便(변)便言, 唯謹爾.

선생님께서 마을의 회합자리에서 말씀하시는 것을 보면 공손하고 조심스러워서 마치 말을 할 줄 모르시는 것 같다. 그런데 조정의 제사나 정치의 자리에서는 분명하고 유창하게, 그러나 아주 정중히 말씀하신다.

- '순순(恂恂)'은 공손하고 조심스러워하는 모양이다.
- '변변(便便)'은 분명하고 막힘이 없는 모양이다.
- '이(爾)'는 단정을 나타내는 어기조사이다.

朝與下大夫言, 侃(간)侃如也. 與上大夫言, 誾(은)誾如也. 君在, 踧(축)踖(적)如也, 與與如也.

선생님께서는 조정에서 하대부와 말씀하실 때는 온화하게 하시고, 상대부와 말씀하실 때는 공손하면서도 정직하시고, 군주 앞에서는 신중하면서도 여유 있게 말씀하셨다.

- '간간(侃侃)'은 편안하고 온화한 모양이다.
- '은은(誾誾)'은 공손하면서 정직한 모양이다.
- '축적(踧踖)'은 삼가는 모양, 신중한 모양이다.
- '여여(與與)'는 여유 있는 모양이다.

君召使擯(빈), 色勃(발)如也, 足躩(곽)如也. 揖所與立, 左右手, 衣前後, 襜(첨)如也. 趨(추)進, 翼(익)如也. 賓退, 必復命曰: 賓不顧矣.

선생님께서 군주의 명을 받아 빈객을 접대할 때는 긴장한 얼굴로 발걸음을 빨리하셨다. 함께 서 있는 동료와 인사할 때는 왼쪽에 서 있는 사람에게는 손을 왼쪽으로 돌려서 읍하고 오른쪽에 서 있는 사람에게는 손을 오른쪽으로 돌려서 읍하는데, 옷자락이 앞뒤로 흔들리는 것이 흐트러지지 않고 반듯했다. 종종걸음으로 걸으실 때는 날개를 펼친 듯이 경쾌하게 걸으셨다. 빈객이 돌아간 뒤에는 반드시 복명하여 "손님이 돌아보지 않을 때까지 배웅했습니다"라고 말씀하셨다.

- '빈(擯)'은 빈객을 접대하다는 뜻으로, '빈(儐)'과 같다.
- '발여(勃如)'는 갑자기 안색이 바뀌는 모양, 긴장하는 모양이다.
- '곽여(躩如)'는 발걸음이 빠른 모양이다.
- '좌우수(左右手)'는 손을 좌우로 옮기는 것인데, 왼쪽을 향하여 읍하고 다시 오른쪽을 향하여 읍한다는 말이다.
- '첨여(襜如)'는 옷자락이 가지런한 모양이다.
- '익여(翼如)'는 새가 날개를 편 것처럼 균형이 잡힌 모양이다.
- "빈불고(賓不顧)"는 보통 "손님이 뒤돌아보지 않고 잘 가셨습니다"로 해석하는데, 그보다는 "손님이 돌아보지 않을 때까지 배웅했습니다"가 자연스럽다. 손님은 떠날 때 배웅하는 주인에게 몇 번이고 돌아보면서 인사하는 것이 예의이며, 또 손님이 멀어져 가서 마지막 인사를 할 때까지 배웅하는 것이 주인의 예의이다. 따라서 그 과정을 담아 번역하는 것이 자연스러울 것이다.

入公門, 鞠(국)躬如也, 如不容. 立不中門, 行不履閾(역). 過位, 色勃
如也, 足躩(곽)如也, 其言似不足者. 攝齊(자)升堂, 鞠躬如也, 屏氣
似不息者. 出, 降(강)一等, 逞(영)顔色, 怡(이)怡如也. 沒階, 趨進, 翼
如也. 復(복)其位, 踧(축)踖(적)如也.

선생님께서는 궁전의 정문에 들어설 때는 두려운 듯 조심스런 모습으
로 마치 몸 둘 곳이 없는 듯하셨다. 서 있을 때는 문 가운데 서지 않았
으며, 걸어갈 때에는 문지방을 밟지 않았다. 임금의 자리를 지나실 때
에는 긴장한 얼굴빛을 하고 걸음걸이도 빨리하며 말은 마치 기력이 부
족한 듯하셨다. 옷 앞자락을 잡고 당에 오를 때에는 공경스럽고 신중
한 모습으로 숨을 죽여서 마치 호흡하지 않는 것 같았다. 나와서는 한
계단만 내려와서 얼굴에 긴장을 풀고 흡족한 듯하셨다. 계단을 모두
내려와서는 빠르게 앞으로 몇 걸음을 나아가는데, 마치 새가 날개를
편 듯하셨다. 제자리로 돌아가서는 조심스럽고 공손하셨다.

- '국궁(鞠躬)'은 쌍성자로서 조심하고 공경하는 모습을 형용하는 말이다.
- '과위(過位)'는 임금의 자리를 지나는 것인데, 임금이 앉아 있지 않은 빈자리를 지나는 것이다.
- '섭자(攝齊)'는 옷자락을 들어 올린다는 뜻이다.
- '영안색(逞顔色)'은 얼굴빛을 펴다, 얼굴에 긴장을 푼다는 뜻이다.
- '축적(踧踖)'은 삼가는 모양, 신중한 모양이다.

執圭, 鞠躬如也, 如不勝. 上如揖, 下如授. 勃(발)如戰色, 足踏(축)踏
如有循(순). 享禮, 有容色. 私覿(적), 愉(유)愉如也.

(선생님께서 외국에 사신으로 가서 의식을 거행할 때) 홀을 잡으면 공손하고 신중
하게 마치 들지 못하는 듯하셨다. 위로 올릴 때는 마치 읍을 하는 듯하
셨고, 내릴 때는 다른 사람에게 건네는 듯하셨다. 얼굴은 긴장하여 떠
는 듯했고, 발은 피하듯이 움츠러드셨다. 공식 연회에서는 온유한 모
습이셨고 개인적인 만남에서는 격의 없이 쾌활하셨다.

- '규(圭)'는 일종의 옥기로 위가 둥글거나 혹은 머리 부분이 칼처럼 생겼고, 아래는 네모진 모양으로
  의식을 거행할 때 임금과 신하가 모두 들었다.
- '축축(踏踏)'은 움츠러드는 모양이다.
- '향례(享禮)'는 사신이 방문국 군주에게 예물을 바치는 의식이다.
- '용색(容色)'은 온화하고 부드러운 낯빛을 가리킨다.
- '적(覿)'은 서로 만난다는 뜻이다.
- '유유(愉愉)'는 기뻐하는 모양이다.

君子不以紺(감)緅(추)飾, 紅紫不以爲褻(설)服. 當暑, 袗(진)絺(치)綌(격), 必表而出之. 緇(치)衣, 羔(고)裘. 素衣, 麑(예)裘. 黃衣, 狐裘. 褻裘長, 短右袂(메). 必有寢衣, 長一身有半. 狐貉(학)之厚以居. 去喪, 無所不佩(패). 非帷裳, 必殺(쇄)之. 羔裘玄冠不以弔. 吉月, 必朝服而朝.

신분 있는 사람은 의복에 제약이 있어서 이를 지켰다. 감색이나 검붉은 색으로 테를 두르지 않는다. 홍색이나 자색은 평상복에는 쓰지 않는다. 여름에는 홑겹의 베옷을 입는데 반드시 속옷을 안에 입어 그 옷이 밖으로 드러나도록 했다. 검은 옷에는 새끼 양 모피, 흰 옷에는 사슴 모피, 노란 옷에는 여우 모피로 맞춰 입는다. 평상복의 모피는 길이는 길고 오른쪽 소매를 짧게 한다. 잠잘 때는 반드시 잠옷을 입는데 길이는 키보다 반쯤 길게 한다. 여우나 담비같이 털이 많은 가죽으로 만든 깔개는 휴식할 때 사용한다. 상복을 입은 때가 아니라면 어떤 장신구를 달아도 괜찮다. 조회에 나가거나 제사를 지낼 때 입는 예복이 아니면 옷자락에 주름을 잡지 않는다. 새끼 양 모피와 검은 관은 문상하러 갈 때는 사용하지 않는다. 매월 초하루에는 반드시 예복을 입고 군주의 안부를 여쭈러 간다.

- '불이감추식(不以紺緅飾)'은 감색이나 검붉은 색으로 옷의 가장자리 선을 만들지 않는다는 말이다. '紺'은 제사를 지내기 위하여 목욕재계한 뒤에 입는 옷의 색깔이고, '緅'는 상복의 가장자리 선으로 쓰는 색깔이라서 피한 것이다.
- '설복(褻服)'은 평상복을 가리킨다. '홍(紅)'과 '자(紫)'는 여인들의 옷에 즐겨 쓰는 색깔이기 때문에 피한 것이다.
- '진치격(袗絺綌)'은 홑겹의 베옷을 입는다는 뜻이다. '絺'는 올이 고운 베이고, '綌'은 올이 굵은 베이다.
- '설구장(褻裘長)'은 평상시에 입는 모피 옷의 길이가 길다는 말인데, 이는 보온 효과를 위해서이다.
- '단우메(短右袂)'는 오른쪽 소매를 짧게 한다는 말인데, 일할 때의 편리를 위해서이다.

- '거(居)'는 휴식한다는 뜻이다.
- '거상(去喪)'은 상복을 벗는다는 뜻이다.
- '유상(帷裳)'은 조회에 나가거나 제사를 지낼 때 입는 예복이다. 한 폭의 천을 모두 사용해서 만들었으며, 재단을 하지 않고 남는 부분의 천은 주름을 접어서 오늘날의 주름치마와 비슷하다.
- '쇄(殺)'는 자른다는 뜻이다. 봉제하기 전에 남는 천을 잘라버려 주름을 잡을 필요가 없으므로 품을 덜고 재료를 절약할 수 있다.
- '길월(吉月)'은 매월 초하루를 가리킨다. '정월 초하루'라는 설도 있다.

齊(재), 必有明衣, 布. 齊(재)必變食, 居必遷坐.

재계를 위해 목욕할 때는 반드시 욕의(浴衣)가 있었는데, 그 옷은 베로 만들었다. 재계할 때는 반드시 평소의 음식을 바꾸고, 휴식할 때는 반드시 자리를 다른 곳으로 옮기셨다.

- '재(齊)'는 '재(齋)'와 같아서 재계(齋戒)의 뜻이다.
- '명의(明衣)'는 목욕을 하고 나서 입는 깨끗한 새 옷을 가리킨다.
- '포(布)'는 칡베 또는 삼베를 가리킨다. 당시는 아직 무명이 없었다.
- '거(居)'는 휴식한다는 뜻이다. "居必遷坐"를 "거처에 반드시 자리를 옮기다"로 해석하고 "안방에서 사랑방으로 옮겨 여인과 함께 지내지 않는다"는 뜻으로 보는 견해도 있다.

食(식)不厭精, 膾不厭細. 食(사)饐(의)而餲(애), 魚餒(뇌)而肉敗, 不食,
色惡, 不食, 臭惡, 不食, 失飪(임), 不食, 不時, 不食, 割不正, 不食,
不得其醬(장), 不食. 肉雖多, 不使勝食(사)氣. 唯酒無量, 不及亂. 沽
酒市脯不食. 不撤薑(강)食, 不多食.

쌀은 하얗게 찧은 것이 좋고 회는 얇게 뜬 것이 좋다. 밥이 쉬어 맛이
변하고 생선이 상하고 고기가 오래된 것은 먹지 않는다. 색이 변한 것
은 먹지 않는다. 냄새가 나는 것은 먹지 않는다. 잘못 삶은 것은 먹지
않는다. 철 지난 것은 먹지 않는다. 썬 모양이 나쁜 것은 먹지 않는다.
맞는 간장이 아니면 먹지 않는다. 고기는 많아도 밥보다 많이 먹지는
않는다. 술은 제한하지 않지만 만취해서는 안 된다. 시장의 점포에서
파는 술이나 포는 쓰지 않는다. 생강을 곁들여 먹되 많이 먹지 않는다.

- '의(饐)'와 '애(餲)'는 음식이 오래되어 썩어서 고약한 냄새가 나는 것을 가리키는데, 밥의 경우에는
  쉰 것을 말한다.
- '뇌(餒)'는 생선이 상한 것을 가리키고, '패(敗)'는 육류가 상한 것을 가리킨다.
- '실임(失飪)'은 '익히는 데 있어서 적정선을 놓치다'는 말인데, 여기서는 '잘못 삶다'로 번역하였다.
- '불시(不時)'는 '때가 아니다'는 말인데, 여기서는 '철이 지나다'로 번역하였다.
- '사기(食氣)'는 주식(主食)을 뜻한다. 여기서는 밥을 가리킨다.
- '고주시포(沽酒市脯)'는 시장의 점포에서 사온 술과 포를 말한다.
- "불철강식(不撤薑食)"을 직역하면 "생강을 곁들여 먹기를 그만두지 않다"이다.

祭於公, 不宿肉. 祭肉不出三日. 出三日, 不食之矣.

군주의 제사에서 분배 받은 고기는 그날을 넘기지 않으셨다. 집안의 제
사 때 쓴 고기도 사흘 안에 처분하고, 사흘이 지난 것은 먹지 않으셨다.

• '불숙육(不宿肉)'은 '고기를 하룻밤 재우지 않는다'는 말이다. 군주의 제사에서 나온 고기는 나누어
   주기 전에 최소한 하룻밤을 놓아두었기 때문에 다시 하룻밤을 놓아둘 수 없었다.

食不語, 寢不言.

식사할 때 말을 하지 않고, 잠자리에 들어서서도 말을 하지 않으셨다.

공자가 식사 때 침묵한 이유

요즘에는 식사 때가 대화의 시간이라서 이 말을 수긍하기 어렵게 되었지만
옛날에는 음식 자체가 매우 귀한 것이었으므로 경건하게 음식을 먹느라고
말을 삼갔을 것이다.

雖疏食(사)菜羹(갱)瓜, 祭必齊(재)如也.

비록 거친 밥과 나물국과 과일이라도 제사에 쓸 때는 반드시 조심조심
경건하게 올리고 소홀히 하지 않으셨다.

- '과(瓜)'는 여기서 과일을 가리킨다.
- '재여(齊如)'는 '재여(齋如)'와 같아서 '엄숙하고 경건하다'는 뜻이다.

席不正, 不坐.

자리가 반듯하지 않으면 앉지 않으셨다.

자리에 앉을 때의 법도

고대의 중국인은 일상생활에 평상을 사용했는데, 평상 위에 방석을 깔고
무릎을 가지런히 해서 앉는 것이 습관이었다. 그래서 방석의 네 변이 침상
의 네 변과 평행하여 똑바로 놓여 있지 않으면 그 위에 그대로 앉지 않았다.

10-13

鄕人飲酒, 杖者出, 斯出矣.

마을에서 연회가 있을 때는 지팡이를 짚은 노인이 돌아가는 것을 기다
려 그 다음에 물러나셨다.

● '사(斯)'는 '…하면 그제야'라는 뜻의 접속사이다.

10-14

鄕人儺(나), 朝服而立於阼(조)階.

마을의 행사로 역귀를 쫓는 나례(儺禮) 행렬이 돌아올 때는 예복을 갖
추어 입고 입구 계단에 서서 기다리셨다.

● '조계(阼階)'는 동쪽 층계, 즉 입구 계단을 뜻한다.

10-15

問人於他邦, 再拜而送之.

사자(使者)를 타국에 보내 사람을 방문하게 할 때는 두 번 절하고 사자
를 보내셨다.

● '문(問)'은 안부를 묻는다는 뜻인데, 그때 선물을 보내어 성의를 표시했다.
● '배(拜)'는 두 손을 앞으로 모으고 허리를 굽혀 인사하는 것을 말한다.

康子饋(궤)藥, 拜而受之. 曰: 丘未達, 不敢嘗.

계강자(季康子)가 약을 선물하자 절을 하고 받은 후 말씀하셨다: 제가 아직 깨닫지 못하여 감히 복용할 수 없습니다.

• '미달(未達)'은 길흉을 초월하여 깨닫지 못했다는 뜻인데, 상대방의 호의를 무시하지 않고 사양할 때 쓰는 정중한 거절의 말이다.

廐(구)焚(분). 子退朝, 曰: 傷人乎? 不問馬.

마굿간에 불이 났다. 선생님께서 퇴근하고 와서 말씀하셨다: 다친 사람은 없느냐? 말에 대해서는 묻지 않으셨다.

사람과 말에 대한 공자의 태도

말은 그 당시에도 큰 재산이었으므로, 공자가 말에 대해 묻지 않은 것은 재산의 손실에 대해 묻지 않았다는 말이다.

君賜食, 必正席先嘗之. 君賜腥(성), 必熟而薦(천)之. 君賜生, 必畜
(휵)之. 侍食於君, 君祭, 先飯.

군주가 요리를 하사하면 반드시 자리를 바르게 한 다음에 자신이 먼저
시식하셨다. 군주가 날고기를 하사하면 반드시 익혀서 선조에게 바치
셨다. 군주가 산 짐승을 하사하면 반드시 이를 사육하셨다. 군주를 모
시고 식사할 때는 군주가 먼저 한 젓가락을 떠서 제물로 바치면 그제
야 식사를 하셨다.

- '제(祭)'는 식사 때마다 먼저 밥을 한술 떠서 제물로서 옆에 들어 두는 것이다.
- '선반(先飯)'의 '先'은 '···하자마자 바로'의 뜻이다.

疾, 君視之. 東首, 加朝服, 拖(타)紳.

병에 걸려 군주가 병문안을 왔을 때는 동쪽으로 머리를 두고, 이불 위
에 예복을 놓고 위에 허리띠를 올려놓으셨다.

- '가조복타신(加朝服, 拖紳)'은 병으로 앓아누워 있을 때 군주가 병문안을 오면 직접 조복을 입을 수 없
으므로 몸을 덮고 있는 이불 위에 예복을 놓고 그 위에 허리띠를 올려놓아 조복을 입은 것으로 한다
는 말이다.

君命召, 不俟(사)駕行矣.

군주가 부르면 수레를 준비시키고 동시에 나갈 채비를 갖추셨다.

● "불사가행(不俟駕行)"을 직역하면 "수레가 떠날 준비를 갖추기를 기다리지 않는다"이다.

불사가행(不俟駕行), 신속히 부름에 응하다

'불사가행(不俟駕行)'의 의미는 보통 외출할 때는 수레의 준비를 명한 다음 준비가 끝났다는 보고를 기다려 현관에서 수레를 타러 나가는 것인데, 군주가 특별히 부른 것은 급한 일이 있기 때문인지도 모르므로 시간의 손실을 줄이기 위해 수레 준비가 끝났다는 보고를 기다리지 않고 스스로 먼저 나가 수레를 기다렸다가 탔다. 아마 문 앞에서 수레를 기다리는 것이 가장 합리적인 방법이었을 것이다.

10-21

入太廟, 每事問.

선생님께서 노나라의 조상을 제사하는 태묘에 들어가서 제사를 도울 때는 매사를 물어서 행하셨다.

● 「팔일편(八佾篇)」15장과 겹치는 내용이다.

朋友死, 無所歸, 曰: 於我殯(빈).

친구가 죽었는데 거두어 줄 사람이 없을 때는 "내가 장례를 치르겠다"
고 말씀하셨다.

• '빈(殯)'은 관을 안치하는 것과 매장하는 것을 가리킨다.

朋友之饋(궤), 雖車馬, 非祭肉, 不拜.

벗이 보낸 선물은 그것이 비록 수레나 말 같이 귀한 것이라도 절을 하
고 받지는 않으셨다. 제사 때 쓴 고기를 나누어 받을 때가 아니면 받을
때 절하지 않으셨다.

寢不尸, 居不容.

잠잘 때는 두 다리를 시체처럼 곧게 펴지 않고, 쉬고 있을 때는 몸치장
을 하지 않으셨다.

• '용(容)'은 '꾸미다', '치장하다'는 뜻이다.

見齊(자)衰(최)者, 雖狎(압), 必變. 見冕者與瞽(고)者, 雖褻(설), 必以貌. 凶服者式之, 式負版者. 有盛饌(찬), 必變色而作. 迅雷風烈必變.

상복을 입은 사람을 만나면 친밀한 사이라도 반드시 안색을 바꾸고, 예복을 입은 사람이나 장님을 만났을 때는 친한 사이라도 옷차림을 고치셨다. 장례복을 입은 사람에게는 수레 위에서 인사하시고 상장(喪章)을 단 사람에게도 인사하셨다. 정성을 다한 대접을 받으면 정색하고 자리에서 일어나 사의를 표하셨다. 천둥과 벼락이 치거나 폭풍이 불 때는 앉음새를 바로 하여 근신의 뜻을 표하셨다.

- '자최(齊衰)'는 상복을 뜻한다.
- '식(式)'은 '식(軾)'과 같으며, 여기서는 '수레의 앞에 있는 횡목을 잡고 인사하다'는 뜻으로 사용되었다.
- '부판(負版)'은 등에 걸치는 거친 베 조각으로서 일종의 상장(喪章)이다.

升車, 必正立, 執綏(수). 車中, 不內顧, 不疾言, 不親指.

수레를 탈 때는 반드시 똑바로 서서 수레 손잡이 줄을 잡고 오르셨다. 수레를 타고 달릴 동안에는 뒤를 돌아보거나 말을 빨리 하지 않았으며, 손가락으로 방향을 가리키지도 않으셨다.

- '수(綏)'는 수레에 오를 때 또는 수레 위에서 설 때 쥐는 줄을 가리킨다.

"色斯擧矣, 翔(상)而後集," 曰: 山梁雌(자)雉(치), 時哉時哉! 子路共之, 三嗅(후)而作.

옛말에 (꿩의 주의 깊음을 노래하여) "인기척에 놀라 날아올랐다 허공을 한 바퀴 돌고 내려앉네"라는 말이 있다. 선생님께서 말씀하셨다: 산간의 널다리에 날아 앉은 암꿩에게 "때가 중요하다, 때를 놓치지 말라"고 가르치려고 한 시다. 선생님의 말씀은 자로가 암꿩의 고기를 제물로 바쳤을 때 하신 말씀인데, 선생님께서는 자로의 호의가 헛되지 않도록 말씀하시고 나서 세 번 냄새를 맡은 다음 자리에서 일어나셨다.

공자의 암시적 교육 방법

공자가 자로에게 신중하게 때를 가려 처신할 것을 암시적으로 가르친 내용으로 보인다.

11. 선진편(先進篇)

「선진편」은 모두 26장으로 이루어져 있다. 여기서는 주로 공자가 제자들의 장점과 특징을 어떻게 평가하고, 그들을 어떻게 대했는지를 서술하였다. 공자가 안회, 민자건, 염경, 염옹, 재여, 자공, 염구, 자로, 자유, 자하, 남용, 자장, 고시, 증삼 등의 제자들 각각에 대해 매우 구체적으로 언급하여 공자가 그들을 어떤 마음으로 어떻게 대했는지 살펴볼 수 있다. 아울러 공자가 현실에서의 인간의 삶에 관심을 표명하면서 얼마나 추상적이고 관념적인 사변을 경계했는지가 언급되어 있고, 제자들이 공자를 모실 때의 마음과 태도가 서술되어 있으며, 마지막으로 공자가 제자들을 가르칠 때 개인의 성향에 따라 맞춤형 교육을 실시한 예들이 열거되어 있다.

子曰: 先進於禮樂(악), 野人也. 後進於禮樂, 君子也. 如用之, 則吾
從先進.

선생님께서 말씀하셨다: 먼저 예악을 배우고 나서 관직에 진출하는
것은 일반 사람들이고, 먼저 관직에 진출한 다음 예악을 배우는 것은
경대부의 자제들이다. 만약 내게 인재를 뽑아 쓰라고 한다면 먼저 예
악을 배운 사람을 쓰겠다.

• '선진'과 '후진'에 대한 해석은 매우 많지만 여기서는 유보남(劉寶楠)의 『논어정의(論語正義)』를 따랐다.

子曰: 從我於陳蔡者, 皆不及門也.

선생님께서 말씀하셨다: 진나라와 채나라 사이에서 난을 만났을 때는
제자들 가운데 아무도 성문까지 쫓아온 사람이 없을 정도로 상황이 급
박했다.

'불급문(不及門)'에 대한 해석

여기서도 '불급문(不及門)'에 대한 해석이 분분하여 예를 들어 양백준(楊伯峻)
은 주희(朱熹)의 설을 따라 이 장을 "나를 따라 진나라와 채나라 사이에서
배고픔을 참던 사람들이 모두 이곳에 없구나"로 번역했다. 그러나 '及'은
원래 '쫓아오다'는 뜻이고 '門'은 한 글자로 써서 성문을 뜻하기도 하므로
위와 같이 번역했다. 실제로 공자는 노나라 애공(哀公) 6년(BC 489)경 초나

라의 초빙에 응하기 위해 채나라에서 진나라로 들어가는 도중에 환난을 당하여 급기야는 양식이 떨어지는 위기를 겪었다.

德行, 顏淵·閔子騫(건)·冉伯牛·仲弓. 言語, 宰我·子貢. 政事, 冉有·季路. 文學, 子游·子夏.

덕행이 훌륭하기로는 안연(안회)·민자건·염백우(염경)·중궁(염옹)이고, 말을 잘하기로는 재아(재여)와 자공이고, 정사를 잘 처리하기로는 염유(염구)와 계로(자로)이고, 고대 문헌에 밝기로는 자유와 자하이다.

● '문학(文學)'은 고대 문헌을 가리키며, 공자가 제자들에게 전수한 『시(詩)』·『서(書)』·『역(易)』 등이다.

子曰: 回也非助我者也, 於吾言無所不說(열).

선생님께서 말씀하셨다: 안회는 나의 학문에 도움을 주지 못하는 사람이다. 나의 말에 대해서 기뻐하지 않는 바가 없구나.

공자의 안회(顏回) 사랑

안회는 공자에게 순종했던 제자여서 공자와 토론하는 경우가 없었다. 반면에 재아와 자공은 공자와 곧잘 토론을 벌여 바로 앞 장에서 "말을 잘하기로는 재아와 자공이다"라는 평가를 받기도 했다. 그러나 앞 장에서 덕행이 훌륭한 제자의 첫 번째로 안회를 거명했듯이 공자는 안회야말로 자신의 말을 가장 정확하고 깊게 이해하고 실천한 제자로 평가했다.

11-5

子曰: 孝哉閔子騫! 人不間於其父母昆(곤)弟之言.

선생님께서 말씀하셨다: 효라고 하면 민자건이다. 아무도 그의 부모 형제가 한 말을 비난하지 않는구나.

- '간(間)'은 여기서 동사로 쓰여 '사이에 끼어들다', '이의를 제기하다', '비난하다'는 뜻이다.
- '언(言)'은 민자건의 부모 형제가 민자건의 효행에 대해 한 말일 것이다.

11-6

南容三復(복)白圭, 孔子以其兄之子妻之.

남용이 "백옥의 티는 갈아서 없앨 수 있어도, 말의 티는 없앨 수 없네" 라는 시구를 여러 번 반복한다는 말을 듣고, 선생님은 형의 딸을 그에 게 시집보내었다.

- '백규(白圭)'의 시구는 『시경·대아(大雅)·억(抑)』에 보인다.

질녀의 배우자감, 남용(南容)

남용이 그처럼 신중한 사람이었기 때문에 "나라가 잘 다스려질 때는 버림받지 않고, 나라가 어지러울 때에도 형벌을 받지 않을 사람이다"(「공야장편」2장)라고 공자가 판단했을 것이다.

11-7

季康子問: 弟子孰爲好學? 孔子對曰: 有顔回者好學, 不幸短命死矣, 今也則亡(무).

계강자가 물었다: 제자 중에 누가 학문을 좋아합니까? 선생님께서 대답하셨다: 안회라는 제자가 있어 학문을 좋아했습니다만 불행히도 단명하여 죽었습니다. 지금은 없습니다.

- 「옹야편」 3장과 내용이 같은데, 다만 앞에서는 계강자가 애공(哀公)으로 되어 있다.

顔淵死, 顔路請子之車以爲之槨(곽). 子曰: 才不才, 亦各言其子也.
鯉(리)也死, 有棺而無槨. 吾不徒行以爲之槨, 以吾從大夫之後, 不
可徒行也.

안연이 죽었을 때 부친 안로가 공자의 수레를 얻어 그것으로 외관(外棺)을 만들고 싶다고 청했다. 선생님께서 말씀하셨다: 잘나고 못나고의 차이는 있겠지만 사람은 모두 자기 자식이 있다. 내 아들 리(鯉)가 죽었을 때 내관은 있었지만 외관은 없었다. 내가 수레 없이 걸어 다니는 것을 감수하면서 자식을 위해 외관을 만들지 않았던 것은 내가 대부라는 지위의 말석에 있어서 걸어 다닐 수는 없었기 때문이다.

- '안로(顔路)'는 안회의 부친으로 이름이 무요(無繇)이고 로(路)는 그의 자이다. 공자보다 6세 아래로 그 역시 공자의 제자였다.
- '子之車以'는 '以子之車'의 도치 형식이다.
- '곽(槨)'은 외관(外棺)을 뜻한다. 고대 중국의 대관들은 최소한 두 종류의 관을 사용했는데, 안쪽의 한 층을 관(棺)이라고 했고, 바깥쪽의 또 하나의 큰 것을 곽(槨)이라고 했다.
- 공자의 아들 '리(鯉)'는 나이 오십에 죽었으며, 그 당시 공자의 나이가 칠십이었다고 한다.

顔淵死, 子曰: 噫(희)! 天喪予! 天喪予!

안연이 죽자 선생님께서 말씀하셨다: 아! 하늘이 내 목숨을 빼앗으려는구나! 하늘이 내 목숨을 빼앗으려는구나!

顔淵死, 子哭之慟(통). 從者曰: 子慟矣! 曰: 有慟乎? 非夫人之爲慟而誰爲?

안연이 죽자 선생님께서 통곡을 하셨다. 수행원이 "이렇게 우시면 몸에 해롭습니다"라고 말하자, 선생님께서 말씀하셨다: 내버려 두어라. 내가 이 사람을 위해 통곡하지 않는다면 대체 누구를 위해 통곡한단 말이냐?

- '夫人之爲慟'은 '爲夫人慟'의 도치 형식으로, '이 사람을 위해 통곡하다'는 뜻이다. '夫'는 경우에 따라 근칭일 수도 있고, 원칭일 수도 있다.

顔淵死. 門人欲厚葬之, 子曰: 不可. 門人厚葬之. 子曰: 回也視予猶父也, 予不得視猶子也. 非我也, 夫二三子也.

안연이 죽었다. 제자들이 그의 장례식을 화려하게 치르려고 하자 선생님께서 말씀하셨다: 그러지 말아라. 그러나 제자들은 결국 화려하게 장례식을 치렀다. 선생님께서 말씀하셨다: 회는 나를 아버지처럼 섬겼는데, 나는 결국 그를 자식처럼 대하지 못하고 말았구나. 그렇게 된 것은 내 탓이 아니라 너희들이 쓸 데 없는 짓을 한 탓이다.

공자는 왜 안회를 자식처럼 대하지 못했다고 했을까?

공자는 아들 리(鯉)가 죽었을 때 자신의 신분과 재산에 걸맞게 외관(外棺)도

없이 간소하게 장례를 치렀다. 그런데도 제자들이 안회를 사랑하는 공자의 마음을 헤아려 장례를 화려하게 치르자 이렇게 말한 것이다.

11-12

季路問事鬼神, 子曰: 未能事人, 焉能事鬼? 曰: 敢問死. 曰: 未知生, 焉知死?

자로가 돌아가신 조상의 영혼을 섬기려면 어떻게 하면 좋으냐고 여쭙자 선생님께서 말씀하셨다: 산 사람도 잘 섬기지 못하면서 어떻게 죽은 사람을 섬길 수 있겠느냐? 자로가 다시 여쭈었다: 죽음이란 무엇입니까? 선생님께서 말씀하셨다: 삶의 의미도 모르면서 어떻게 죽음의 의미를 알겠느냐?

공자에게 '섬김'이란 무슨 의미였을까?

제사를 지내는 것은 조상의 영혼을 불러내어 음식을 대접함으로써 편안히 쉬게 해 드리는 것이어서 섬기는 것(뜻을 헤아려 보살펴 드리는 것)과 다른 점이 있고, 제사를 통해 제사에 참여하는 구성원들을 결속시키는 현실적인 기능이 있다. 따라서 이런 문답을 통해 공자가 현실 속에서의 인간의 삶에 얼마나 관심을 가졌는지, 추상적이고 관념적인 사변을 얼마나 경계했는지를 알 수 있다.

閔子侍側, 誾(은)誾如也. 子路, 行行如也. 冉有·子貢, 侃(간)侃如
也. 子樂. 若由也, 不得其死然.

민자건이 선생님을 모시고 옆에 서 있을 때는 공손하면서 깍듯했고,
자로는 의기양양했고, 염유와 자공은 온화하고 즐거운 모습이었다.
선생님은 즐거워 하시면서도 "자로는 제 명에 죽지 못할까 걱정이다"
라고 말씀하셨다.

- '은은(誾誾)'은 공손하면서 깍듯한 모양이다.
- '행행(行行)'은 굳세고 강직한 모양인데, 자로의 성향을 고려하여 '의기양양하다'로 번역하였다.
- '간간(侃侃)'은 온화하고 즐거운 모양이다.
- '득사(得死)'는 당시의 속어로, 천수를 다하는 것을 말한다.
- '연(然)'은 단정적인 어기를 표시하는 어기조사로 '언(焉)'과 같다.

魯人爲長府. 閔子騫(건)曰: 仍舊貫, 如之何? 何必改作? 子曰: 夫
人不言, 言必有中.

노나라가 장부(長府)라는 보물창고를 개축하였다. 이에 민자건이 말했
다: 이전 그대로 놔두는 것이 어떨까? 반드시 개축할 필요는 없을 것
같은데. 선생님께서 말씀하셨다: 저 사람은 평소에는 말이 없지만 일
단 말을 꺼내면 사리에 맞는 말만 하는구나.

- '노인(魯人)'의 '人'은 노나라의 집정 대신을 가리키는 말로서, '민(民)'과는 차이가 있다.
- '장부(長府)'는 보물창고의 이름이다.

- '잉구관(仍舊貫)'은 '옛 관례를 따르다'는 뜻이다. '관(貫)'은 '관(慣)'과 같다.
- '부인(夫人)'의 '夫'는 '이, 그, 저'의 뜻이다.
- '중(中)'은 '사리에 맞다', '합당하다'는 뜻이다.

―――

11-15

子曰: 由之瑟奚爲於丘之門? 門人不敬子路. 子曰: 由也升堂矣, 未入於室也.

선생님께서 말씀하셨다: 유가 슬(瑟)을 타는 걸 보니 내 집에 어울리지 않는구나! 그 말씀을 듣고 제자들이 자로를 얕보기 시작했다. 그러자 선생님께서 말씀하셨다: 유의 슬 타는 솜씨는 이미 상당한 수준에 올라 있다. 다만 아직 최고도에 도달하지 못했을 뿐이다.

- '슬(瑟)'은 거문고와 비슷하면서 더 큰 현악기로 25현이 보통이다.
- '승당(升堂)'은 학문의 경지를 나타내는 일종의 비유로서 입문(入門), 승당(升堂), 입실(入室) 세 단계 중의 두 번째 단계이다.

자로를 위한 공자의 변명

"由之瑟奚爲於丘之門?"를 직역하면 "유는 슬을 어찌하여 내 집에서 타느냐?"이다. 이 말은 자로가 슬을 연주하는 자체에 대해 불만을 표시한 것이 아니라, 그가 연주하는 솜씨에 대해 품평한 것이다.

11−16

子貢問: 師與商也孰賢? 子曰: 師也過, 商也不及. 曰: 然則師愈
與? 子曰: 過猶不及.

자공이 여쭈었다: 사(師)와 상(商) 둘 중에서 누가 낫습니까? 선생님께
서 말씀하셨다: 사는 지나치고 상은 부족하다. 자공이 말했다: 그럼
사가 나은 겁니까? 선생님께서 말씀하셨다: 지나친 것은 부족한 것과
마찬가지이다.

● '사(師)'는 전손사(顓孫師: 子張)이고, '상(商)'은 '복상(卜商: 子夏)'이다.

11−17

季氏富於周公, 而求也爲之聚斂(렴)而附益之. 子曰: 非吾徒也. 小
子鳴(명)鼓而攻之, 可也.

계씨는 옛날의 주공보다 재산이 더 많았는데도 염구는 오히려 그를 위
해 세금을 가혹하게 징수하여 재산을 더 불려주었다. 선생님께서 말
씀하셨다: 염구는 이제 내 제자가 아니다. 너희가 북을 울리며 그를
공박해도 좋다.

● 계씨(季氏)는 노나라 소공(昭公) 때의 대부 계손씨(季孫氏)를 가리킨다.

柴(시)也愚, 參也魯, 師也辟(벽), 由也喭(안).

고시(高柴)는 우직하고, 증삼(曾參)은 아둔하고, 전손사(顓孫師: 子張)는 과격하고, 중유(仲由: 子路)는 거칠다.

• '시(柴)'는 고시(高柴)로, 공자의 제자이며 자는 자고(子羔)이고 공자보다 30세 아래다.

공자는 왜 증삼을 아둔하다고 했을까?

공자가 증삼을 평하여 아둔하다고 한 말의 뜻을 음미하기 위해「태백편」5장을 참고할 만하다.

子曰: 回也其庶乎, 屢(루)空. 賜不受命, 而貨殖焉, 億則屢中.

선생님께서 말씀하셨다: 안회는 수양이 거의 경지에 이르렀으나 대체로 곤궁하게 지냈고, 단목사(端木賜: 子貢)는 본분에 안주하지 않고 상품을 사재어 재산을 증식했는데, 그의 예측은 대개 적중했다.

• '기(其)'는 추측을 나타내는 부사이다.
• '서호(庶乎)'는 '거의'라는 부사어인데, 동사가 생략되어 있다. 이 말이 주로 칭찬하는 경우에 사용되므로 생략된 동사를 '수양이 경지에 이르다'로 보았다.
• '명(命)'은 '천명(天命)'일 수도 있고, 당시의 장사는 관행적으로 관청의 명을 받아 행했으므로 '관청의 명령'일 수도 있다. 어느 쪽이건 주어진 본분에 안주하지 않은 것이므로 "不受命"을 "본분에 안주하지 않다"로 번역하였다.

子張問善人之道. 子曰: 不踐迹, 亦不入於室.

자장이 선인의 길이 무엇인지 여쭈었다. 선생님께서 말씀하셨다: 선인이 걸은 자취를 따라가지 않으면 선인의 경지에 들 수 없다.

- '선인(善人)'은 지자(知者), 현인(賢人) 등과 함께 인자(仁者) 다음가는 인격자이다. 「술이편」 26장과 「자로편」 11장에도 선인에 대한 언급이 있으므로 함께 참고할 만하다.
- "入於室"을 직역하면 "선인의 집에 들어가다"이다. 이것을 여기서는 "선인의 경지에 들다"로 번역하였다.

子曰: 論篤(독)是與, 君子者乎? 色莊者乎?

선생님께서 말씀하셨다: 하는 말이 조리가 있고 그럴듯하면 동의하게 마련인데, 그 사람이 과연 교양 있는 군자일까? 아니면 겉모습만 그럴듯한 사람일까?

- '論篤是與'는 '與論篤'의 강조 형식이고, '與'는 '동의하다', '찬성하다'는 뜻의 동사이다.
- '색장자(色莊者)'는 겉모습만 그럴듯한 사람을 가리킨다.

子路問: 聞斯行諸(저)? 子曰: 有父兄在, 如之何其聞斯行之? 冉有問: 聞斯行諸? 子曰: 聞斯行之. 公西華曰: 由也問聞斯行諸, 子曰, '有父兄在', 求也問聞斯行諸? 子曰, '聞斯行之'. 赤也惑, 敢問. 子曰: 求也退, 故進之. 由也兼人, 故退之.

자로가 여쭈었다: "들으면 곧 이를 행한다"는 옛말은 무슨 뜻입니까? 선생님께서 말씀하셨다: 부형이 살아 계시는 동안에는 어찌 듣는 대로 곧 행할 수 있겠느냐? 염유가 여쭈었다: "들으면 곧 이를 행한다"는 옛말은 무슨 뜻입니까? 선생님께서 말씀하셨다: 말 그대로다. 들으면 바로 행하거라. 이번에는 공서화가 여쭈었다: 유(자로)가 물을 때는 부형이 살아 계신 것을 생각하라 하시고, 구(염유)가 물을 때는 들으면 바로 행하라고 하셨습니다. 저는 무슨 말씀이신지 잘 이해되지 않습니다. 선생님께서 대답하셨다: 구는 소극적이어서 부추긴 것이고, 유는 너무 적극적이어서 절제시킨 것이다.

- '저(諸)'는 '之乎'의 합음이다.
- '기(其)'는 음절을 조정하고 어세를 강하게 하는 어기조사이다.
- '겸인(兼人)'은 앞으로 나서서 남의 몫까지 거들 정도로 지나치게 적극적이라는 말이다.

子畏於匡, 顏淵後. 子曰: 吾以女爲死矣. 曰: 子在, 回何敢死?

선생님께서 광(匡)에서 재난을 당하셨다. 안연이 뒤처졌다가 겨우 쫓아왔다. 선생님께서 말씀하셨다: 나는 네가 죽은 줄 알았다. 안연이 말했다: 선생님께서 살아계신데, 제가 어떻게 감히 죽을 수 있겠습니까?

- '외(畏)'는 '곤란에 처하다'는 뜻인데, 여기서는 '재난을 당하다'로 번역하였다.
- '광(匡)'은 춘추시대 위(衛)나라의 땅이름으로, 하남성 장원현(長垣縣) 서남쪽에 있었다.

季子然問: 仲由·冉求可謂大臣與? 子曰: 吾以子爲異之問, 曾由與求之問. 所謂大臣者, 以道事君, 不可則止. 今由與求也, 可謂具臣矣. 曰: 然則從之者與? 子曰: 弑(시)父與君, 亦不從也.

계자연이 물었다: (최근에 제가 고용한) 중유와 염구는 대신이라고 할 수 있겠습니까? 선생님께서 말씀하셨다: 저는 무언가 다른 걸 물으실 줄 알았는데 바로 중유와 염구에 대해 물으시는군요. 이른바 대신이란 정의로써 주군을 모시는 신하를 말하며, 그것이 불가능해지면 깨끗이 물러납니다. 중유와 염구는 (그렇게까지 못할 것이기 때문에) 머릿수나 채우는 신하라고 할 수 있습니다. 계자연이 다시 물었다: 그러면 어떤 경우라도 주군의 명령에 따를까요? 선생님께서 대답하셨다: 아버지와 군주를 해칠 것 같은 경우에는 결코 따르지 않을 것입니다.

- 계자연(季子然)은 노나라의 세도가였던 계손씨의 일족이다.
- '구신(具臣)'은 제 구실을 못하고 머릿수나 채우는 신하를 말한다.

공자의 제자 배려

계자연의 물음에 대해 공자가 그렇게 대답한 것은 계자연의 의중을 간파하고 이제 막 취직한 중유(자로)와 염구 두 사람을 위해 그들이 '주군의 명을 잘 따르는 믿을만한 신하'임을 말해 준 것이다.

11−25

子路使子羔(고)爲費宰. 子曰: 賊(적)夫人之子. 子路曰: 有民人焉, 有社稷焉, 何必讀書, 然後爲學? 子曰: 是故惡(오)夫佞者.

자로가 자고를 불러 비읍의 장관으로 삼자 선생님께서 말씀하셨다: 남의 귀한 자식을 망치는구나. 자로가 말했다: 그곳에 백성이 있고 토지와 곡식이 있는데, 어찌 꼭 책을 읽어야지만 학문을 한다고 하겠습니까? 선생님께서 말씀하셨다: 이래서 나는 말 잘하는 사람이 싫다.

- '자고(子羔)'는 공자의 제자 고시(高柴)를 가리킨다.
- '적(賊)'은 '해치다', '망치다'의 뜻이다.
- '사직(社稷)'은 토신(土神)과 곡신(穀神)을 가리키는데, 여기서는 토지와 곡식으로 번역하였다. 넓게 보면 '영토'라고 번역할 수도 있겠다.

공자가 "말 잘하는 사람이 싫다"고 말한 이유

아마도 공자가 처음에 그렇게 말한 것은 자고가 아직 관직에 나갈 충분한 준비가 되어 있지 않거나 훗날 좀 더 크게 쓰일 사람이라고 판단했기 때문일 것이다. 그런데 논리적으로 자로에게 설명하기가 구차해서 "말 잘하는 사람이 싫다"고 답변했을 것이다.

子路·曾晳(석)·冉有·公西華侍坐. 子曰: 以吾一日長乎爾, 毋(무)吾
以也. 居則曰: 不吾知也! 如或知爾, 則何以哉? 子路率爾而對曰:
千乘之國, 攝乎大國之間, 加之以師旅, 因之以饑饉, 由也爲之, 比
及三年, 可使有勇, 且知方也. 夫子哂(신)之. 求! 爾何如? 對曰: 方
六七十, 如五六十, 求也爲之, 比及三年, 可使足民, 如其禮樂(악),
以俟(사)君子. 赤! 爾何如? 對曰: 非曰能之, 願學焉, 宗廟之事, 如
會同, 端章甫, 願爲小相焉. 點! 爾何如? 鼓瑟希, 鏗(갱)爾, 舍瑟而
作, 對曰: 異乎三子者之撰(찬). 子曰: 何傷乎? 亦各言其志也. 曰:
莫(모)春者, 春服旣成, 冠者五六人, 童子六七人, 浴乎沂(기), 風乎
舞雩(우), 詠而歸. 夫子喟然歎曰: 吾與點也! 三子者出, 曾晳後. 曾
晳曰: 夫三子者之言何如? 子曰: 亦各言其志也已矣. 曰: 夫子何
哂由也? 曰: 爲國以禮, 其言不讓, 是故哂之. 唯求則非邦也與? 安
見方六七十如五六十而非邦也者? 唯赤則非邦也與? 宗廟會同非
諸侯而何? 赤也爲之小孰能爲之大?

자로·증석·염유·공서화 네 사람이 배석하고 있었다. 선생님께서 말
씀하셨다: 내가 너희들보다 나이가 조금 많다고 해서 꺼리지 말고 자
유롭게 말했으면 한다. 너희들은 평소에 "나를 알아주는 사람이 없다"
고 말하는데, 만약 누군가가 너희를 알아준다면 어떻게 하겠느냐? 자
로가 기다렸다는 듯이 나서서 입을 열었다: 전차 천 대의 군비를 갖춘
제후의 나라가 강국 사이에 끼여 전쟁으로 피폐한 뒤에 기근이 덮쳐
곤궁에 저했다면 제가 그 정치를 맡아 3년 만에 다시 활기를 되찾고
도의를 존중하는 나라로 키워보고 싶습니다. 자로의 말을 듣고 선생
님께서 빙그레 웃으셨다. 구야, 너는 어떠냐? 염유가 대답했다: 사방

육칠십 리, 또는 사방 오륙십 리 되는 지역의 정치를 제가 맡아 3년 만에 백성의 생활을 풍족하게 만들어 보이고 싶습니다. 그렇지만 문화 수준의 향상에 대해서는 자신이 없으므로 보다 훌륭한 인물을 기다리고자 합니다. 적아, 너는 어떠냐? 공서화가 대답했다: 저는 꼭 자신이 있는 것은 아닙니다만 희망을 말씀드리면 종묘의 조상 제사와 빈객이 모이는 회동의 제사 때에 단(端)의 예복을 입고 장보(章甫)의 관을 쓰고 의례를 보조하는 소상(小相)의 역할을 맡고 싶습니다. 점아, 너는 어떠냐? 그러자 증석은 그때까지 슬(瑟)을 무릎 위에 올려놓고 가볍게 퉁기고 있다가 퉁 하며 내려놓더니 자세를 고쳐 앉음새를 바로 하고 나서 대답했다: 제 생각은 세 사람이 훌륭하게 말한 것과 너무 달라서 말씀드리기 주저됩니다. 선생님께서 말씀하셨다: 상관없지 않느냐? 각자 자신의 포부를 말해 보는 것일 뿐이다. 그러자 증석이 대답했다: 춘삼월이 되면 봄옷으로 갈아입고 젊은이 대여섯 명과 동자 예닐곱 명을 데리고 나가서 기수에서 목욕하고 무우의 광장에서 바람을 쐬고 노래를 부르면서 돌아올까 합니다. 그 말을 듣고 선생님께서는 깊이 탄식하며 말씀하셨다: 나는 점(증석)을 따르련다. 세 사람이 물러난 뒤 증석만 남아 있었다. 증석이 여쭈었다: 세 사람의 말을 어떻게 들으셨습니까? 선생님께서 대답하셨다: 각자 자신의 포부를 말해 본 것뿐이다. 증석이 다시 여쭈었다: 그런데 선생님은 왜 유(자로)가 말했을 때 웃으셨습니까? 선생님께서 대답하셨다: 나라를 다스리는 것은 예로 해야 되는데 자신이 말하면서도 겸손하지 않고 큰소리치기에 웃었다. 이에 증석이 여쭈었다: 구가 자임하는 직장은 독립한 나라가 아닙니까? 선생님께서 대답하셨다: 사방 육칠십 리 또는 오륙십 리의 지역이라고 하면 버젓한 나라겠지. 증석이 여쭈었다: 적의 직장도 독립된 나라가 아닙니까? 선생님께서 대답하셨다: 종묘가 있고 회동을 하는 이상 제후의 일이 아니고 무엇이겠느냐? 그런데 적은 사양해서 의례를 보조하는 소상이 되겠다고 하는데, 적이 소상이라면 도대체 누가 의례를 직접 집행하는 대상(大相)이 될 수 있겠느냐?"

- 증석(曾晳)은 증삼(曾參)의 부친으로, 이름이 점(點)이고, 자가 석(晳)이다. 그 역시 공자의 제자였다.
- '무오이(毋吾以)'는 '나를 빙자하지 말라'는 뜻이다. 즉, 내가 나이 많음을 빙자하여 자신의 포부를 말하지 않아서는 안 된다는 말이다. '吾'는 동사의 목적어로 쓰여도 동사 앞에 위치한다. 뒤에 나오는 '不吾知'도 마찬가지이다.
- '거(居)'는 '평소', '평상시'의 뜻인데, 당·송 때의 구어 '평거(平居)'와 같다.
- '하이(何以)'는 대명사 목적어가 동사 앞에 놓인 형태로, '무엇을 하겠는가?'의 뜻이다.
- '솔이(率爾)'는 '경솔한 모양', '대뜸 나서는 모양'이다.
- '사려(師旅)'의 '旅'는 군사 500명의 군대이고 5려를 1사(師)라고 한다. 여기서는 군대의 침략으로 인한 전쟁을 가리킨다.
- '인(因)'은 '뒤따르다', '뒤를 잇다'는 뜻이다.
- '비(比)'는 '기다리다'는 뜻이다.
- '방륙칠십(方六七十)'은 고대의 토지 면적을 계산하는 방식으로, 매 변의 길이가 육십 내지 칠십 리라는 말이다.
- '여(如)'는 여기서 '혹은', '또는'의 뜻이다.
- "여기예약(如其禮樂)"을 직역하면 "예악으로 말하자면"이다.
- '단(端)'은 고대 예복의 이름이고, '장보(章甫)'는 고대 예모의 이름이다.
- '고슬희(鼓瑟希)'의 '希'는 '稀'와 같아서 '뜸하다', '성기다'는 뜻인데, 여기서는 슬을 타는 소리가 작고 가볍다는 말이다.
- '갱이(鏗爾)'는 슬 같은 현악기를 바닥에 내려놓을 때 나는 소리를 형용하는 말이다.
- '작(作)'은 '일어나다'는 뜻이다. '기(起)'와 같다.
- '찬(撰: 옛 음은 '선'이었다)'은 잘 갖추어진 훌륭한 내용이라는 말이다.
- "하상호(何傷乎)"를 직역하면 "무엇을 걱정하느냐"이다.
- '모춘자(莫春者)'의 '모(莫)'는 '모(暮)'와 같고 '자(者)'는 시간을 표시하는 말 뒤에 붙는 명사 접미사이다. 음력 3월을 가리킨다.
- "춘복기성(春服旣成)"을 직역하면 "봄옷을 차려입는 일이 끝나다"이다.
- '관자(冠者)'는 20세가 되어 성인 의식을 치른 성인이라는 말인데, 여기서는 젊은이로 번역하였다.
- '기(沂)'는 산동성 곡부의 남쪽으로 흐르는 강이다.
- '무우(舞雩)'는 산동성 곡부의 기수 가에 있는 제단으로 노나라가 기우제를 지내던 곳이다.
- "安見方六七十如五六十而非邦也者"를 직역하면 "사방 육칠십 리 또는 오륙십 리의 땅이면서 나라가 아닌 것을 어디서 보겠는가?"이다.
- '유(唯)'는 뜻이 없는 어기사이다.

12. 안연편(顏淵篇)

「안연편」은 모두 24장으로 이루어져 있다. 여기서 독자들은 제자와 정치가들의 갖가지 질문에 대해 공자가 어떻게 대답했는지 살펴볼 수 있다. 안회·염옹·사마우와 번지가 인(仁)과 그 실천 방법에 대해 물었고, 자장과 번지가 덕에 대해 물었고, 자공과 제(齊) 경공과 계강자가 정치를 잘하는 비결을 물었다. 또한 사마우가 군자는 어떤 사람인지 물었으며, 자장은 어떤 사람이 명석한 사람인지와 행정의 비결에 대해 물었고, 자공이 벗과 사귀는 방법에 대해 물었는데, 공자는 그 각각의 질문에 대해 상대의 관심과 수준을 고려하여 달리 대답하면서도 일관된 사상체계를 보여주고 있다.

顔淵問仁. 子曰: 克(극)己復禮爲仁. 一日克己復禮, 天下歸仁焉.
爲仁由己, 而由人乎哉? 顔淵曰: 請問其目. 子曰: 非禮勿視, 非禮
勿聽, 非禮勿言, 非禮勿動. 顔淵曰: 回雖不敏, 請事斯語矣.

안연이 인(仁)에 대해 여쭈었다. 선생님께서 말씀하셨다: 사심을 극복
하고 예의 정신을 회복하는 것이 인이다. 어느 날 사심을 극복하고 예
의 정신을 회복한다면 온 천하 사람들이 너를 인자라고 칭찬할 것이
다. 인의 실천은 자신에게 달려있지, 남에게 의지하는 것이 아니다.
안연이 여쭈었다: 인의 실천 강령을 가르쳐 주십시오. 선생님께서 말
씀하셨다: 예에 어긋나는 것은 보지 말 것이며, 예에 어긋나는 것은
듣지 말 것이며, 예에 어긋나는 것은 말하지 말 것이며, 예에 어긋나는
것은 행하지 마라. 안연이 말했다: 제가 불민하긴 하지만 말씀해주신
것을 실천하도록 노력하겠습니다.

- "天下歸仁焉"을 직역하면 "천하가 이 사람에게 인을 귀속시킬 것이다"이다. '귀인(歸仁)'을 '칭인(稱仁)'으로 보기도 한다.
- '사(事)'는 '힘쓰다', '노력하다'는 뜻이다.

공자의 '극기복례(克己復禮)'에 숨은 뜻

예라는 것이 근본적으로 사회의 질서를 유지하기 위한 상하 간의 행위 규
범이므로 극기복례가 인이라는 공자의 발언은 영주제 봉건사회의 유지를
위한 계급성을 지닌 말이라고 보는 견해가 있다.

仲弓問仁. 子曰: 出門如見大賓, 使民如承大祭. 己所不欲, 勿施於
人. 在邦無怨, 在家無怨. 仲弓曰: 雍(옹)雖不敏, 請事斯語矣.

중궁이 인에 대해 여쭈자 선생님께서 말씀하셨다: 대문 밖으로 나가
면 언제나 큰손님을 맞이할 때처럼 긴장을 늦추지 말고, 백성을 부릴
때는 언제나 큰제사를 지내는 것처럼 신중해야 하며, 자신이 하고 싶
지 않은 일을 남에게 시키지 않으며, 나라의 백성들에게 원망 받지 않
고 가족들에게 원망 받을 일을 하지 않는 것이다. 중궁이 말했다: 제
가 불민하긴 하지만 말씀해주신 것을 실천하도록 노력하겠습니다.

- 중궁(仲弓)은 공자의 제자 염옹(冉雍)의 자이다.
- '가(家)'를 여기서는 '가족'으로 번역했는데, 이것을 '경대부의 가'로 보는 설도 있다. 다만 '경대부의
  가'로 하면 내용상 '在邦無怨'과 중복되는 면이 있다.

司馬牛問仁. 子曰: 仁者, 其言也訒(인). 曰: 其言也訒, 斯謂之仁已
乎? 子曰: 爲之難, 言之得無訒乎?

사마우가 인에 대해 여쭈자 선생님께서 말씀하셨다: 인자는 그 말을
삼가서 쓸 수 있는 사람이다. 사마우가 다시 여쭈었다: 말을 삼가는
정도 가지고 인이라고 할 수 있겠습니까? 선생님께서 대답하셨다: (말
만으로 할 수 있는 것이 아니다.) 자신이 한 말을 실천하는 것이 어려우니 말
을 삼가지 않을 수 있겠느냐?

- '사마우(司馬牛)'는 송나라 사람으로 공자의 제자이며 나무를 뽑아 공자를 죽이려고 했던 사마환퇴(司馬桓魋)의 동생이다. 말이 많고 성질이 조급했다고 한다.
- '인(訒)'은 '과묵하다', '말을 삼가다'는 뜻이다.

12-4

司馬牛問君子. 子曰: 君子不憂不懼(구). 曰: 不憂不懼, 斯謂之君子已乎? 子曰: 內省(성)不疚(구), 夫何憂何懼?

사마우가 군자에 대해 여쭤자 선생님께서 말씀하셨다: 군자는 근심이 없고 두려움이 없는 사람이다. 사마우가 다시 여쭈었다: 근심이 없고 두려움이 없는 정도 가지고 군자라고 할 수 있겠습니까? 선생님께서 대답하셨다: 마음속으로 반성해 보아 양심에 거리끼는 것이 없어야 근심도 두려움도 없을 것이다.

司馬牛憂曰: 人皆有兄弟, 我獨亡(무). 子夏曰: 商聞之矣, 死生有
命, 富貴在天. 君子敬而無失, 與人恭而有禮. 四海之內, 皆兄弟也,
君子何患乎無兄弟也?

사마우가 근심스런 표정으로 말했다: 남들은 다 형제가 있는데, 나만
유독 없다오. 자하가 말했다: 내가 듣건대 사람이 죽고 사는 것은 운
명으로 정해져 있고, 부귀는 하늘에 달려 있다고 합니다. 만일 당신이
신중하게 처신하여 잘못을 저지르지 않고, 남들에게 겸손하여 예의를
지킨다면 천하의 모든 사람들이 형제가 될 것이니, 무엇 때문에 형제
가 없다고 걱정하겠습니까?

- 여기서 '군자(君子)'는 상대방을 높여 부른 말이다.
- '여인(與人)'의 '與'는 '…에 대하여', '…에게'라는 뜻으로, '대(對)'와 같다.

子張問明. 子曰: 浸潤之譖(참), 膚(부)受之愬(소), 不行焉, 可謂明也
已矣. 浸潤之譖, 膚受之愬, 不行焉, 可謂遠也已矣.

자장이 명석한 사람이란 어떤 사람인지 여쭈었다. 선생님께서 말씀하
셨다: 물이 스며들 듯이 은근하게 반복되는 참언과 피부에 와 닿는 절
실한 무고도 전혀 효력이 없다면 그 사람은 명석한 사람이라고 할 수
있다. 물이 스며들 듯이 은근하게 반복되는 참언과 피부에 와 닿는 절
실한 무고도 전혀 효력이 없다면 그 사람은 멀리 내다볼 줄 아는 사람
이라고 할 수 있다.

• '불행(不行)'은 '통하지 않다', '받아들여지지 않다'는 뜻이다.

子貢問政. 子曰: 足食, 足兵, 民信之矣. 子貢曰: 必不得已而去,
於斯三者何先? 曰: 去兵. 子貢曰: 必不得已而去, 於斯二者何先?
曰: 去食. 自古皆有死, 民無信不立.

자공이 정치에 대해 여쭈었다. 선생님께서 말씀하셨다: 식량을 비축
하고 군비를 잘 갖추고 백성들에게 신뢰 받는 것이다. 자공이 다시 여
쭈었다: 만약 부득이하여 이 세 가지 중에서 하나를 버려야 한다면 어
느 것을 버려야 합니까? 선생님께서 대답하셨다: 군비를 뒤로 미루어
라. 자공이 다시 여쭈었다: 만약 부득이하여 남은 두 가지 중에서도
하나를 버려야 한다면 어느 것을 버려야 합니까? 선생님께서 대답하
셨다: 식량을 뒤로 미루어라. (식량이 없으면 죽을 수밖에 없겠지만) 옛날부터
어느 누구도 죽음에서 벗어난 사람은 없었다. 그러나 백성들에게 신
뢰를 잃으면 나라가 존립할 수 없다.

- '병(兵)'은 '병기', '군비'의 뜻이다.
- "민신지(民信之)"는 '사민신지(使民信之)'로, '之'는 '정(政)'을 가리킨다. 직역하면 "백성들이 정치를
  신뢰하게 하다"이다.

신뢰, 국가 존립의 근거

여기서도 공자가 사회와 국가의 안녕을 위해 개인 상호 간 뿐만 아니라 정
부와 백성 사이에도 '신뢰'를 가장 중시했음을 알 수 있다.

棘(극)子成曰: 君子質而已矣. 何以文爲? 子貢曰: 惜乎, 夫子之說

君子也! 駟(사)不及舌(설), 文猶質也, 質猶文也. 虎豹(표)之鞹(곽)猶

犬羊之鞹.

극자성이 말했다: 교양 있는 군자란 그 실질을 말할 뿐이다. 표면적인

형식을 어디에 쓰겠는가? 자공이 그 말을 듣고 말했다: 안타깝구나,

극 선생이 군자에 대해 말한 것이! '말은 한 번 하고 나면 사두마차로

도 쫓아갈 수 없다'는 속담처럼 내 귀에까지 들어왔구나. 외면은 실질

에서 떠날 수 없고, 실질도 외면에서 떠날 수 없다. 호랑이나 표범의

가죽을 귀중히 여기는 것은 아름다운 털이 붙어 있기 때문인데, 그 털

을 떼어내어 무두질한 가죽으로 만들어버리면 개나 양의 가죽과 구별

하기 어려울 것이다.

- 극자성(棘子成)은 위나라의 대부이다. 고대의 대부는 모두 '부자(夫子)'로 존칭할 수 있었으므로 자 공이 그를 '부자'로 불렀다.
- "何以文爲"는 "以文爲何(文으로 무엇을 하겠는가)"에서 의문대명사가 앞으로 나온 것이다.
- '곽(鞹)'은 '털을 뽑아 무두질한 가죽'의 뜻이다.

哀公問於有若曰: 年饑(기), 用不足, 如之何? 有若對曰: 盍(합)徹
乎? 曰: 二, 吾猶不足, 如之何其徹也? 對曰: 百姓足, 君孰與不
足? 百姓不足, 君孰與足?

애공이 유약에게 물었다: 기근 때문에 재정이 궁핍한데, 어떻게 하면
좋겠습니까? 유약이 대답했다: 철법(徹法)을 시행하여 10분의 1세를
거두시지요. 애공이 말했다: 10분의 2세를 거두어도 부족한데, 어떻
게 10분의 1세를 거두란 말입니까? 유약이 대답했다: 백성이 풍족하
면 군주 혼자 궁핍에 빠질 리 없습니다. 백성이 궁핍하면 군주 혼자 풍
족하게 될 리가 없습니다.

- '합(盍)'은 '何不'의 합음(合音)이다.
- '철(徹)'은 수확량의 10분의 1을 징수하는 주나라 때의 조세 징수 제도이다.

子張問崇德辨惑. 子曰: 主忠信徙(사)義, 崇德也. 愛之欲其生, 惡(오)之欲其死. 旣欲其生, 又欲其死, 是惑也. (誠不以富, 亦祇(지)以異.)

자장이 '덕을 높이고 미혹을 가린다'는 옛말의 뜻을 여쭈었다. 선생님께서 말씀하셨다: 성실과 신의를 주로 하고 정의를 따르는 것이 덕을 높이는 것이다. 그 사람을 사랑한다고 해서 영원히 살기를 바라고 그 사람이 밉다고 해서 죽기를 바라고는 하는데, 이처럼 살기를 바라다가 또 죽기를 바라고 하는 것이 미혹이다. (진실로 부에 의거하는 것이 아니라 역시 다만 기이함에 의거한다.)

- "사의(徙義)"를 직역하면 "정의로 옮겨가다"이다.
- 여기서 '미혹'은 변덕을 가리킨다.
- "誠不以富, 亦祇以異"는 『시경·소아·아행기야(我行其野)』에 나오는 시구이다. 정이(程頤)는 이를 착간으로 보았고, 또 「계씨편(季氏篇)」 12장 앞에 들어가야 할 것이 이곳에 잘못 끼어든 것이라고 보기도 한다. 다만 『시경』에는 '誠'이 '成'으로 되어 있다.

齊景公問政於孔子. 孔子對曰: 君君, 臣臣, 父父, 子子. 公曰: 善哉! 信如君不君, 臣不臣, 父不父, 子不子, 雖有粟(속), 吾得而食諸(저)?

제나라 경공이 공자에게 정치를 물으니 선생님께서 대답하셨다: 군주는 군주답고, 신하는 신하답고, 부친은 부친답고, 자식은 자식답게 하는 것입니다. 경공이 말했다: 참 좋은 말씀입니다! 참으로 군주가 군주답지 않고, 신하가 신하답지 않고, 부친이 부친답지 않고, 자식이 자식답지 않다면 비록 식량이 쌓여 있다고 한들 내가 그것을 먹을 수 있겠습니까?

- 제나라 경공은 성이 강(姜)이고, 이름은 저구(杵臼)이다. 공자는 기원전 517년 노나라의 내란을 피해 제나라로 갔을 때 그와 대담한 적이 있다고 한다.
- '득이(得而)'는 가능을 표시하는 조동사로, '득이(得以)'와 같다.
- '저(諸)'는 '之乎'의 합음이다.

子曰: 片言可以折獄者, 其由也與? 子路無宿諾(락).

선생님께서 말씀하셨다: 일언지하에 송사를 판결할 수 있는 사람은 아마도 유(자로)일 것이다. 자로는 승낙한 것을 이행하지 않고 질질 끄는 법이 없었다.

- '편언(片言)'은 '한 마디 말'의 뜻이다.
- 옥(獄)은 죄인을 복역시키는 감옥이 아니라 피의자를 구금하여 재판을 받게 하는 구치소, 또 그 재

판과 소송을 의미했다.
- '숙락(宿諾)'은 승낙한 것을 이행하지 않고 질질 끈다는 말이다.

자로의 결단과 실천

공자의 말은 자로가 선악의 판단을 망설이지 않는 결단력이 있음을 지적한 것인데, 이어서 나오는 '子路無宿諾'은 자로의 빠른 실천력을 칭찬한 것이어서 앞의 말과 논리적 필연성이 없다. 육덕명(陸德明)은 『경전석문(經典釋文)』에서 "혹자는 이것을 떼어내 별도의 장으로 삼기도 한다"라고 했다.

12-13

子曰: 聽訟, 吾猶人也. 必也使無訟乎!

선생님께서 말씀하셨다: 소송을 듣고 그것을 처리하는 것은 나도 다른 사람과 다를 게 없다. 중요한 것은 소송하는 일이 없도록 하는 것이다!

- "必也使無訟乎!"를 직역하면 "반드시 소송이 없도록 해야 할 것이다!"이다.

12-14

子張問政. 子曰: 居之無倦, 行之以忠.

자장이 행정에 대해 여쭈었다. 선생님께서 말씀하셨다: 직책을 맡았으면 태만하지 말고, 정령의 집행을 성실하게 해라.

- '거(居)'는 어떤 직위나 상황에 처해 있음을 나타낸다.
- '지(之)'는 일반적인 사실, 사물, 사람을 나타내는 대명사이다.

12-15

子曰: 博學於文, 約之以禮, 亦可以弗畔矣夫!

선생님께서 말씀하셨다: 널리 문물제도를 배우고 예의 실천을 통해 그 지식을 매듭지을 수 있다면 바람직한 교양인에서 벗어나지 않았다고 할 수 있다.

- 이 장은「옹야편」27장과 내용이 같다.

12-16

子曰: 君子成人之美, 不成人之惡. 小人反是.

선생님께서 말씀하셨다: 제군들은 타인의 장점은 완성시키고 단점은 없애주도록 하라. 그 반대로 하지 않도록 하라.

12-17

季康子問政於孔子. 孔子對曰: 政者, 正也. 子帥(솔)以正, 孰敢不
正?

계강자가 공자에게 정치에 대해서 물으니 선생님께서 대답하셨다: 정
치란 정의입니다. 당신께서 솔선하여 정의를 행하면 누가 감히 부정
을 저지르겠습니까?

● '솔(帥)'은 '솔선수범하다'는 뜻이다.

12-18

季康子患盜, 問於孔子. 孔子對曰: 苟子之不欲, 雖賞之不竊(절).

계강자가 도둑이 많은 것을 우려해서 공자에게 대책을 물었다. 선생
님께서 말씀하셨다: 진실로 당신께서 욕심을 내지 않는다면 사람들에
게 상을 준다고 해도 도둑질을 하지 않게 될 것입니다.

● 앞의 '之'는 주어와 술어 사이에 놓여 주술구조가 명사구가 되게 하는 조사이고, 뒤의 '之'는 일반사
람들을 가리킨다.

季康子問政於孔子曰: 如殺無道, 以就有道, 何如? 孔子對曰: 子
爲政, 焉用殺? 子欲善而民善矣. 君子之德風, 小人之德草. 草上之
風, 必偃(언).

계강자가 공자에게 정치에 대해 물으면서 말했다: 무도한 악인들을
죽여서 백성을 정의로운 사회로 나아가게 하면 어떻겠습니까? 선생
님께서 대답하셨다: 당신께서 정치를 하신다면 사람을 죽일 필요는
없습니다. 당신께서 참으로 선을 바란다면 백성들은 선하게 될 것입
니다. 위정자의 본질을 바람이라고 한다면 백성의 본질은 풀과 같은
것입니다. 풀은 바람이 불면 그 방향으로 눕게 마련입니다.

* "초상지풍(草上之風)"의 '之'는 '草'를 가리키는 대명사로서, 이 구절을 직역하면 "풀은 그 위에 바람
  이 불면"이다.

子張問: 士何如斯可謂之達矣? 子曰: 何哉, 爾所謂達者? 子張對
曰: 在邦必聞, 在家必聞. 子曰: 是聞也, 非達也. 夫達也者, 質直
而好義, 察言而觀色, 慮(려)以下人, 在邦必達, 在家必達. 夫聞也
者, 色取仁而行違, 居之不疑. 在邦必聞, 在家必聞.

자장이 여쭈었다: 선비는 어떻게 해야 통달했다고 할 수 있겠습니까?
선생님께서 대답하셨다: 네가 말하는 통달이란 어떤 의미이냐? 자장
이 대답했다: 나라의 관직을 맡고 있을 때도 반드시 명성이 있고, 관
직을 떠나 집에 있어도 반드시 명성이 있는 것입니다. 선생님께서 말
씀하셨다: 그것은 명성이지 통달이 아니다. 통달했다는 것은 품성이
정직하고, 정의를 사랑하며, 다른 사람의 말을 잘 헤아리고, 안색을
잘 관찰하며, 사려 깊게 처신하여 남에게 앞을 양보한다. 그래서 나라
에 쓰이면 훌륭한 업적을 거두고 쓰이지 않고 집에 있으면 또한 훌륭
하게 자기 생활을 보낸다. 명성이라는 것은 표면적으로는 인덕을 좋
아하는 듯하지만 실제 행동은 오히려 그렇지 못하고, 스스로 어진 사
람이라고 여기고 살면서 그에 대한 의혹이 없다. 이런 사람은 관직에
있을 때도 거짓 명성을 취하고, 집에 있을 때도 거짓 명성을 취하는 법
이다.

* '사(斯)'는 조건에 따른 결과를 표시하는 접속사로 '…하면 그제야'의 뜻을 갖는다.
* '가(家)'를 개인의 집이 아닌 '대부의 식읍'으로 보는 설도 있다.
* "하인(下人)"을 직역하면 "다른 사람의 아래로 낮추다"이다.
* "거지불의(居之不疑)"를 직역하면 "어질다고 자처하며 의심하지 않다"이다.

樊(번)遲從遊於舞雩(우)之下, 曰: 敢問崇德, 修慝(특), 辨惑. 子曰:
善哉問! 先事後得, 非崇德與? 攻其惡, 無攻人之惡, 非修慝與? 一
朝之忿, 忘其身, 以及其親, 非惑與?

번지가 공자를 모시고 무우대 아래서 한가로이 거닐다가 여쭈었다:
덕을 높이고 사특함을 몰아내고 미혹을 가린다는 세 가지 말은 무슨
뜻입니까? 선생님께서 말씀하셨다: 참 좋은 질문이다. 먼저 일하고
보수는 기대하지 않는다면 덕을 높일 수 있지 않겠느냐? 자신의 과실
은 엄하게 꾸짖지만 타인에게는 인신공격을 하지 않는다면 사특함을
몰아낼 수 있지 않겠느냐? 한 때의 사소한 일로 화를 내어 자신을 망
각할 뿐만 아니라 부모에게까지 누를 끼치게 된다면 그것이 미혹이 아
니겠느냐?

- '번지(樊遲)'는 공자의 제자로 이름이 수(須)이고 자가 자지(子遲)이다.
- '망기신(忘其身)'은 자신의 본분을 잊을 정도로 심하게 화를 낸다는 뜻이다.

樊遲問仁. 子曰: 愛人. 問知. 子曰: 知人. 樊遲未達. 子曰: 擧直錯(조)諸(저)枉, 能使枉者直. 樊遲退, 見子夏曰: 鄕也吾見(현)於夫子而問知, 子曰: 擧直錯諸枉, 能使枉者直, 何謂也? 子夏曰: 富哉言乎! 舜有天下, 選於衆, 擧臯(고)陶(요), 不仁者遠矣. 湯有天下, 選於衆, 擧伊尹, 不仁者遠矣.

번지가 인에 대해 여쭈었다. 선생님께서 말씀하셨다: 사람을 사랑하는 것이다. 또 안다는 것에 대해 여쭈니 사람을 아는 것이라고 대답하셨다. 번지는 납득이 되지 않았다. 선생님께서 말씀하셨다: 정직한 사람을 등용해서 비뚤어진 사람 위에 앉히면 비뚤어진 사람이 정직하게 되는 것이다. 번지가 물러났다. 나중에 자하를 만나 말했다: 요전에 내가 선생님을 뵙고 아는 것이 무엇인지 여쭈었더니 선생님께서 말씀하시기를 "정직한 사람을 등용해서 비뚤어진 사람 위에 앉히면 비뚤어진 사람이 정직하게 되는 것이다"고 하셨는데 무슨 뜻입니까? 자하가 말했다: 얼마나 의미심장한 말씀인가! 아마 순이 천자가 되어 많은 사람들 중에서 고요를 뽑아 등용하자 악인들이 도망갔고, 상의 탕왕이 천자가 되어 많은 사람들 중에서 이윤을 뽑아 등용하자 악인들이 도망갔던 그런 일들을 말씀하셨을 것이다.

- 사람을 사랑한다는 것은 그 사람의 행복을 통해서 나의 행복을 이루겠다는 마음가짐일 것이다.
- '조저(錯諸)'는 '조지어(措之於)'와 같다.
- '향(鄕)'은 '향(嚮)'과 같아서 '접때', '전날'의 뜻이다.
- '고요(臯陶)'는 순임금의 신하로 자가 정견(庭堅)이며 법관의 수장인 사구(司寇)를 지냈는데 법의 집행이 공평하기로 유명했다.
- '이윤(伊尹)'은 탕왕을 도와 하나라를 물리치고 상나라의 기초를 다진 신하로, 이(伊)가 이름이고 윤(尹)은 관직명이다.

子貢問友. 子曰: 忠告(곡)而善道之, 不可則止, 毋(무)自辱(욕)焉.

자공이 벗에 대해 여쭈었다. 선생님께서 말씀하셨다: 충심으로 그에게 권고하여 좋은 방향으로 인도하되, 그가 받아들이지 않으면 그만둔다. 그만두지 않고 계속하면 모욕을 자초하게 된다.

- '곡(告)'은 '간절히 빌다', '요청하다'는 뜻으로 '청(請)'과 같다. 그러나 요즈음은 '고'로 발음하는 경우가 많다.
- "毋自辱焉"을 직역하면 "스스로를 욕되게 하지 마라"이다.

曾子曰: 君子以文會友, 以友輔(보)仁.

증자가 말했다: 제군들은 문장과 학술로써 벗을 모으고, 벗을 통해 인의 길로 나아가거라.

- '문(文)'은 문장과 학술을 가리킨다.
- '보인(輔仁)'을 직역하면 '인을 거들다'이다.

13. 자로편(子路篇)

「자로편」은 모두 30장으로 이루어져 있다. 여기서는 주로 정치에 관한 공자의 견해를 살필 수 있다. 자신이 국정을 맡는다면 왜 명분부터 바로잡겠다고 했는지, 왜 직접 농사를 짓는 것보다 농사를 짓고 사는 백성들을 모여들게 하는 것이 중요하다고 했는지, 섭공이 '정직'에 대해 법사상에 의거한 견해를 피력했을 때 왜 반대 의견을 냈는지 등을 확인해 볼 수 있다. 또한 자로·염옹·자하 같은 제자들과 정공·섭공 같은 위정자들이 정치에 대해 질문했을 때 각자의 성향과 처지에 따라 어떻게 대답해 주었는지를 흥미 있게 살펴볼 수 있다. 아울러 훌륭한 관리가 되는 비결에 대한 공자의 견해와 그가 제자들에게 어떤 당부를 했는지 등이 수록되어 있다.

13-1

子路問政. 子曰: 先之勞之. 請益. 曰: 無倦.

자로가 정치에 대해 여쭈었다. 선생님께서 말씀하셨다: 백성들 앞에서 솔선수범하고 그들을 위로하고 격려하는 것이다. 더 보태어 말씀해 달라고 하자 말씀하셨다: 그렇게 하는 데 싫증내지 말거라.

• '지(之)'는 여기서 일반 백성을 가리킨다.

13-2

仲弓爲季氏宰, 問政. 子曰: 先有司, 赦(사)小過, 擧賢才. 曰: 焉知賢才而擧之? 曰: 擧爾所知. 爾所不知, 人其舍諸(저)?

중궁(염옹)이 계씨의 집사가 되어 정치에 대해 여쭈었다. 선생님께서 말씀하셨다: 실무자들 앞에서 솔선수범하고, 그들의 작은 과실은 눈감아주고, 우수한 인재를 선발해 써라. 중궁이 말했다: 어떻게 우수한 인재를 식별하여 선발합니까? 선생님께서 말씀하셨다: 먼저 네가 알고 있는 사람을 선발해라. 그렇게 하면 네가 알지 못하는 인재는 남이 추천해 줄 것이다.

• '유사(有司)'는 일을 직접 맡아 하는 실무자를 가리킨다.
• '기(其)'는 '기(豈)'와 같고 '저(諸)'는 '之乎'의 합음으로, "人其舍諸"를 직역하면 "다른 사람들이 어찌 인재를 버려두겠느냐?"이나.

인재를 알아보는 눈

인재 선발 방법에 대한 중궁의 질문에 공자가 한 대답은 '우수한 인재를 알아보는 안목을 먼저 길러야 함'을 강조한 것이다. 남들은 그가 이미 알고 있는 사람들 중에서 어떤 사람을 선발하는지 눈여겨 본 다음 그 눈높이에 맞추어 사람을 추천할 것이기 때문이다.

子路曰: 衛君待子而爲政, 子將奚(해)先? 子曰: 必也正名乎! 子路
曰: 有是哉, 子之迂(우)也! 奚其正? 子曰: 野哉, 由也! 君子於其所
不知, 蓋闕(궐)如也. 名不正, 則言不順. 言不順, 則事不成. 事不成,
則禮樂(악)不興. 禮樂不興, 則刑罰不中. 刑罰不中, 則民無所錯(조)
手足. 故君子名之必可言也, 言之必可行也. 君子於其言, 無所苟而
已矣.

자로가 말했다: 위나라 군주가 선생님께 부탁해서 국정을 맡긴다면
무엇을 먼저 하시겠습니까? 선생님께서 말씀하셨다: 반드시 명분을
바로잡겠다. 자로가 말했다: 그럴 수 있습니까? 세상물정 모르는 말
씀이십니다. 어떻게 그런 것을 바로잡으시겠습니까? 선생님께서 말
씀하셨다: 덜렁대지 말거라, 유야! 네 자신이 모르는 것에 대해서는
입을 다무는 법이다. 명분이 바르지 않으면 정책에 조리가 서지 않는
다. 정책에 조리가 서지 않으면 국가사업이 제대로 되지 않는다. 국가
사업이 제대로 되지 않으면 교육이 제대로 시행되지 못한다. 교육이
제대로 시행되지 못하면 재판이 공정성을 잃는다. 재판이 공정성을
잃으면 백성들은 손발을 어디에 두어야 할지 모를 정도로 불안에 휩싸
일 것이다. 그러므로 위정자는 명분을 세워 정책을 입안하고, 입안된
정책은 반드시 실행해야 한다. 그러나 그 정책은 신중한 검토를 거쳐
서 입안되어야 한다.

- '위군(衛君)'은 위나라 출공(出公)을 가리킨다. 그는 할아버지인 영공(靈公)이 죽었을 때 영공에게 쫓
  겨난 아버지 괴외(蒯聵)를 불러들이지 않고 자신이 왕위에 올랐다. 공자는 이를 명분에 어긋나는 행
  위로 보았다. (「술이편」 15장 참고)
- "子之迂也"를 직역하면 "선생님의 현실에 어두움이여"다.
- '궐여(闕如)'는 '빼놓고 말을 하지 않다'는 뜻이다.

- "교육이 제대로 시행되지 못하면 재판이 공정성을 잃는다"는 말은 백성들이 시비와 선악에 대한 판단력을 지닐 수 있도록 교육 받아야 공정하게 재판할 수 있다는 말이다. 이 편 30장의 "子曰: 以不敎民戰, 是謂棄之.(선생님께서 말씀하셨다: 훈련을 받지 않은 백성을 전쟁으로 내모는 것을 일러 그들을 버리는 것이라고 한다)"를 참고할 만하다.
- '조(錯)'는 '조(措)'와 같으며, '두다'는 뜻이다.
- '구(苟)'는 미봉책을 써서 어물어물 넘어간다는 뜻이다.

13-4

樊遲請學稼(가). 子曰: 吾不如老農. 請學爲圃(포). 曰: 吾不如老圃.
樊遲出. 子曰: 小人哉, 樊須也! 上好禮, 則民莫敢不敬. 上好義, 則
民莫敢不服. 上好信, 則民莫敢不用情. 夫如是, 則四方之民襁(강)
負其子而至矣, 焉用稼?

번지가 농사짓는 법을 가르쳐 달라고 청했다. 선생님께서 말씀하셨다: 노련한 농부가 나보다 나을 것이다. 또 채소 재배법을 가르쳐 달라고 청했다. 선생님께서 말씀하셨다: 채소 전문가가 나보다 나을 것이다. 번지가 물러난 뒤 선생님께서 말씀하셨다: 번지는 소인이구나. 위정자가 예절을 좋아하면 백성은 자연히 그를 존경하게 된다. 위정자가 정의를 좋아하면 백성은 자연히 그를 믿고 따르게 된다. 위정자가 신의를 중시하면 백성도 자연히 진정으로 부응하게 된다. 그렇게 되면 사방의 백성이 자식을 등에 업고 달려올 텐데 직접 농사를 배울 필요가 있겠느냐?

- "언용가(焉用稼)"를 직역하면 "농사짓는 법을 배워서 어디에 쓰겠는가?"이다.

위정자는 다만 덕을 쌓을 뿐

공자가 사학(私學)을 열어 제자들을 가르친 것은 사회의 요구에 부응하여 관료를 양성하고 이상사회의 재건에 투입하기 위해서였다. 번지의 요청에 공자가 그렇게 대답한 이유를 이해하려면 이 점을 염두에 두어야 한다. 즉 위정자가 직접 농사를 짓는다면 자신의 의식주를 해결하는 정도에 그치겠지만, 예절과 정의와 신의를 중시하면 농사를 짓고 사는 백성들이 주위로 몰려들 것이니 그 편이 백성들을 더 위하는 것임을 지적한 것이다. 공자 스스로 「자한편」 6장에서 "나는 젊었을 때 비천했으므로 비천한 일이라도 무엇이든 할 수 있게 되었다"라고 말했듯이 농사를 배울 필요성 자체를 부정했다기보다는 훌륭한 관료가 되기 위한 덕목의 학습이 우선임을 강조한 것이다. 직접 농사를 짓는 것에 대한 공자의 생각을 「헌문편」 5장에서 엿볼 수 있다.

13-5

子曰: 誦詩三百, 授之以政, 不達, 使(시)於四方, 不能專對, 雖多, 亦奚(해)以爲?

선생님께서 말씀하셨다: 시경 삼백 편을 암송하는 수준이라도 정치를 맡기면 제대로 해내지 못하고, 외국에 사신으로 내보냈는데 독자적으로 교섭을 매듭짓지 못한다면 많이 암송한 것이 무슨 소용이 있겠는가?

- '시(使)'는 외국에 사신으로 나가는 것이다.
- "雖多, 亦奚以爲?"를 직역하면 "비록 암송한 것이 많다고 해도 또한 어디에 쓰겠는가?"이다. '以'

는 '用'과 같고, '爲'는 의문을 나타내는 어기조사이다.

13−6

子曰: 其身正, 不令而行. 其身不正, 雖令不從.

선생님께서 말씀하셨다: 위정자가 몸가짐을 바르게 하면 명령을 내리지 않아도 정치가 잘되고, 몸가짐이 바르지 않으면 명령을 내려도 사람들이 따르지 않는다.

13−7

子曰: 魯衛之政, 兄弟也.

선생님께서 말씀하셨다: 노나라의 정치와 위나라의 정치는 형제처럼 별 차이가 없다.

13-8

子謂衛公子荊(형), 善居室. 始有, 曰: 苟合矣. 少有, 曰: 苟完矣. 富有, 曰: 苟美矣.

선생님께서 위나라의 공자 형(荊)을 일러 집에서 알뜰하게 생활하는 사람이라고 말씀하셨다. 재산이 처음 모이자 "그런대로 지낼 만합니다"고 말했다. 조금 여유 있게 되자 "그런대로 갖추게 되었습니다"라고 말했다. 부유하게 되자 "그런대로 볼만하게 되었습니다"라고 말했다.

- '위공자형(衛公子荊)'은 위나라 헌공(獻公)의 아들이다. 같은 시기에 노나라에도 공자 형(荊)이 있었기 때문에 구분을 위해 이렇게 표현하였다. 그는 인품이 훌륭하여 공자의 신분이면서도 매우 겸손하여 오나라의 계찰(季札)로부터 위나라의 군자라는 칭송을 들었다고 한다.
- '선거실(善居室)'은 집에서 사치하거나 낭비하지 않고 겸손하며 알뜰하게 생활하는 것을 가리킨다.

13-9

子適衛, 冉有僕(복). 子曰: 庶矣哉! 冉有曰: 旣庶矣, 又何加焉? 曰: 富之. 曰: 旣富矣, 又何加焉? 曰: 敎之.

선생님께서 위나라에 가실 때 염유가 수레를 몰았다. 선생님께서 말씀하셨다: 사람이 많기도 하구나! 염유가 말했다: 사람이 많아졌다면 무엇을 더 보태야 할까요? 선생님께서 대답하셨다: 생활을 넉넉하게 해 주어야 할 것이다. 염유가 말했다: 생활이 넉넉하게 되었다면 무엇을 더 보내야 할까요? 선생님께서 대답하셨다: 교육하는 것이다.

- '복(僕)'은 '마부'라는 뜻의 명사인데, 동사로 활용되어 '수레를 몰다'라고 번역하였다.
- '의(矣)'는 여기서 새로운 상황의 출현을 표시하는 어기조사이다.

교육, 사회의 초석

먹고사는 문제가 어느 정도 해결되면 그 사회의 지속적인 발전을 위해 반드시 교육이 필요함을 그 당시 공자가 꿰뚫어 보고 있었다.

13-10

子曰: 苟有用我者, 期月而已可也, 三年有成.

선생님께서 말씀하셨다: 만약 누군가 내게 정치를 맡긴다면 일 년이면 효과를 볼 것이고, 삼 년이면 큰 성과가 있을 것이다.

* '기월(期月)'은 '일주년'의 뜻이다.
* '이(而)'는 조건에 따른 결과를 표시하는 접속사로, '즉(則)'과 같다.

13-11

子曰: "善人爲邦百年, 亦可以勝殘去殺矣." 誠哉是言也!

선생님께서 말씀하셨다: "선인이 계속해서 백 년 동안 나라를 다스리면 무도한 세상을 극복하고 사람 죽이기를 멈출 수가 있다"고 하는데, 참으로 옳은 말이다!

* '위방(爲邦)'은 나라를 다스린다는 뜻이다.

13-12

子曰: 如有王者, 必世而後仁.

선생님께서 말씀하셨다: 설사 왕도로 세상을 다스리는 성왕이 나타난다 해도 삼십 년은 지나야 인덕에 의한 감화가 이루어질 것이다.

● '세(世)'는 한 세대, 즉 30년을 가리킨다.

13-13

子曰: 苟正其身矣, 於從政乎何有? 不能正其身, 如正人何?

선생님께서 말씀하셨다: 만약 자신의 행동을 바르게 할 수 있다면 정치를 하는데 무슨 어려움이 있겠는가? 만약 자신의 행동을 바르게 할 수 없다면 어떻게 정치를 하겠는가?

● "如正人何"를 그대로 풀이하면 "어떻게 다른 사람을 바로잡을 수 있겠는가"이다. 그러나 이것은 앞의 문장과 논리적으로 잘 연결되지 않는다. 그래서 미야자키 이치사다는 '正人' 두 글자가 '政' 한 글자를 잘못 쓴 것이 아닌가 의심하여 이를 '如政何'로 풀었는데, 그러면 앞뒤가 논리적으로 잘 연결되어 받아들일 만하다.

冉子退朝. 子曰: 何晏(안)也? 對曰: 有政. 子曰: 其事也. 如有政,
雖不吾以, 吾其與聞之.

염자가 관청에서 돌아왔다. 선생님께서 물으셨다: 어찌 이렇게 늦었
느냐? 염자가 대답했다: 나라 일이 있었습니다. 선생님께서 말씀하셨
다: 아마도 계씨 집안의 일이었겠지. 만일 나라 일이었다면 비록 나를
등용하지는 않았지만 나도 그 일에 참여하여 알았을 것이다.

- 이 장은 염구가 공자에게 늦은 이유를 말했을 때 공자가 염구에게 '정(政: 국정)'과 '사(事: 집안일)'를
  구분하지 않은 것을 지적한 것이다.
- '염자(冉子)'는 염구(冉求)로, 당시 노나라의 정권을 전횡하고 있던 계씨의 가신이었다.
- '유정(有政)'의 '政'은 '국정(國政)', 즉 노나라의 일을 가리킨다.
- '오이(吾以)'는 목적어가 동사 앞에 놓인 구조이고, '以'는 '用'과 같다.
- '여(與)'는 '참여하다'의 뜻이고, '문(聞)'은 '참여하여 알다'는 뜻이다.

定公問: 一言而可以興邦, 有諸(저)? 孔子對曰: 言不可以若是, 其
幾也. 人之言曰: "爲君難, 爲臣不易(이)." 如知爲君之難也, 不幾乎
一言而興邦乎? 曰: 一言而喪邦, 有諸(저)? 孔子對曰: 言不可以若
是, 其幾也. 人之言曰: "予無樂乎爲君, 唯其言而莫予違也." 如其
善而莫之違也, 不亦善乎? 如不善而莫之違也, 不幾乎一言而喪邦
乎?

노나라 정공이 물었다: 한 마디로 나라를 일으킬 수 있는 말이 있겠습
니까? 선생님께서 대답하셨다: 그에 꼭 맞는 말을 말씀드릴 수는 없
지만 비슷한 것을 말씀드릴 수는 있습니다. 흔히 하는 말로 "군주 노
릇 하기도 어렵고, 신하 노릇도 쉽지 않다"고 합니다. 공께서 군주 노
릇 하기가 어렵다는 것을 깨달으셨다면 한 마디로 나라를 일으킬 수
있는 말에 가깝지 않겠습니까? 정공이 다시 물었다: 한 마디로 나라
를 망칠 수 있는 말이 있겠습니까? 선생님께서 대답하셨다: 그에 꼭
맞는 말을 말씀드릴 수는 없지만 비슷한 것을 말씀드릴 수는 있습니
다. 흔히 하는 말로 "군주 노릇 하는 것보다 더 즐거운 일은 없다. 내가
말만 하면 따르지 않는 사람이 없다"고 합니다. 만약 군주가 말하는
것이 옳아서 그 말에 따르지 않는 사람이 없다면 정말 좋지 않겠습니
까? 그러나 만약 군주가 말하는 것이 옳지 않은데도 그 말에 거역하는
사람이 없다면 이야말로 한 마디로 나라를 망칠 수 있는 말에 가깝지
않겠습니까?

- '기기야(其幾也)'의 '其'는 '一言'을 가리키고, '幾'는 '가깝다', '비슷하다'의 뜻이다.
- "여무락호위군(予無樂乎爲君)"을 직역하면 "내가 군주 노릇을 하는 것보다 더 즐거운 일은 없다"이다.
- '막지위(莫之違)'의 '막(莫)'은 부정대명사로 '무인(無人)'과 같고, '지위(之違)'는 부정문에서 대명사

목적어가 타동사 앞에 놓인 것이다. 즉 '無人違之'와 같다.

13-16

葉(섭)公問政. 子曰: 近者說(열), 遠者來.

섭공이 정치에 대해 묻자 선생님께서 말씀하셨다: 가까이 있는 사람들이 기뻐하는 정치를 하면 멀리 있는 사람까지 따라올 것입니다.

● '섭공(葉公)'은 섭 지역(지금의 하남성 섭현(葉縣) 남쪽)의 수장 심제량(沈諸梁)을 가리킨다.

13-17

子夏爲莒(거)父(보)宰, 問政. 子曰: 無欲速, 無見小利. 欲速, 則不達. 見小利, 則大事不成.

자하가 거보의 읍장이 되어 정치에 대해 여쭈니 선생님께서 대답하셨다: 일을 서두르지 말고 목전의 이익에 현혹되지 마라. 일을 서두르면 목적을 달성하기 어렵고, 목전의 이익에 현혹되면 큰일을 할 수 없다.

● '거보(莒父)'는 노나라의 읍 이름으로, 지금의 산동성 거현(莒縣) 부근에 있었다.

葉(섭)公語孔子曰: 吾黨有直躬者, 其父攘(양)羊, 而子證之. 孔子曰: 吾黨之直者異於是. 父爲子隱, 子爲父隱, 直在其中矣.

섭공이 선생님께 말했다: 내 영내에 정직하기로 명성을 얻은 자가 있는데, 그 아비가 양을 훔쳤을 때 그가 가서 고발했습니다. 선생님께서 말씀하셨다: 우리 마을의 정직한 사람은 그와는 전혀 다릅니다. 아비는 자식을 위해서 숨겨주고, 자식은 아비를 위해서 숨겨주니, 정직이란 그 가운데 있는 것입니다.

- '증(證)'을 '증언하다'로 풀이하기도 한다. 그러나 『한비자(韓非子)·오두(五蠹)』에서 이 일을 서술하면서 "관리를 찾아가서 알리다(謁之吏)"로 썼고, 『여씨춘추(呂氏春秋)·당무(當務)』에서는 "윗사람을 찾아가서 알리다(謁之上)"로 쓰고 있어서 '증(證)'이 여기서 '고발하다'는 뜻으로 사용되었음을 짐작할 수 있다.

도둑질을 한 아비도 아비다

여기서 알 수 있듯이 공자 윤리철학의 기초는 효자(孝慈)에 있어서, 이것이 법적 질서 내지 법사상에 의해 무너지는 것을 공자가 지극히 경계했다고 하겠다.

樊遲問仁. 子曰 : 居處恭, 執事敬, 與人忠, 雖之夷狄(적), 不可棄(기)
也.

번지가 인에 대해 여쭈니 선생님께서 말씀하셨다 : 평소에는 몸가짐을
단정하면서도 엄숙하게 하고, 일을 할 때는 신중하고, 사람을 대할 때
는 성의를 다해야 할 것이다. 이는 비록 오랑캐 나라에 가더라도 버릴
수 없는 것이다.

* '거(居)'와 '처(處)'는 둘 다 집안에서 휴식을 취하며 일상생활을 한다는 뜻인데, 여기서는 '평소'로 번역하였다.

子貢問曰: 何如斯可謂之士矣? 子曰: 行己有恥, 使(시)於四方, 不
辱君命, 可謂士矣. 曰: 敢問其次. 曰: 宗族稱孝焉, 鄕黨稱弟焉.
曰: 敢問其次. 曰: 言必信, 行必果, 硜(갱)硜然小人哉! 抑亦可以爲
次矣. 曰: 今之從政者何如? 子曰: 噫(희)! 斗筲(소)之人, 何足算也?

자공이 여쭈었다: 저희들이 어떻게 해야 훌륭한 관리라고 할 수 있겠
습니까? 선생님께서 말씀하셨다: 자신의 행위에 책임을 지고, 외국에
사신으로 나가서 군주의 명을 잘 처리하면 훌륭한 관리라고 할 수 있
다. 다시 여쭈었다: 그 아래 단계는 어떤 것입니까? 선생님께서 말씀
하셨다: 친척들이 한결같이 효자라고 하고 마을 사람들에게 하나같이
어른을 잘 공경한다고 칭찬 받는 것이다. 다시 여쭈었다: 그 아래 단
계는 어떤 것입니까? 선생님께서 말씀하셨다: 말한 것은 반드시 지키
고, 해야 할 일은 단호하게 처리한다. 대국적으로 보면 식견이 좁은 인
간에 불과하겠지만 그래도 그 다음 단계의 교양 있는 관리라고 할 수
있다. 다시 여쭈었다: 지금의 집정자들은 어느 정도입니까? 선생님께
서 말씀하셨다: 아! 도량이 좁은 이들이라 교양 있는 관리 대열에도
넣을 수가 없구나.

- '하여사(何如斯)'의 '斯'는 '…하면 그제야'의 뜻이다.
- "행기유치(行己有恥)"를 직역하면 "자신을 행함에 염치가 있다"이다.
- '갱갱연(硜硜然)'은 원래 돌을 서로 부딪치는 소리를 나타내는 말로, 융통성이 없고 식견이 좁은 것을
  뜻한다.
- '두소(斗筲)'의 '斗'는 말이고 '筲'는 5되 들이의 대나무 밥그릇으로, 합쳐서 도량이 좁은 것을 뜻한다.
- "하족산야(何足算也)"를 직역하면 "어찌 (교양 있는 관리로) 치기에 족하겠느가?"이다.

子曰: 不得中行而與之, 必也狂狷(견)乎! 狂者進取, 狷者有所不爲
也.

선생님께서 말씀하셨다: 언행이 중용에 들어맞는 사람과 사귀지 못할
바에는 과격한 사람이나 고집 센 사람과 어울릴 것이다. 과격한 사람
은 한 뜻으로 나아가고, 고집 센 사람은 이것만은 하지 않는다는 지조
가 있다.

- '중행(中行)'은 '언행이 중용에 들어맞다'는 뜻인데, 여기서는 그렇게 하는 사람을 가리킨다.
- '광견(狂狷)'은 과격한 사람과 고집 센 사람이다. 『맹자·진심(盡心) 하』에도 이와 같은 내용의 말이 나
  온다.

子曰: 南人有言曰, "人而無恒(항), 不可以作巫醫." 善夫! "不恒其
德, 或承之羞(수)." 子曰: 不占而已矣.

선생님께서 말씀하셨다: 남방의 속담에 '중심을 잃은 인간은 무의(巫
醫)조차도 될 수 없다'는 말이 있는데, 참으로 좋은 말이다. 『주역』에
'언동에 중심이 없으면 욕을 당할지도 모른다'는 말이 있다. 선생님께
서 말씀하셨다: 점치지 않아도 뻔한 일이다.

- "人而無恒"을 직역하면 "사람이면서 항심이 없다"인데, 여기서는 "중심을 잃은 인간"으로 번역하
  였다.
- '무의(巫醫)'는 한 단어로, '기도로써 재앙을 물리쳐 치료하는 사람'을 뜻한다. 이를 무당과 의사로 분
  리해서는 안 된다.
- "不恒其德"을 직역하면 "자신의 언동을 항구히 하지 못하다"이다. 『주역』 권5의 「항괘(恒卦) 제32」

에 나오는 말이다.

13-23

子曰: 君子和而不同, 小人同而不和.

선생님께서 말씀하셨다: 제군들은 서로의 의견을 조절하여 화합을 이루되 부화뇌동하지 마라. 부화뇌동하여 의견 조절을 통한 화합의 정신을 잃어서는 안 된다.

13-24

子貢問曰: 鄕人皆好之, 何如? 子曰: 未可也. 鄕人皆惡(오)之, 何如? 子曰: 未可也. 不如鄕人之善者好之, 其不善者惡(오)之.

자공이 여쭈었다: 마을 사람들이 모두 좋아하는 사람이 된다면 어떻습니까? 선생님께서 대답하셨다: 아직 부족하다. 자공이 다시 여쭈었다: 마을 사람들이 모두 미워하는 사람이 된다면 어떻습니까? 선생님께서 대답하셨다: 아직 불충분하다. 마을의 선한 사람들이 좋아하고 마을의 악한 사람들이 미워하는 사람이 되어야 한다.

子曰: 君子易(이)事而難說(열)也. 說(열)之不以道, 不說(열)也. 及其
使人也, 器之. 小人難事而易(이)說(열)也. 說(열)之雖不以道, 說(열)
也. 及其使人也, 求備焉.

선생님께서 말씀하셨다: 교양 있는 군자 밑에서 일하기는 쉽지만 그
를 기쁘게 하기는 어렵다. 기쁘게 하려고 노력해도 도리에 맞지 않으
면 군자는 마음에 들어 하지 않기 때문이다. 그러나 사람을 부릴 때는
그의 재능과 도량을 고려하여 일을 시키기 때문에 일하기 쉽다. 소인
밑에서 일하기는 어렵지만 마음에 들기는 쉽다. 아첨하려고 하면 소
인은 도리에 맞지 않아도 곧 기뻐한다. 그러나 사람을 부릴 때는 이것
저것 가리지 않고 일을 시키기 때문에 일하기 어렵다.

- "기지(器之)"를 직역하면 "그를 그릇으로 여기다"인데, 각각의 그릇을 그 기능과 크기에 따라 적당
  한 용도에 사용하듯이 사람을 부릴 때 그 사람의 재능과 도량에 따라 알맞은 일을 시킨다는 뜻이다.
- '구비(求備)'는 온갖 재능을 다 갖추고 있기를 바란다는 말이다.

子曰: 君子泰而不驕(교), 小人驕而不泰.

선생님께서 말씀하셨다: 제군들은 침착하고 태연하되 교만하지 말라.

- 이 문장을 직역하면 "군자는 침착하고 태연하나 교만하지 않고, 소인은 교만하나 침착하고 태연하
  지 못하다"이다.

13-27

子曰: 剛毅(의)木訥(눌), 近仁.

선생님께서 말씀하셨다: 강직하고 결단력이 있으며 소박하고 말수가
적은 사람은 인(仁)에 가깝다.

- '목눌(木訥)'은 소박하고 말수가 적은 것을 말한다.

13-28

子路問曰: 何如斯可謂之士矣? 子曰: 切切偲(시)偲怡(이)怡如也可
謂士矣. 朋友切切偲偲, 兄弟怡怡.

자로가 여쭈었다: 저희들이 어떻게 해야 교양 있는 선비라고 할 수 있
겠습니까? 선생님께서 말씀하셨다: 서로 충고해 주고 격려하며 화목
하게 지내면 교양 있는 선비라고 할 수 있다. 친구 간에는 서로 충고해
주고 격려하며, 형제간에는 화목하게 지내는 것이다.

- '절절시시(切切偲偲)'는 서로 충고해 주고 격려하는 모양을 뜻한다.
- '이이(怡怡)'는 화목한 모양을 뜻한다.

子曰: 善人教民七年, 亦可以卽戎(융)矣.

선생님께서 말씀하셨다: 선인이 백성을 지도한지 칠 년이 되면 전쟁에 나가도 보기 흉하게 되지는 않을 것이다.

• '즉(卽)'은 '나아가다'는 뜻이다.

子曰: 以不敎民戰, 是謂棄(기)之.

선생님께서 말씀하셨다: 훈련을 받지 않은 백성을 전쟁으로 내모는 것을 일러 그들을 버리는 것이라고 한다.

• "불교민(不敎民)"은 세 글자로 이루어진 명사로 "훈련을 받지 않은 백성"이라는 말이다.

14. 헌문편(憲問篇)

「헌문편」은 모두 44장으로 이루어져 있다. 이번 편에서 독자들은 공자의 다양한 견해를 엿볼 수 있다. 정치 상황에 따른 처신 방법, 영향력과 말의 상관관계, 인성에 대한 통찰, 전인(全人)이 갖추어야할 덕목 뿐 아니라 무조건 감싸주는 것이 사랑인가, 무조건적인 믿음이 신뢰인가 등에 관한 공자의 견해를 접할 수 있다. 자산·자서·관중·맹공작·장문중·진 문공·제 환공·공숙문자 등에 대한 인물평을 통해 공자의 관점을 살펴볼 수 있으며, 여기서도 원헌과 자로 같은 제자들의 질문에 공자가 어떻게 대답했는지를 읽을 수 있다. 현자의 처세 방법, 공자에 대한 세간의 평가, 원양에 대한 공자의 평가 등에서 『논어』에 이미 도가사상이 섞여 들어가 있음을 확인할 수 있다.

憲問恥. 子曰: 邦有道穀(곡). 邦無道穀, 恥也. 克(극)伐怨欲不行焉,
可以爲仁矣? 子曰: 可以爲難矣, 仁則吾不知也.

원헌(原憲)이 치욕에 대해 여쭈었다. 선생님께서 말씀하셨다: 나라의
정치가 깨끗하면 관리가 되어 봉급을 받지만, 나라의 정치가 부패했
을 때 관리가 되어 봉급을 받는 것이 바로 치욕이다. 원헌이 또 물었
다: 남에게 지지 않으려 하고, 자만하며, 남을 원망하고, 욕심 부리는
것, 이 네 가지 결점을 드러내지 않는다면 인자(仁者)라고 할 수 있겠습
니까? 선생님께서 대답하셨다: 하기 어려운 일이긴 하지만 인자인지
는 모르겠다.

- '곡(穀)'은 관리가 되어 봉급을 받는다는 뜻이다. 옛날에는 관리에게 곡식으로 봉급을 지급했기 때
  문이다.
- "可以爲仁矣"는 형식상으로는 긍정문이지만 문맥상으로는 의문문이다. 여기서 '위(爲)'는 '위(謂)'
  와 같다.

子曰: 士而懷居, 不足以爲士矣.

사회 지도층 인사가 안일을 마음에 둔다면 사회 지도층 인사라고 하기
에 부족하다.

- 이 글은 유가의 금욕주의적인 일면을 잘 보여주고 있다.
- '거(居)'는 '안거(安居)'의 뜻이다.

14-3

子曰: 邦有道, 危言危行. 邦無道, 危行言孫.

선생님께서 말씀하셨다: **나라의 정치가 깨끗하면 정직하게 말하고 정직하게 행동한다. 나라의 정치가 부패하면 행동은 바르게 하되 말은 겸손해야 한다.**

- '위(危)'는 여기서 '바르다', '정직하다'는 뜻이다. 『광아(廣雅)』에 "危, 正也"라고 했고, 왕념손(王念孫)의 『광아소증(廣雅疏證)』에서는 『논어』의 이 문장을 인용하여 예를 들었다.
- '손(孫)'은 여기서 '손(遜)'과 같다.

14-4

子曰: 有德者必有言, 有言者不必有德. 仁者必有勇, 勇者不必有仁.

선생님께서 말씀하셨다: **영향력이 있는 사람은 반드시 말이 있지만, 말이 있는 사람이 반드시 영향력을 갖춘 것은 아니다. 어진 사람은 반드시 용기가 있지만, 용기 있는 사람이라고 해서 반드시 어진 것은 아니다.**

덕(德)의 함의

'덕(德)'은 함의가 매우 크고 넓어서 정확하게 개념을 파악하기가 쉽지 않다. 여기서는 앞뒤 문맥을 고려하여 '좋은 의미에서의 영향력'이라고 보았다. 차주환(車柱環)이 「계씨편」 1장의 '문덕(文德)'을 '문화의 힘'이라고 번역한 것을 참고할 만하다. (『동양의 지혜』 을유문화사, 1982)

南宮适(괄)問於孔子曰: 羿(예)善射, 奡(오)盪(탕)舟, 俱不得其死然. 禹
稷躬稼而有天下. 夫子不答. 南宮适出, 子曰: 君子哉若人! 尚德哉
若人!

남궁괄(남용)이 선생님께 여쭈었다: 예는 활을 잘 쏘았고, 오는 육지에
서 배를 끌 정도로 힘이 세었지만 두 사람 다 제명에 죽지 못했습니다.
우임금과 후직(后稷)은 몸소 농사를 지었으나 오히려 천하를 얻었습니
다. 선생님께서는 대꾸하지 않으셨다. 남궁괄이 물러간 뒤에 선생님
께서 말씀하셨다: 훌륭한 교양인이로다, 이 사람은! 덕을 숭상하는도
다, 이 사람은!

- '남궁괄(南宮适)'은 노나라 사람으로 공자의 제자 남용(南容)이다.
- '예(羿)'는 하나라 말기 유궁국(有窮國)의 군주로 활을 대단히 잘 쏘았다고 한다.
- '오(奡)'는 한착(寒浞)과 예(羿)의 아내 사이에서 태어난 아들로 육지에서 배를 끌 수 있을 만큼 힘이 세
  었다고 한다.
- '후직(后稷)'은 순임금의 신하로 주나라의 시조이다. 여러 가지 곡식을 재배하여 농업의 발전에 크게
  기여하였다.

어떤 사람이 결국 천하를 얻었을까?

남궁괄이 말한 주된 내용은 중국의 역사를 통해볼 때 무력을 숭상하던 사
람들의 말로는 좋지 않았고, 덕을 숭상하던 사람은 결국 천하를 얻었다는
것이다. 공자가 그를 칭찬한 것은 이 때문이다.

子曰: 君子而不仁者有矣夫, 未有小人而仁者也.

선생님께서 말씀하셨다: 교양 있는 문화인으로 행세하면서 실은 어질지 않은 사람이 있다. 그러나 소인이면서 어진 사람은 아직 없었다.

子曰: 愛之, 能勿勞乎? 忠焉, 能勿誨(회)乎?

선생님께서 말씀하셨다: 사랑한다고 해서 무조건 감싸고 있을 수만은 없다. 진정으로 충성한다면 깨우쳐 주지 않을 수 없다.

- 이 문장을 직역하면 "사랑한다고 해서 그를 수고롭게 하지 않을 수 있겠는가? 충성한다고 해서 그를 깨우쳐 주지 않을 수 있겠는가?"이다.

子曰: 爲命, 裨諶(심)草創之, 世叔討論之, 行人子羽修飾之, 東里子産潤色之.

선생님께서 말씀하셨다: 정나라의 외교문서는 비심이 초안을 잡으면 세숙이 그에 대해서 의견을 제시하고, 외교관인 자우가 그것을 고치고, 동리의 자산이 문장을 다듬었다.

- '위명(爲命)'은 여기서 '외교문서를 작성하다'는 뜻이다. 이 글에 제시된 이야기가 『좌전·양공(襄公) 31년』에도 수록되어 있어서 참고할 만하다.
- '비심(裨諶)'은 정나라 대부로 이름은 조(竈)이고 자가 심(諶)이다.
- '세숙(世叔)'은 정나라의 대부로 이름은 유길(游吉)이다. 자태숙(子太叔)이라고도 하며, 외교수완이 뛰어났다고 한다.
- '토론(討論)'은 한 사람이 연구해보고 나서 의견을 제시하는 것으로, 오늘날의 '토론'과는 다르다.
- '행인(行人)'은 관직명으로, 고대의 외교관이다.
- '자우(子羽)'는 공손휘(公孫揮)의 자(字)이다.
- '동리(東里 : 지금의 하남성 정주(鄭州)시)'는 자산이 살던 곳이다.
- '자산(子産)'은 정나라의 대부 공손교(公孫僑)의 자(字)이다.

신중을 기한 외교문서 작성

당시 정나라는 작은 나라였다. 제후국 간의 경쟁이 점차 치열해지고 있었으므로 외교문서는 신중을 기해 작성하지 않으면 안 되었을 것이다.

▬▬▬
14-9

或問子産. 子曰: 惠人也. 問子西. 曰: 彼哉! 彼哉! 問管仲. 曰: 人也. 奪伯氏騈(병)邑三百, 飯疏食(사), 沒齒無怨言.

어떤 사람이 자산에 대해 물었다. 선생님께서 대답하셨다: 자비심 깊은 사람이다. 자서에 대해 물었다. 선생님께서 말씀하셨다: 그 사람 말인가! 그 사람 말인가! 관중에 대해 물었다. 선생님께서 말씀하셨다: 인물이다. 백씨는 그의 병읍 300호를 몰수당하여 거친 밥을 먹게 되었는데도 죽을 때까지 원망하는 말이 없었다.

- '자서(子西)'는 정나라의 공손하(公孫夏)로 노나라 애공(哀公) 때 살았다. 자산의 집안 형제로, 자산이 그에 이어서 정나라의 정치를 이끌어 나갔다.

- "彼哉! 彼哉!"는 옛날의 성어로, 아마 경시함을 표현할 때 습관적으로 쓰던 말인 것 같다.
- '백씨(伯氏)'는 제나라의 대부로, 죄를 지었기 때문에 환공이 관중의 청을 받아들여 그의 식읍인 병읍을 몰수하는 바람에 매우 빈궁한 생활을 해야 했다.
- '병읍(騈邑)'은 춘추시대 제나라의 지명으로 지금의 산동성 임구현(臨朐縣) 동남쪽에 있었다.
- "몰치(沒齒)"는 직역하면 "이빨이 빠지다"인데, 늙어 죽음을 뜻한다.

14—10

子曰: 貧而無怨難, 富而無驕易(이).

선생님께서 말씀하셨다: 가난하게 살면서 원망하지 않기는 어렵지만, 부유하게 살면서 교만하지 않기는 오히려 쉽다.

14—11

子曰: 孟公綽(작)爲趙魏老則優, 不可以爲滕(등)薛(설)大夫.

선생님께서 말씀하셨다: 맹공작은 진(晉)나라의 명문세족인 조씨나 위씨의 가신이 되기에는 충분하지만, 등나라나 설나라 같은 소국에서라도 한 나라의 대부가 될 기량은 지니고 있지 않다.

- '맹공작(孟公綽)'은 노나라의 대부로, 『좌전·양공(襄公) 21년』에 그와 관련된 이야기가 있고, 『사기·중니제자열전(仲尼弟子列傳)』에 보면 공자가 그를 존중했다고 한다.
- '조위(趙魏)'는 당시 강대국인 진(晉)나라의 명문세족 조씨와 위씨를 가리킨다. 실제로 조(趙), 위(魏), 한(韓) 삼가(三家)는 제후로 책봉된 후 BC 376년에 진(晉)나라를 분할하여 세 제후국이 되었는데, 이 사건을 계기로 춘추시대와 전국시대를 구분하기도 한다.
- 중국 고대 대부의 가신(家臣)을 칭할 때 '노(老)' 또는 '실로(室老)'라고 했다.
- '등설(滕薛)'은 지금의 산동성 등현(滕縣)의 서남쪽과 동남쪽에 있던 작은 제후국 등나라와 설나라이다.

가신의 그릇과 대부의 그릇

맹공작은 욕심이 없고 청렴결백하여 공자가 존중했다고 한다. 그러나 능력이 대단치는 않았기 때문에 명망은 높지만 할 일이 별로 없는 가신에는 적합하여도, 국정을 담당하는 대부로는 작은 나라에서일지라도 부적합한 인물이었다. 공자의 위 말은 그런 그가 노나라 같은 대국의 대부가 된 것을 비판한 말로 보인다.

14-12

子路問成人. 子曰: 若臧(장)武仲之知, 公綽(작)之不欲, 卞莊子之勇, 冉求之藝, 文之以禮樂(악), 亦可以爲成人矣. 曰: 今之成人者何必然? 見利思義, 見危授命, 久要不忘平生之言, 亦可以爲成人矣.

자로가 전인(全人)에 대해 여쭈니 선생님께서 말씀하셨다: 장무중과 같은 지성과, 맹공작과 같은 무욕(無慾)과, 변장자와 같은 용기와, 염구와 같은 재주가 있고, 여기에 예악을 교양으로 갖춘다면 전인이라 할 수 있을 것이다. 그리고는 다시 말씀하셨다: 지금의 전인이라는 게 어디 반드시 그러해야 하겠느냐? 이익을 보면 그것이 정의인지 불의인지를 생각하고, 위험한 경우에 생명을 버릴 각오가 되어 있고, 어떠한 때에도 평생 입에 담고 있던 말을 잊지 않고 있는 사람이라면 역시 전인이라고 할 수 있을 것이다.

- '성인(成人)'은 인격적으로 완성된 인간, 즉 전인(全人)을 가리킨다.
- '장무중(臧武仲)'은 노나라의 대부로, 장문중(臧文仲)의 손자 장손흘(臧孫紇)이다. '武'는 시호이고 '仲'은 항렬이다.

- '변장자(卞莊子)'는 노나라 변읍의 대부이다. 제나라가 노나라를 치고 싶어도 장자 때문에 감히 변읍을 지나갈 수 없을 정도로 용맹한 인물이었다고 한다. 『순자(荀子)·대략(大略)』과 『한시외전(韓詩外傳)』10권에 그의 용맹에 대한 이야기가 수록되어 있다.
- "文之以禮樂"을 직역하면 "예악으로써 그것을 문식하다"이다.
- '구요(久要)'를 '구약(舊約: 오래된 약속)'으로 풀이하기도 한다. 여기서는 '어떠한 때에도'로 번역하였다.

子問公叔文子於公明賈(가)曰: 信乎, 夫子不言, 不笑, 不取乎? 公明賈對曰: 以告者過也. 夫子時然後言, 人不厭(염)其言. 樂然後笑, 人不厭其笑. 義然後取, 人不厭其取. 子曰: 其然? 豈其然乎?

선생님께서 공숙문자의 사람됨을 공명가에게 물었다: 그 사람은 말하지 않고, 웃지 않고, 받지 않는다는 평판이 있던데, 정말이냐? 공명가가 대답했다: 그것은 누군가가 잘못 전한 것입니다. 그 사람은 말을 해야 할 때 말하기 때문에 사람들이 그 말을 싫어하지 않고, 정말로 즐거울 때 웃기 때문에 사람들이 그 웃음을 싫어하지 않고, 당연히 받아야 할 것을 받기 때문에 사람들이 그가 받는 것을 싫어하지 않는 것입니다. 선생님께서 말씀하셨다: 그렇단 말인가? 설마 정말로 그렇단 말인가?

- '공숙문자(公叔文子)'는 위나라의 대부로, 위(衛) 헌공(獻公)의 손자이다. 성이 공손(公孫)이고 이름은 지(枝)이다.
- '공명가(公明賈)'는 위나라 사람인데, 성이 '공명'이고 이름이 '가'이다.
- '이(以)'는 지시대명사로 '차(此)'와 같다.

子曰: 臧武仲以防求爲後於魯, 雖曰不要君, 吾不信也.

선생님께서 말씀하셨다: 노나라 대부 장무중은 (제나라로 망명하기 전에) 방성(防城)을 근거지로 삼아 자기 가문의 후계자를 세워 줄 것을 노공에게 요구했는데, 그 요구는 강요한 것이 아니라고 하지만 나는 그 말을 믿지 않는다.

- '방(防)'은 장무중의 봉읍이다. 지금의 산동성 비현(費縣)에서 동북쪽으로 60리 떨어진 곳에 있는 화성(華城)으로, 제나라 변경에서 매우 가깝다.
- '雖曰不要君'의 왈(曰)은 '…이다'의 뜻으로 '시(是)'와 같다.

대부 장손흘의 요구는 정당한 것인가?

노나라 대부 장손흘이 모함을 받아 궁지에 몰렸을 때, 그는 제나라로 망명하기로 작정하고 일단 자신의 봉지인 방읍으로 돌아가 노나라 조정을 향하여 '자신의 이복형을 후계자로 삼아 노나라의 대부가 되게 해줄 것'을 요구하였다. 그는 자신의 요구가 받아들여지지 않으면 방성을 근거지로 삼아 노나라에 항거할 태세를 취했는데, 이로 인해 그의 요구가 받아들여졌다. 이 사건은 『좌전·양공(襄公) 23년』에서 찾아볼 수 있다.

子曰: 晉文公譎(휼)而不正, 齊桓(환)公正而不譎.

선생님께서 말씀하셨다: 진나라 문공은 권모술수를 잘 쓴 반면에 정
도를 걷지 않았고, 제나라 환공은 정도를 걸으며 권모술수를 쓰지 않
았다.

• '휼(譎)'은 '속임수를 쓰다', '권모술수를 사용하다'는 뜻이다.

子路曰: 桓公殺公子糾(규), 召忽死之, 管仲不死. 曰未仁乎? 子曰:
桓公九合諸侯, 不以兵車, 管仲之力也. 如其仁? 如其仁?

자로가 여쭈었다: 제나라 환공이 그 형인 공자 규를 죽였을 때 소홀은
자살했지만 관중은 따라 죽지 않았습니다. 이는 어질지 못한 것이겠
지요? 선생님께서 말씀하셨다: 환공이 여러 번 제후를 회합하여 패자
로 나섰을 때 무력을 앞세우지 않은 것은 관중 덕분이었다. 따라서 관
중 나름대로의 인덕이 있었던 것이다.

• 제나라 환공과 공자 규는 모두 양공(襄公)의 동생이다. 양공이 무도하여 두 사람 모두 해를 당할까
  두려워했다. 환공은 포숙아(鮑叔牙)의 도움을 받아 거(莒)나라로 망명했고, 공자 규도 관중과 소홀
  의 도움으로 노나라로 망명했다. 양공이 피살된 후에 환공이 먼저 제나라로 돌아가 군주가 되고는
  군대를 일켜 노나라를 핍박하여 공자 규를 죽이자 소홀은 그를 따라서 자살했지만 관중은 살아남
  아 포숙아의 천거로 환공의 재상이 되었다. 이와 관련된 역사는 『좌전·장공(莊公)』 8년과 9년 조에
  보인다.
• '日未仁乎'의 '日'은 '是'와 같다.
• '구합(九合)'의 '九'는 허수로서 그 수가 많음을 나타낸다. 제나라 환공이 제후들을 규합한 것은 모두

11차례이다.

• "如其仁"은 '如其仁何'와 같은 것으로, 직역하면 "관중 나름대로의 인은 어떻게 하겠는가?"이다.

관중에 대한 공자의 평가

공자는 이 장과 다음 장에서 관중이 나름대로의 인덕을 지닌 사람이라며 긍정적인 평가를 내렸지만 「팔일편」 22장에서는 사치스럽고 예를 모르는 사람이라며 부정적인 평가를 내렸다. 물론 「팔일편」과 이곳에서의 평가가 각각 나름의 근거를 가지고 있다고 할 수 있지만, 역사 사실과 '사람을 사랑하는 것이 인(仁)'라는 공자의 사상에 비추어 볼 때 이곳에서의 평가가 비교적 공정해 보인다.

子貢曰: 管仲非仁者與? 桓公殺公子糾, 不能死, 又相之. 子曰: 管仲相桓公, 霸(패)諸侯, 一匡(광)天下, 民到于今受其賜(사). 微管仲, 吾其被髮左衽(임)矣. 豈若匹夫匹婦之爲諒也, 自經於溝瀆(독)而莫之知也?

자공이 말했다: 관중은 어진 사람이 아니겠지요? 제나라 환공이 형제인 공자 규를 죽였을 때 따라 죽지 않았을 뿐만 아니라 오히려 환공의 재상이 되었습니다. 선생님께서 말씀하셨다: 관중은 환공을 보필하여 환공이 제후들의 패자가 되게 하고 천하를 바로잡게 해 주었으니, 백성들이 지금까지도 그 은혜를 입고 있다. 만약 관중이 없었더라면 우리는 (오랑캐 풍습에 동화되어) 머리를 풀어헤치고 옷섶을 왼쪽으로 여몄을 것이다. 그가 어찌 보통 백성들처럼 작은 신의와 절개를 지키기 위해 도랑가에서 목을 매어 죽어도 아무도 알아주는 사람이 없는 것과 같겠느냐?

- '미(微)'는 '없다'는 뜻으로, 조건문에서 '무(無)'와 같다.
- '기(其)'는 추측을 표시하는 부사이다.
- "피발좌임(被髮左衽)"은 "머리를 풀어서 늘어뜨리고 옷섶을 왼쪽으로 여미다"는 뜻인데, 오랑캐 풍습에 동화되어 낙후된 민족으로 전락했을 것이라는 말이다.
- "위량(爲諒)"은 "하찮은 의리를 지키는 일을 하다"의 뜻이다.
- "자경(自經)"은 "스스로 목매어 죽다"의 뜻이다.
- '구독(溝瀆)'은 '구학(溝壑)'과 같은 말로 '도랑'이라는 뜻이다.
- '막지지(莫之知)'는 '무인지지(無人知之)'와 같다.

公叔文子之臣大夫僎(선)與文子同升諸(저)公. 子聞之, 曰: 可以爲
文矣.

위나라 공숙문자의 가신이었던 대부 선(僎)이 (공숙문자의 추천에 의해 위공의
대신이 되어) 공숙문자와 함께 위공의 조정에 올랐는데, 선생님께서 그
소식을 들으시고 말씀하셨다: 공숙은 시호를 '문(文)'이라고 할만하다.

- 공숙문자는 그의 가신이던 선을 높이 평가하여 자신과의 관계도 잊은 채 그를 위공에게 천거하여
  자신과 동렬의 대부로서 위나라 조정에 나아가게 했다.
- '저(諸)'는 여기서 '어(於)'와 같다.
- 『예기·단궁(檀弓)』에 의하면 공숙문자의 실제 시호는 정혜문자(貞惠文子)라고 한다. 정현(鄭玄)은
  『예기』주(註)에서 "정혜라고 말하지 않은 것은 '문(文)'으로 충분히 그 뜻을 겸할 수 있기 때문이다"
  라고 말했다.

子言衛靈公之無道也, 康子曰: 夫如是, 奚(해)而不喪? 孔子曰: 仲
叔圉(어)治賓客, 祝鮀(타)治宗廟, 王孫賈(가)治軍旅. 夫如是, 奚其
喪?

선생님께서 위나라 영공의 무도함을 말하자 강자가 말했다: 그런데도
패망하지 않는 것은 무엇 때문입니까? 선생님께서 말씀하셨다: 중숙
어가 외교를 맡고, 축타가 내정을 다스리고, 왕손가가 군대를 통솔하
고 있으니, 어찌 망하겠습니까?

- '강자(康子)'는 계강자(季康子)이다. 노나라의 대부 계손비(季孫肥)를 가리킨다.
- '해이(奚而)'는 '해이(奚以)', '해위(奚爲)'와 같다. 유월(兪樾)은 『군경평의(群經平議)』에서 "'奚而'는

'奚爲'와 같다"라고 말했다.

- '중숙어(仲叔圉)'는 공어(孔圉), 즉 공문자(孔文子)를 가리킨다. 「공야장편」 15장에서 지적한 바와 같이 그는 배우기를 좋아하고 자기보다 못한 사람에게 묻는 것을 부끄럽게 여기지 않을 정도로 학문에 열성이어서 외교를 담당하기에 적임자였다.
- '축타(祝鮀)'는 「옹야편」 16장에서 언급한 것처럼 말재주가 뛰어나 소릉(昭陵)에서 제후들이 회합할 때 채(蔡)를 위나라보다 상석에 두려고 하자 논쟁을 벌여 위나라를 상석에 두는 데 성공한 사람이다.
- '왕손가(王孫賈)'는 위나라 영공 때의 실권자였다.

<hr/>

14─20

子曰: 其言之不怍(작), 則爲之也難.

선생님께서 말씀하셨다: 말은 큰소리 탕탕 치면서 부끄러워할 줄 모르는 인간은 실행에 이르러서는 제대로 하기가 어렵다.

- '기(其)'는 일반적인 사람을 가리키는 인칭대명사이다.
- '지(之)'는 일반적인 사실이나 사물을 가리키는 대명사이다.

陳成子弑(시)簡公. 孔子沐浴(욕)而朝, 告於哀公曰: 陳恒弑其君, 請
討之. 公曰: 告夫三子! 孔子曰: 以吾從大夫之後, 不敢不告也. 君
曰"告夫三子"者! 之三子告, 不可. 孔子曰: 以吾從大夫之後, 不敢
不告也.

제나라의 진성자가 그 군주 간공을 시해하자 선생님께서는 목욕재계
하시고 조정에 들어가 노나라 애공에게 고하셨다: 진항이 그 군주를
시해했으니 청컨대 군대를 보내 그를 토벌하시기 바랍니다. 애공이
말했다: 그대는 계손(季孫)·중손(仲孫)·맹손(孟孫) 세 대신에게 가서 고
하시오. 선생님께서 (조정에서 물러나와) 말씀하셨다: 내가 전에 대부의
말석에 있었기 때문에 감히 고하지 않을 수 없었는데, 주군께서는 "세
대신에게 가서 고하라"고 말씀하시더라. 그래서 세 대신에게 가서 고
하니 안 된다고 했다. 선생님께서 말씀하셨다: 내가 전에 대부의 말석
에 있었기 때문에 감히 고하지 않을 수 없었다.

- 진성자는 바로 진항이다. '성(成)'은 그의 시호이다.
- '간공(簡公)'은 제나라 군주로 이름은 임(壬)이다.
- '이(以)'는 원인을 표시하는 전치사이다.
- '자(者)'는 복수의 수량사 뒤에 붙는 조사이다.

명분을 위한 청

공자가 이렇게 처신한 것은 그 자신도 노나라의 국력으로는 제나라와 싸워
이길 승산이 없다는 것, 전쟁으로 인한 백성늘의 고통과 국력의 소모가 크
다는 것을 잘 알고 있었지만 대의명분상 주군을 시해한 진성자를 성토하지
도 않을 수는 없었기 때문일 것이다.

14—22

子路問事君. 子曰: 勿欺(기)也, 而犯之.

자로가 군주를 섬기는 방도를 여쭈었다. 선생님께서 말씀하셨다: 주
군을 속이지 말고, 주군의 뜻에 거스르더라도 바른 말을 하라.

14—23

子曰: 君子上達, 小人下達.

선생님께서 말씀하셨다: 제군들은 인의(仁義)에 통달하고 재물과 이익
을 밝히지 말라.

- '상달(上達)'과 '하달(下達)'에 대해서는 여러 가지 해석이 있는데, 여기서는 황간(皇侃)의 『의소(義
  疏)』를 따랐다.

14—24

子曰: 古之學者爲己, 今之學者爲人.

선생님께서 말씀하셨다: 옛날 학자들은 자신에게 충실하기 위한 학문
을 했는데, 요즘의 학자들은 남에게 보이기 위한 학문을 한다.

蘧(거)伯玉使(시)人於孔子. 孔子與之坐而問焉. 曰: 夫子何爲? 對曰: 夫子欲寡其過而未能也. 使者出. 子曰: 使(시)乎! 使乎!

위나라의 거백옥이 선생님께 사자를 보냈다. 선생님께서 그에게 자리를 권하고 나서 물었다: 주군께서는 무엇을 하고 계시는지요? 사자가 대답했다: 주군께서는 될 수 있는 한 과실을 줄이려고 하시는데 아직은 잘 되지 않는 것 같습니다. 사자가 물러난 뒤 선생님께서 말씀하셨다: 훌륭한 사자로다! 훌륭한 사자로다!

子曰: 不在其位, 不謀其政. 曾子曰: 君子思不出其位.

선생님께서 말씀하셨다: 그 정무를 처리해야 하는 직위에 있지 않다면 옆에서 참견하지 마라. 증자가 말했다: 제군들은 자신의 지위에 걸맞지 않는 것은 생각할 필요가 없다.

• 이 장의 앞부분은 「태백편」 14장에도 보인다.

子曰: 君子恥(치)其言而過其行.

선생님께서 말씀하셨다: 제군들은 말이 실행보다 앞서는 것을 부끄럽게 여겨야 한다.

- '이(而)'는 '지(之)'와 마찬가지로 주어와 술어 사이에 놓여 주술구조를 명사구나 절이 되게 하는 작용을 한다.

子曰: 君子道者三, 我無能焉. 仁者不憂, 知者不惑, 勇者不懼(구).
子貢曰: 夫子自道也.

선생님께서 말씀하셨다: 인간이 지향해야 할 것이 세 가지인데, 나는 그중에서 하나도 제대로 하는 것이 없다. "어진 이는 근심하지 않고, 지혜로운 이는 미혹되지 않고, 용기 있는 이는 두려워하지 않는다"는 것이다. 자공이 말했다: 이는 선생님께서 자신을 두고 하신 말씀이다.

- '자(者)'는 음절을 조정하고 어기를 고르는 조사이다.
- "자도(自道)"는 의미상의 목적어가 동사 앞에 놓인 것으로, 직역하면 "자신을 말하다"이다.
- 이 글의 "仁者不憂, 知者不惑, 勇者不懼"는 「자한편」 29장에 순서를 달리하여 나와 있다.

子貢方人. 子曰: 賜也賢乎哉! 夫我則不暇(가).

자공이 종종 사람 품평을 하자 선생님께서 말씀하셨다: 사(자공)는 잘
났구나! 나는 그럴 틈이 없는데.

- '방(方)'은 '품평하다', '평론하다'의 뜻이다.
- '부(夫)'는 뜻이 없는 발어사이다.

子曰: 不患人之不己知, 患其不能也.

선생님께서 말씀하셨다: 다른 사람이 나를 알아주지 않는 것을 걱정
하지 말고, 자신에게 그럴 만한 능력이 없는 것을 걱정해야 할 것이다.

- 「학이편」 16장 "子曰: 不患人之不己知, 患不知人也.(선생님께서 말씀하셨다: 다른 사람이 나를 이해해주지
  않아도 나는 걱정하지 않는다. 내가 걱정하는 것은 내 자신이 다른 사람을 이해하지 못하는 것이다)"를 참고할 만하다.

子曰: 不逆詐(사), 不億不信, 抑亦先覺者, 是賢乎!

선생님께서 말씀하셨다: 상대방이 나를 속이지 않을까 미리 의심하지 않고, 거짓말은 아닌가 하고 미리 억측하지 않지만, 그래도 역시 먼저 깨닫는 사람이 현자로다.

- '역(逆)'은 '예측하다', '미리 헤아리다'의 뜻이다.
- '억불신(億不信)'은 '믿을 수 없다고 억측하다'의 뜻이다.

신뢰하되, 맹신은 말라

인간관계에서 중요한 것은 상대방에 대한 신뢰이다. 그러나 신뢰는 무조건적인 믿음이 아니다. 신뢰를 바탕으로 하면서도 사태를 정확하게 판단할 줄 아는 혜안이 있어야 현자임을 말한 것이다.

微生畝(무)謂孔子曰: 丘何爲是栖(서)栖者與? 無乃爲佞(녕)乎? 孔子曰: 非敢爲佞也, 疾固也.

미생무가 선생님에 대해 말했다: 공구는 무엇 때문에 저렇게 허둥대며 돌아다니는 것인가? 바로 말재주를 피우기 위해서가 아닌가? 선생님께서 말씀하셨다: 감히 말재주를 피우기 위해서가 아니라 자기 고집에 빠져 있는 것을 싫어해서라오.

- '미생무(微生畝)'는 '微生'이 성이고, '畝'가 이름인데, 누구인지 분명치 않다. 다만 그의 말투로 미루어 그가 공자보다 연배가 위인 은자였을 것이라고 추정된다.
- '시(是)'는 부사로 사용되어 '여시(如是)'와 같다.
- '서서(栖栖)'는 '불안해하며 이리저리 바쁘게 돌아다니는 모양'이다. 공자가 유세를 위해 여러 제후국을 돌아다닌 것을 비꼬아 한 말이다.
- '無乃…乎'는 '바로…이 아닌가'라는 뜻의 관용어이다.
- "질고(疾固)"는 직역하면 "고집을 싫어하다"인데, 누구의 고집이냐에 대해서는 ①미생무의 고집, ②제후들의 고집 등으로 나누어 볼 수 있는데, 문맥으로 보아 ②가 더 설득력이 있어 보인다.

14-33

子曰: 驥(기)不稱其力, 稱其德也.

선생님께서 말씀하셨다: 천리마는 그 혈통이 지니는 체력을 칭송하는 것이 아니라 조련의 결과 갖게 된 능력을 칭송하는 것이다.

천리마의 덕(德)은 혈통에서 오지 않는다

'덕(德)'을 '득(得)'으로 설명하기도 하듯이 여기서는 조련에 의해 습득된 후천적인 능력을 가리키는 것으로 보인다.

14-34

或曰: 以德報怨, 何如? 子曰: 何以報德? 以直報怨, 以德報德.

어떤 사람이 말했다: 호의로써 원망에 답하면 어떻겠습니까? 선생님께서 대답하셨다: 그러면 무엇으로 호의에 답할 것인가? 평심으로써 원망에 답하고 호의로써 호의에 답하고 싶다.

『논어』에 엿보이는 도가사상

『노자』63장에 "호의로써 원망에 답하라"(報怨以德)는 말이 나오는 것으로 보아 공자 당시에 이미 그와 같은 발상이 있었거나 후대의 도가사상이 논어의 편집과정에서 섞여 들어갔을 것으로 보인다.

14-35

子曰: 莫我知也夫! 子貢曰: 何爲其莫知子也? 子曰: 不怨天, 不尤人. 下學而上達, 知我者其天乎!

선생님께서 말씀하셨다: 나를 알아주는 사람이 없구나! 자공이 말했다: 어찌 선생님을 알아주는 사람이 없겠습니까? 선생님께서 말씀하셨다: 하늘을 원망하지 않고 다른 사람을 탓하지 않으며 하찮은 것에서부터 배워서 수준 높은 것에 이르나니 나를 알아주는 것은 오직 하늘뿐이리라!

● '莫我知'는 '無人知我'와 같다.

뜻이 좌절된 공자의 탄식

이 글에서 공자가 "나를 알아주는 사람이 없구나!"라고 탄식한 것은 평소 제자들에게 가르친 것과는 일견 모순되어 보인다. 아마도 공자는 무너져가는 봉건사회를 바로잡아 보고자 노력했지만 끝내 뜻을 이루기 어렵게 되자 이와 같이 탄식했을 것이다. 공자의 인간적인 면을 보여주는 말이라고 하겠다.

公伯寮(료)愬(소)子路於季孫. 子服景伯以告, 曰: 夫子固有惑志於
公伯寮, 吾力猶能肆(사)諸(저)市朝. 子曰: 道之將行也與, 命也. 道
之將廢(폐)也與, 命也. 公伯寮其如命何!

공백료가 노나라 대신 계손에게 자로를 나쁘게 말했다. 자복경백이
선생님께 이를 고하면서 말했다: 계손씨는 확실히 공백료의 말에 속
고 있습니다. 제 힘은 그래도 그를 죽여 거리에 시체를 내걸 수 있습니
다. 선생님께서 말씀하셨다: 나의 주장이 앞으로 실현되는 것도 천명
이며, 나의 주장이 실현되지 않는 것도 천명이다. 공백료가 그 천명을
어떻게 하겠는가?

- '공백료(公伯寮)'는 노나라 사람으로 성이 '공백'이고 이름이 '료'이며 자는 자주(子周)이다.『사기·중
  니제자열전』에서는 '공백료(公伯僚)'라고 하였다.
- '자복경백(子服景伯)'은 노나라 대부로 성이 '자복'이고 이름은 하(何)이다.
- '사(肆)'는 '시체를 내걸다'라는 뜻이다.
- '저(諸)'는 '지어(之於)'의 합음이다.
- '시조(市朝)'는 '시장과 조정'이라는 뜻에서 의미가 확장되어 '사람이 많이 모이는 공공장소'의 뜻을
  갖게 되었다.
- '기(其)'는 '장차'라는 뜻의 부사로 사용되었다.

子曰: 賢者辟(피)世, 其次辟地, 其次辟色, 其次辟言. 子曰: 作者七
人矣.

선생님께서 말씀하셨다: (세상이 어지러울 때) 현자는 세상을 피해 은거
한다. (그래도 어지러우면) 그 다음은 다른 땅으로 옮긴다. 그 다음은 인
상이 나쁜 인간과 사귀지 않는다. 그 다음은 함부로 말하는 인간과
사귀지 않는다. 선생님께서 말씀하셨다: 이를 실행한 사람이 이미
일곱 명이다.

- '피(辟)'는 '피(避)'와 같다.
- '기차(其次)'는 '그 다음 단계'의 뜻이다.
- '작자(作者)'는 '(이를) 실행한 사람'의 뜻이다.
- 이 일곱 사람에 대해서는 여러 가지 설이 있는데, 「미자편」 8장에 언급된 7인인 백이(伯夷), 숙제(叔
  齊), 우중(虞仲), 이일(夷逸), 주장(朱張), 유하혜(柳下惠), 소연(少連)일 가능성이 높다.

子路宿於石門. 晨(신)門曰: 奚(해)自? 子路曰: 自孔氏. 曰: 是知其
不可而爲之者與?

자로가 석문 밖에서 잤다. 다음날 아침 성문 안으로 들어갈 때 문지기
가 물었다: 어디서 오시오? 자로가 말했다: 공씨 댁에서요. 문지기가
말했다: 바로 그 안 되는 줄 알면서도 굳이 하려는 그 사람 말인가요?

- '석문(石門)'은 노나라 남쪽의 외성문(外城門)이다.
- '신문(晨門)'은 아침에 성문을 여는 문지기이다. 자신의 능력을 감추고 숨어 지내는 은자가 이 일을

하며 지내는 경우가 있다.
- '해자(奚自)'는 '자해래(自奚來)'와 같다.
- '시(是)'는 여기서 강조의 뜻을 표시한다.

14-39

子擊磬(경)於衛, 有荷蕢(궤)而過孔氏之門者, 曰: 有心哉, 擊磬乎!
旣而曰: 鄙哉, 硜(갱)硜乎! 莫己知也, 斯已而已矣. 深則厲(려), 淺則
揭(게). 子曰: 果(나)哉! 末之難矣.

선생님께서 언젠가 위나라에서 경쇠를 치고 계실 때였다. 삼태기를
메고 선생님의 문 앞을 지나던 사람이 말했다: 심사가 있구나, 경쇠
치는 소리가! 잠시 후에 다시 말했다: 하찮군, 투덜투덜 불평하는 소
리였던가! 자신을 알아주는 사람이 없으면 그만 둘 일이거늘. '깊은
강을 건널 때는 옷을 벗고, 얕은 내를 건널 때는 옷자락을 걷고'라는
노래처럼. 선생님께서 말씀하셨다: 벗는 것 말인가? 벗는 것이라면
어려울 것이 없지.

- '경(磬)'은 돌이나 구리로 만든 타악기의 일종이다.
- '갱갱(硜硜)'은 투덜투덜 불평하는 소리를 형용하는 말로서, 도량이 좁고 완고한 모양을 표시한다.
- '사(斯)'는 조건에 따른 결과를 표시하는 접속사이다.
- '深則厲, 淺則揭'는 『시경·패풍(邶風)·포유고엽(匏有苦葉)』에 나오는 구절이다. 여기서 '려(厲)'는
  '라(裸)'음(音)의 전변(轉變)이다.
- '나(果)'는 '나(裸)'와 통하여 '벌거벗다'는 뜻이다.

깊은 강을 건널 때는 옷을 벗고

『시경』에서 인용한 '심천(深淺)'은 세상의 어지러운 정도를 비유한 것으로 보

인다. 세상의 어지러운 정도에 따라 옷을 조금 벗거나 아주 벗는다는 말은
'자연으로 돌아가 은둔한다'는 의미를 담고 있어서 도가적인 냄새가 난다.

14-40

子張曰: 書云, "高宗諒陰(암), 三年不言", 何謂也? 子曰: 何必高
宗, 古之人皆然. 君薨(훙), 百官總己以聽於冢(총)宰三年.

자장이 여쭈었다:『서경』에 "은나라 고종이 부친상 중에 있을 때 초막
에서 기거하면서 삼 년 동안 (신하들에게) 정책을 하달하지 않았다"고 하
는데, 무슨 뜻입니까? 선생님께서 말씀하셨다: 어찌 고종뿐이겠느
냐? 옛사람들은 모두 그렇게 했다. 군주가 죽으면 (그 뒤를 이은 군주는 3년
동안 정책을 하달하지 않았고) 모든 관원은 3년 동안 자신의 책임으로 일을
처리하고 필요한 경우에는 재상의 명령에 따랐다.

- 인용문은『서경·무일(無逸)』에 나오는 것으로, 원문은 "作其即位, 乃或亮陰, 三年不言 (그가 즉위하
  여서는 상을 입어 움막에서 지냈는데, 삼 년 동안 말을 하지 않으셨습니다)"이다.
- '량암(諒陰)'의 '암(陰)'은 '암(闇)'과 같아서 상중에 있을 때 기거하는 집으로 흉려(凶廬)라고도 한다.
- '불언(不言)'은 (신하들에게) 정책을 하달하지 않았다는 말이다.
- '총재(冢宰)'는 후세의 재상에 해당하는 관직이다.

14-41

子曰: 上好禮, 則民易(이)使也.

선생님께서 말씀하셨다: 위정자가 예를 존중하면 백성을 쉽게 명령에 따르도록 할 수 있다.

14-42

子路問君子. 子曰: 修己以敬. 曰: 如斯而已乎? 曰: 修己以安人. 曰: 如斯而已乎? 曰: 修己以安百姓. 修己以安百姓, 堯舜其猶病 諸(저)!

자로가 군자가 되는 방도에 대해 여쭈었다. 선생님께서 대답하셨다: 자신을 수양하여 경건해지는 것이다. 자로가 다시 여쭈었다: 단지 그것뿐입니까? 선생님께서 대답하셨다: 자신을 수양하여 다른 사람을 편안하게 해 주는 것이다. 자로가 다시 여쭈었다: 단지 그것뿐입니까? 선생님께서 대답하셨다: 자신을 수양하여 백성을 편안하게 해 주는 것이다. 자신을 수양하여 백성을 편안하게 해 주는 것은 요순과 같은 성군도 어려워했던 일이다.

- '병(病)'은 '어려워하다', '힘들어하다'는 뜻이다.
- '저(諸)'는 '지호(之乎)'의 합음이다.

原壤(양)夷俟(사). 子曰: 幼而不孫弟, 長而無述焉, 老而不死, 是爲
賊. 以杖叩(고)其脛(경).

원양이 두 다리를 벌리고 편안히 앉아서 선생님을 맞이하니 선생님께
서는 "어려서는 윗사람을 공경할 줄 모르고, 커서는 이렇다 할만한 업
적이 없고, 늙어서는 죽지 않고 밥만 축내고 있으니 해충 같은 놈이로
다"라고 말씀하시며 지팡이로 정강이를 치셨다.

- '원양(原壤)'은 노나라 사람으로 그에 대한 이야기가 『예기·단궁(檀弓)』에 실려 있다. 공자의 친구인
  원양의 모친이 죽었을 때 공자가 장례를 돕기 위해 갔는데, 원양은 오히려 관 위에 올라가 노래를 불
  렀다고 한다. 아마도 그는 공자와는 사뭇 다른 사상을 지니고 있었던 사람으로, 『장자(莊子)』에 나
  오면 어울릴 듯하다.
- '이(夷)'는 다리를 앞으로 편안하게 뻗고 앉는 것으로, '기거(箕踞)'와 같다.
- "손제(孫弟)"는 '손제(遜悌)'와 같아서 "겸손하고 공경하다"의 뜻이다.
- "무술(無述)"은 "이야기 할만한 업적이 없다"는 뜻으로 풀이했는데, "述"을 '출(怵)'의 가차자로 보고
  "조심할 줄 모르다"로 풀이하기도 한다.

闕(궐)黨童子將命. 或問之曰: 益者與? 子曰: 吾見其居於位也, 見
其與先生並行也. 非求益者也, 欲速成者也.

공자가 사는 마을인 궐당의 동자가 공자와 빈객 사이의 말씀을 전하는
일을 했는데, 어떤 사람이 물었다: 장래성이 있는 아이입니까? 선생
님께서 말씀하셨다: 내가 보고 있자니 저 아이는 어른과 똑같이 자리
를 차지하고 있었고, 어른의 뒤를 따르지 않고 나란히 걷고 있었습니
다. 향상을 위해 정진하는 것이 아니라 빨리 어른 대접 받기를 바라는
아이입니다.

- '궐당(闕黨)'은 지금의 산동성 곡부에 있는 궐리(闕里)로, 당시 공자의 집이 그곳에 있었다.
- '장명(將命)'은 주인과 빈객 사이를 오가며 상대방의 말을 전달하는 것을 말한다. '전명(傳命)'과 같다.
- '거어위(居於位)'는 심부름하는 동자라면 서서 분부를 기다리는 것이 예의인데 어른과 똑같이 버젓
  이 자리를 차지하고 앉아 있는 것을 말한다.

15. 위영공편(衛靈公篇)

「위영공편」은 모두 42장으로 이루어져 있다. 여기서는 먼저 공자가 자신의 뜻을 펴기 위해 열국을 돌아다녔을 때 어떤 생각을 지니고 유세했으며, 곤경에 처했을 때 어떻게 대처했는지를 살펴볼 수 있다. 그 다음에 전편과 마찬가지로 공자의 다양한 견해와 깊은 통찰력을 엿볼 수 있다. 공자가 자신의 학문을 체계화한 기본관념은 무엇인지, 심중의 말을 누구에게 밝힐 수 있었는지, 왜 멀리 앞을 내다보고 행동해야 하는지 등을 알 수 있고, 또한 자장·자공·안회 등이 제기한 거창한 질문에 공자가 어떻게 답변했는지를 음미할 수 있다. 더불어 공자가 제자들을 가르치면서 어떻게 학문과 수양에 대해 독려하고 당부했는지를 엿볼 수 있고, 가르치기 힘든 제자들을 만났을 때 무슨 하소연을 했는지도 알 수 있다.

衛靈公問陳於孔子. 孔子對曰: 俎(조)豆之事, 則嘗聞之矣. 軍旅之
事, 未之學也. 明日遂行.

위나라 영공이 선생님께 군대의 진법(陣法)에 대해 물었다. 선생님께서
대답하셨다: 예의에 관한 것은 조금 공부했습니다만 전쟁에 대해서는
배운 적이 없습니다. 그리고는 그 다음날 바로 위나라를 떠나셨다.

- '진(陳)'은 '진(陣)'과 같아서 '군진(軍陣)'의 뜻이다.
- '조두지사(俎豆之事)'의 '俎'와 '豆'는 모두 중국 고대의 제사나 의식 때 음식을 담던 그릇으로 예를 행
  할 때 사용했다. 여기서는 이것을 빌려 예의에 관한 일을 표시하였다.

전쟁을 묻는 위나라를 떠나다

위 영공의 질문에 대해 공자가 전쟁에 대해서는 배운 적이 없다고 하고 그
다음날 바로 위나라를 떠난 것을 통해, 그가 전쟁에 의한 사회 혼란을 얼마
나 싫어하고 우려했는지를 알 수 있다.

在陳絶糧, 從者病, 莫能興. 子路慍見(현)曰: 君子亦有窮乎? 子曰:
君子固窮, 小人窮斯濫(람)矣.

선생님께서 진나라에 왔을 때 식량이 다 떨어져 따르는 사람 중에 병
들어 일어나지 못하는 사람도 있었다. 자로가 화가 나서 선생님을 뵙
고 여쭈었다: 덕 있는 군자도 곤궁에 처할 때가 있습니까? 선생님께
서 말씀하셨다: 군자는 곤궁에 처해도 의연하지만 소인은 곤궁에 처
하면 못하는 짓이 없게 된다.

- "고궁(固窮)"은 "곤궁 속에서 꿋꿋하게 버티다"는 뜻이다.
- '사(斯)'는 조건에 따른 결과를 표시하는 접속사이다.
- '람(濫)'은 '함부로 하다', '외람되다'의 뜻이다.

子曰: 賜也, 女以予爲多學而識(지)之者與? 對曰: 然, 非與? 曰: 非
也, 予一以貫之.

선생님께서 말씀하셨다: 사야! 너는 내가 많이 배우고 그것을 다 마음
에 새긴 사람이라고 생각하느냐? 자공이 대답했다: 그렇습니다. 아닙
니까? 선생님께서 말씀하셨다: 아니다. 나는 학문을 하나의 기본관념
으로 꿰고 있을 뿐이다.

하나의 참된 이치로 세상을 꿰뚫다, 일이관지(一以貫之)

「이인편」 14장에 "내 길은 오직 하나이다. …… 선생님의 길은 오직 '성심'

하나라는 것이다.(吾道一以貫之. …… 夫子之道, 忠恕而已矣.)"라고 나와있듯이, 이 장은 공자가 자신의 지식을 '성심(忠恕)'이라는 기본관념에 바탕하여 일관성 있게 체계화했다는 내용을 전하고 있다.

15-4

子曰: 由! 知德者鮮矣.

선생님께서 말씀하셨다: 유야! 덕을 아는 사람이 드물구나.

• '지덕자(知德者)'는 '덕의 개념이 무엇인지를 아는 사람'이라기보다는 '덕의 효용이 무엇인지를 아는 사람'일 것이다.

'유(由)'와 '유야(由也)'의 차이

여기서 '유(由)'를 공자가 자로를 부르는 말로 본다면 '유야(由也)'가 자연스럽다는 이유를 들어 '능(能)'의 오자로 보고 싶다는 견해가 있는데 참고할 만하다. 그렇다면 이 글의 번역은 "덕을 잘 아는 사람은 드물구나"가 될 것이다.

子曰: 無爲而治者其舜也與? 夫何爲哉? 恭己正南面而已矣.

선생님께서 말씀하셨다: 앞에 나서지 않고 조용히 천하를 잘 다스린 사람은 아마 순임금일 것이다. 그가 무엇을 했는가? 자신의 자세를 단정히 한 다음 천자가 남면하는 자리에 똑바로 앉아 있었을 뿐이다.

● '무위이치(無爲而治)'에 대해 일반 유가들은 '군주가 인재를 적재적소에 등용하여 믿고 맡겼기 때문에 자신은 한가롭고 편안할 수 있었다'라고 생각했다.

시대와 함께 성장한『논어』

'무위이치'의 사상은 도가에서 두드러지게 나타나는데, 이러한 도가사상이 논어에 나타나게 된 것에 대해서는 두 가지 해석이 있다. 하나는 이러한 사상 역시 유가사상에 내재되어 있던 것인데 그것이 발전하고 분리되어 도가의 학설이 되었다는 것이고, 다른 하나는 논어가 시대와 함께 성장하여 후대의 사상을 그 안에 받아들여 지금의 형태가 되었다고 생각하는 것이다. 물론 후자일 가능성이 더 크다.

子張問行. 子曰: 言忠信, 行篤(독)敬, 雖蠻(만)貊(맥)之邦, 行矣. 言不忠信, 行不篤敬, 雖州里, 行乎哉? 立則見其參(참)於前也, 在輿(여)則見其倚於衡(형)也, 夫然後行. 子張書諸(저)紳.

자장이 어떻게 하면 자신의 주장이 널리 행해질 수 있는지 여쭈었다. 선생님께서 말씀하셨다: 말에 성의가 있고 행동에 성실함이 있으면 설사 다른 부족의 나라에 가더라도 통한다. 그와 반대로 말에 성의가 없고 행동에 성실함이 없다면 자신이 태어난 고향에서도 통하지 않을 것이다. 서 있으면 "言忠信, 行篤敬" 여섯 글자가 눈앞에 어른거리고, 수레에 타면 이 여섯 글자가 수레 앞 횡목에 붙어 있다고 생각할 정도로 철저히 명심해야 자신의 주장이 널리 행해질 것이다. 자장은 이 여섯 글자를 허리띠에 써두고 항상 바라보기로 했다.

- "見其參於前"을 직역하면 "그 여섯 글자가 눈앞에 나열되어 있는 듯이 보이다"이다.
- '신(紳)'은 허리띠 중에서 허리에 매고 남은 부분을 장식용으로 길게 늘어뜨리는 큰 띠를 가리킨다.

子曰: 直哉史魚! 邦有道如矢(시), 邦無道如矢. 君子哉蘧(거)伯玉!
邦有道, 則仕. 邦無道, 則可卷而懷之.

선생님께서 말씀하셨다: 올곧도다, 사어는! 나라에 정도가 행해져도
화살 날아가듯이 올곧았고, 나라에 정도가 행해지지 않아도 화살 날
아가듯이 올곧았다. 위대하구나, 거백옥은! 나라에 정도가 행해지면
관직에 나아가고 나라에 정도가 행해지지 않으면 자신의 재능을 둘둘
말아서 가슴속에 감출 수가 있으니.

- '사어(史魚)'는 위나라의 대부로, 이름이 추(鰌)이고 자가 자어(子魚)이다. 그는 위 영공에게 간신 미
  자하(彌子瑕)를 물리치고 거백옥을 중용하라고 여러 차례 간했으나, 이는 받아들여지지 않았다. 죽
  기 전에 그는 자신은 신하의 도리를 다하지 못했으니 정식으로 상례를 갖출 수 없다고 하면서 아들
  에게 자신의 시체를 그냥 들창 밑에 두라고 분부했는데, 영공이 그 사실을 알고 자신의 잘못을 뉘우
  쳐 미자하를 물리치고 거백옥을 중용했다. 옛사람들은 이를 가리켜 '시간(尸諫)'이라고 했다.
- '권(卷)'은 '권(捲)'과 같다.

子曰: 可與言而不與之言, 失人. 不可與言而與之言, 失言. 知者不
失人, 亦不失言.

선생님께서 말씀하셨다: 속에 있는 말을 나눌 수 있다고 판단했으면
서도 털어놓고 이야기하지 않는다면 그 사람을 잃게 된다. 속에 있는
말을 해서는 안 되겠다고 판단했으면서도 털어놓고 이야기하면 실언
한 것이다. 지혜로운 사람은 사람을 잃지 않으며 실언하지도 않는다.

실인(失人)도 말고 실언(失言)도 말라

이 장은 말과 인간관계에 대한 공자의 통찰력 깊은 말로 보인다.

15−9

子曰: 志士仁人, 無求生以害仁, 有殺身以成仁.

선생님께서 말씀하셨다: 숭고한 뜻을 지닌 사람과 어진 사람은 삶에
연연하여 인을 해치는 일이 없고, 자신을 희생하여 인을 이루는 일은
있다.

15−10

子貢問爲仁. 子曰: 工欲善其事, 必先利其器. 居是邦也, 事其大夫
之賢者, 友其士之仁者.

자공이 인을 실천하는 방법에 대해 여쭈니, 선생님께서 말씀하셨다:
장인이 그의 일을 잘하려면 우선 연장을 잘 갖추어 놓아야 한다. 어느
나라에 살게 되면 그 나라의 대부 가운데 현자에게 인의 실천 방법을
배우고, 지도층 인사 중의 어진 이와 사귀어야 할 것이다.

- "리기기(利其器)"를 직역하면 "자신이 쓸 연장을 날카롭게 하다"이다.
- '거시방(居是邦)'의 '是'는 불특정한 것을 가리키는 지시대명사이다.
- "事其大夫之賢者"를 직역하면 "그 나라 대부 중의 현자를 섬기다"인데, 여기서의 말은 인(仁)의 실
  천방법에 대한 대답이지 출사하여 정치를 잘하는 방법에 대한 대답이 아니므로 "그 나라의 대부 가
  운데 현자에게 인의 실천 방법을 배우다"라고 번역하였다.

- '사(士)'는 여기서 일정한 사회적 지위가 있는 사람을 가리킨다.

---

15 — 11

顏淵問爲邦. 子曰: 行夏之時, 乘殷之輅(로), 服周之冕, 樂(악)則韶 (소)舞. 放鄭聲, 遠佞人, 鄭聲淫, 佞人殆.

안연이 나라를 다스리는 방법에 대해 여쭈니, 선생님께서 대답하셨다: 하나라의 역법을 쓰고, 은나라의 수레를 타며, 주나라의 의관을 쓰고, 음악은 순임금 때에 만든 소(韶)라는 무곡을 쓰는 것이 좋다. 정나라의 속된 음악을 물리치고 아첨하는 인간을 멀리 하라. 정나라의 음악은 상스럽고 아첨하는 인간은 믿기 어려운 법이다.

- 역사 기록에 의하면 하나라는 자연력을 사용하여 북두칠성의 자루가 인(寅)의 방향을 가리키는 것(建寅之月: 음력 정월)을 정월로 삼아 사계절의 자연현상을 구분하였다. 주나라는 북두칠성의 자루가 자(子)의 방향을 가리키는 것(建子之月: 음력 11월)을 정월로 삼았다. (상나라는 건축지월(建丑之月: 음력 12월)을 정월로 삼았다.) 이는 천체 현상을 관측하는 면에서는 진보한 것이지만 농업 생산 면에서는 하나라의 역법이 편리했다.
- '로(輅)'는 은나라의 수레로 주나라의 수레에 비해 소박했다.
- '면(冕)'은 예모로, 여기서는 이것으로 의관을 지칭하였다. 주나라에 이르러 여러 가지 문물제도가 완비되었는데, 복제도 이 때 완비되었다.
- '정성(鄭聲)'은 남녀 간의 연애를 노래한 것이 많았기 때문에 옛날 기준에서는 상스런 음악으로 평가되었다.

子曰: 人無遠慮, 必有近憂.

선생님께서 말씀하셨다: 사람이 멀리 앞을 내다보면서 행동하지 않으면 생각지 못한 차질이 생기기 마련이다.

• 위의 말을 직역하면 "사람이 멀리 사고함이 없으면 반드시 가까운 근심이 있다"이다.

子曰: 已矣乎! 吾未見好德如好色者也.

선생님께서 말씀하셨다: 다 되었구나! 나는 아직 여색을 좋아하는 만큼이나 수양에 힘쓰는 사람을 보지 못했다.

子曰: 臧文仲其竊(절)位者與! 知柳下惠之賢而不與立也.

선생님께서 말씀하셨다: 장문중은 관직만 차지하고 일은 제대로 하지 않는 사람인 것 같다. 유하혜가 현인이라는 것을 알면서도 오히려 그를 배척했다.

• '장문중(臧文仲)'은 노나라 대부 장손진(臧孫辰)이다. (「공야장편」 18장을 참조할 것)
• '절위자(竊位者)'를 직역하면 '관직을 훔친 사람'이다.
• '불여립(不與立)'은 '불여위(不與位)'와 같아서 '관직을 주지 않다'이다. 유월(俞樾)의 『군경평의(群經

平議)』에 상세한 설명이 있다.

15-15

子曰: 躬自厚而薄責於人, 則遠怨矣.

선생님께서 말씀하셨다: 자신에 대해서는 깊이 반성하고 타인에 대해서는 책망할 일이 있어도 가볍게 하면 원망이 멀어질 것이다.

• '후(厚)'는 '후책(厚責)'인데, 뒤에 나온 '박책(薄責)'으로 인해 '책(責)'이 생략된 것이다.

15-16

子曰: 不曰"如之何, 如之何"者, 吾末如之何也已矣.

선생님께서 말씀하셨다: "이를 어찌할까, 저를 어찌할까"하고 물어오지 않는 사람은 나도 어쩔 방법이 없다.

15-17

子曰: 群居終日, 言不及義, 好行小慧, 難矣哉.

선생님께서 말씀하셨다: 여럿이 종일토록 함께 있으면서 의미 있는 말은 한 마디도 하지 않고 잔재주 부리기나 좋아한다면 참으로 가르치기 어렵다.

• "好行小慧"를 직역하면 "작은 지혜를 행하기 좋아하다"이다.

15-18

子曰: 君子義以爲質, 禮以行之, 孫以出之, 信以成之, 君子哉!

선생님께서 말씀하셨다: 교양을 갖춘 사람이라면 합당함을 원칙으로 삼고, 예의 정신에 따라 실천하고, 겸손한 말로 의견을 내고, 성실한 태도로 완성한다. 그렇게 할 수 있다면 교양인이로다!

• '손(孫)'은 '손(遜)'과 같고, '출(出)'은 말을 한다는 뜻이다.

15-19

子曰: 君子病無能焉, 不病人之不己知也.

선생님께서 말씀하셨다: 제군들은 자신의 능력이 부족하지는 않은지 걱정하고, 남이 자신을 알아주지 않는 것은 걱정하지 마라.

子曰: 君子疾沒世而名不稱焉.

선생님께서 말씀하셨다: 제군들이 죽고 나서도 나름대로의 업적에 대한 평판을 얻지 못한다면 그것은 부끄러운 일이다.

후세에 부끄럼 없는 삶

공자의 이 말은 앞 장의 말과 일견 모순되어 보인다. 공자는 늘 제자들에게 자신의 능력과 덕성의 함양을 강조하면서도 남의 평판에는 신경 쓰지 말라고 가르쳤다. 그러나 이는 살아가는 과정 속의 일이다. 인생 전체를 놓고 평가했을 때는 이야기가 달라진다. 사람이 죽고 나면 나름대로의 업적에 대한 후세의 평판이 뒤따르게 마련이고, 그 평판은 대체로 공정하게 마련이므로 공자는 제자들에게 그 점을 염두에 두라고 말한 것이다.

子曰: 君子求諸(저)己, 小人求諸(저)人.

선생님께서 말씀하셨다: 제군들은 일의 성패를 자신 속에서 찾고, 결코 남의 탓으로 돌리지 마라.

• '저(諸)'는 '之於'와 같으며 '之'는 일반적인 요구 사항을 가리킨다.

子曰: 君子矜而不爭, 群而不黨.

선생님께서 말씀하셨다: 제군들은 자존심을 지키면서도 서로 배척하지 말고, 공동으로 일을 하면서 파벌을 형성하지 마라.

군이부당(群而不黨), 어우러지되 엉기지 않는다

'군이부당(群而不黨)'은 「위정편」 14장 "주이불비(周而不比)(도의를 기치로 서로 사귀고, 사리사욕을 위해 결탁해서는 안 된다)"와 「자로편」 23장 "화이부동(和而不同)(서로의 의견을 조절하여 화합을 이루되 부화뇌동하지 마라)"의 뜻을 담고 있는 것으로 보인다.

子曰: 君子不以言擧人, 不以人廢言.

선생님께서 말씀하셨다: 제군들은 말만 듣고 그 사람을 평가해서는 안 된다. 비록 하찮은 사람일지라도 하는 말이 훌륭하면 흘려 들어서는 안 된다.

子貢問曰: 有一言而可以終身行之者乎? 子曰: 其恕(서)乎! 已所不欲, 勿施於人.

자공이 여쭈었다: 단 한 마디로 평생토록 받들 가치가 있는 말이 있습니까? 선생님께서 말씀하셨다: 아마도 '서(恕)', 곧 남의 입장이 되어보는 것이리라! 자신이 원하지 않는 일을 남에게 시키지 말아야 한다.

평생을 두고 남의 입장을 헤아리다

이와 비슷한 말이 「공야장편」 12장과 「안연편」 2장에도 있다. 그런데 특히 「공야장편」에서는 "자공이 말했다: 저는 남이 제게 폐를 끼치길 원치 않는 것처럼 저도 남에게 폐를 끼치고 싶지 않습니다. 선생님께서 말씀하셨다: 사야, 그것은 아직 네가 해낼 수 있는 일이 아니다"라고 하여 이 장과 모순되는 내용을 발견할 수 있다. 아마 동일한 사실을 보고 들은 사람이 말을 전하는 과정에서 두 개의 다른 전승이 생긴 듯한데, 이 장이 비교적 원형에 가까운 것인 듯하다.

15-25

子曰: 吾之於人也, 誰毀(훼)誰譽(예)? 如有所譽者, 其有所試矣. 斯民也, 三代之所以直道而行也.

선생님께서 말씀하셨다: 내가 다른 사람에 대하여 누구를 헐뜯고 누구를 칭찬하겠느냐? 만일 내가 칭찬하는 사람이 있다면 반드시 그를 경험해 본 적이 있어서이다. 지금 천하의 백성은 하·상·주 삼대의 태평성대에 정직으로써 인도하면 그대로 정직하게 따라왔던 그 백성들이다.

- "以直道而行"은 직역하면 "직도로써 행하다"인데, 여기서는 문맥을 고려하여 "정직으로 인도하여 가게 하다"로 번역했다.
- 그 시대에는 누구를 욕하지도 누구를 칭찬하지도 않는다는 정신이 보편화되어 있었던 것이다.

15-26

子曰: 吾猶及史之闕(궐)文也. 有馬者借人乘之, 今亡(무)矣夫!

선생님께서 말씀하셨다: 내가 옛날에는 그래도 사관이 역사에 빠진 글이 있으면 빠진 글로 비워 두는 정직성과, 말을 가진 사람이 다른 사람에게 말을 빌려 주어 수레를 타게 하는 인정을 볼 수 있었는데, 이런 면들이 지금은 없구나!

- "사지궐문(史之闕文)"은 "사관이 역사에 궐문이 있으면 궐문으로 비워 두는 것"을 뜻한다. 이 '闕文'은 원래 『논어』에 빠진 글이 있어서 '闕文'이라고 주기한 것을 후세 사람들이 잘못 알고 본문에 포함시켜 읽었다는 설도 있다.
- '승(乘)'은 수레를 타는 것이지, 직접 말을 타는 것이 아니다. 중국에서 사람이 직접 말을 타게 된 것은 전국시대(戰國時代)에 들어와서의 일이다.

子曰: 巧言亂德. 小不忍, 則亂大謀.

선생님께서 말씀하셨다: 그럴듯하기만 한 말은 그 사람의 성품을 망친다. 작은 일을 참을 수 없다면 큰일을 그르치게 된다.

子曰: 衆惡(오)之, 必察焉. 衆好之, 必察焉.

선생님께서 말씀하셨다: 모두가 그를 나쁘게 말하더라도 반드시 자신의 눈으로 확인하고, 모두가 좋게 말하더라도 반드시 자신의 눈으로 확인하라.

子曰: 人能弘道, 非道弘人.

선생님께서 말씀하셨다: 사람이 도를 넓히는 것이지, 도가 사람을 넓히는 것이 아니다.

子曰: 過而不改, 是謂過矣.

선생님께서 말씀하셨다: 잘못을 저지르고도 고치지 않는다면 그것이 바로 완전한 잘못이다.

子曰: 吾嘗終日不食, 終夜不寢(침), 以思, 無益, 不如學也.

선생님께서 말씀하셨다: 내가 일찍이 종일토록 먹지 않고 밤새워 사색에 빠졌지만 결국 얻는 것이 없었고, 배우는 것만 못하였다.

배움과 사색

「위정편」 15장에서 공자가 말한 "배우기만 하고 스스로 생각하지 않으면 자신의 세계를 열 수 없고, 생각만 하고 배우지 않으면 위험하다(學而不思則罔, 思而不學則殆)"를 감안해볼 때 '思'를 무가치하게 본 것이 아니라 '學'을 바탕으로 한 '思'를 강조한 것으로 보인다.

15-32

子曰: 君子謀道不謀食. 耕也,〔餒(뇌)〕餧(위)在其中矣. 學也, 祿在其中矣. 君子憂道不憂貧.

선생님께서 말씀하셨다: 제군들은 학업에 전념하고 의식은 근심하지 말기 바란다. 농부가 경작하면 먹을 것이 그 안에 있는 것처럼 제군들이 학업에 열중하면 봉급은 저절로 굴러 들어오게 마련이다. 제군들은 학업에 진전이 없는 것을 걱정해야지 가난함을 근심할 필요가 없다.

- 원문에 '뇌(餒)'라고 되어 있어서 '耕也, 餒在其中矣'를 "농부가 경작하면 항상 굶주림이 있다"라고 풀이하는데, 그렇게 하면 다음 문장과의 연결이 부자연스럽다. 그래서 '뇌(餒)'는 자형이 비슷한 '위(餧: 밥)'를 필사할 때 잘못 쓴 것이라고 추정하는 견해가 있는데(미야자키 이치사다), 받아들일 만하다.

15-33

子曰: 知及之, 仁不能守之. 雖得之, 必失之. 知及之, 仁能守之. 不莊以涖(리)之, 則民不敬. 知及之, 仁能守之. 莊以涖之, 動之不以禮, 未善也.

선생님께서 말씀하셨다: 지략이 뛰어나도 인덕으로 지키지 않으면 정권을 손에 넣어도 반드시 잃게 된다. 지략에 뛰어나고 인덕으로 지켜도 격식을 갖추고 대하지 않으면 백성은 존경하지 않는다. 지략에 뛰어나고 인덕으로 지키고 격식을 갖추고 대해도 예의 정신을 지니고 행동하지 않으면 최선에 이른 것이 아니다.

- '知及之, 仁不能守之'의 '之'가 가리키는 것이 무엇인지 밝혀져 있지 않지만 문맥을 보아 '정권'으로 번역했다.

- "장이리지(莊以涖之)"를 직역하면 "장중함으로써 그들(백성)에게 임하다"이다.
- '動之'를 '백성들을 동원하다'로 풀이하는 견해가 있는데, 취하지 않았다.

子曰: 君子不可小知, 而可大受也. 小人不可大受, 而可小知也.

선생님께서 말씀하셨다: 제군들은 세세한 일에 너무 신경 쓰지 말고 대국적인 판단을 그르치지 않도록 하라. 대국적인 판단을 올바로 할 수 없다면 세세한 일에 생각이 미쳐도 지도층 인사라고 할 수 없다.

- '소지(小知)'는 '작게 알다', 즉 아는 것이 자질구레함을 말한다.
- '대수(大受)'는 '크게 수임하다', 즉 대국적으로 판단하는 것을 뜻한다.

子曰: 民之於仁也, 甚於水火. 水火, 吾見蹈(도)而死者矣, 未見蹈仁而死者也.

선생님께서 말씀하셨다: 백성들이 인덕을 필요로 하는 것은 물이나 불을 필요로 하는 것보다 더 심하다. 그런데 물이나 불은 너무 많으면 거기에 빠져 죽을 수 있지만 인덕은 아무리 많아도 거기에 빠져 죽는 사람은 보지 못했다.

15-36

子曰: 當仁不讓於師.

선생님께서 말씀하셨다: 인덕을 실천할 일에 당면하면 스승에게도 양보하지 말고 행하라.

15-37

子曰: 君子貞而不諒(량).

선생님께서 말씀하셨다: 제군들은 정도를 지키되 하찮은 의리에 발목을 잡힐 필요는 없다.

- '정(貞)'은 '정도를 지키다', '정도에 부합하다'는 뜻이다.
- '량(諒)'은 '작은 믿음을 지키다', '하찮은 의리를 지키다'는 뜻이다.

15-38

子曰: 事君, 敬其事而後其食.

선생님께서 말씀하셨다: 출사하면 맡은 일에 최선을 다하고 봉급을 앞세우지 마라.

子曰: 有教無類.

선생님께서 말씀하셨다: 나는 사람을 가르치는 데 있어서 차별을 두지 않는다.

모두에게 열린 가르침

'유교무류(有敎無類)'는 '가르침이 있을 뿐, 부류가 따로 없다'는 뜻으로, 신분·지위·빈부 등에 따라 차별을 두지 않고 누구에게나 똑같이 교육의 기회를 주어 가르친다는 말이다.

子曰: 道不同, 不相爲謀.

선생님께서 말씀하셨다: 지향하는 이상이 같지 않으면 함께 일을 도모하지 않는다.

子曰: 辭達而已矣.

선생님께서 말씀하셨나: 말은 의미가 명확하게 통하면 그것이 최상이다.

師冕見(현), 及階, 子曰: 階也. 及席, 子曰: 席也. 皆坐, 子告之曰:
某在斯, 某在斯. 師冕出. 子張問曰: 與師言之道與? 子曰: 然. 固
相師之道也.

장님 악사 면이 선생님을 뵈러 왔는데 계단 앞에 이르자 선생님께서
말씀하셨다: 계단입니다. 좌석 앞에 이르자 선생님께서 말씀하셨다:
좌석입니다. 모두 각자의 좌석에 앉자 선생님께서 일일이 누구는 여
기 있습니다, 누구는 여기 있습니다 하면서 소개하셨다. 악사 면이 돌
아가자 자장이 여쭈었다. 그렇게 하는 것이 장님을 응대하는 방법입
니까? 선생님께서 대답하셨다: 그렇다. 그러나 이런 경우에는 응대하
는 방법이라고 하지 않고 도와드리는 방법이라고 한다.

● '상(相)'은 '돕다', '보좌하다'는 뜻이다.

16. 계씨편(季氏篇)

「계씨편」은 모두 14장으로 이루어져 있다. 여기서 우리는 정벌전쟁에 대한 공자의 생각, 제자들에게 관료가 되기 위한 교육을 시켰던 공자의 의도, 변혁의 시기에 가까울수록 권력투쟁이 격렬해진다는 공자의 역사 고찰 등을 살펴볼 수 있고, 유익한 벗과 해로운 벗이 어떻게 구분되는가, 신하는 군주에게 어떻게 말해야 하는가, 살아가며 무엇을 경계해야 할 것인가, 살아가며 마음에 새겨 두어야 할 덕목은 무엇인가 등에 대한 깊은 통찰력과 명석한 판단을 엿볼 수 있다. 아울러 제 경공과 백이·숙제에 대한 후세의 평가가 우리들에게 무슨 교훈을 남겼는지, 공자는 왜 자신의 자식을 직접 가르치지 않았는지 등에 대해 음미해 볼 수 있다.

季氏將伐顓(전)臾(유). 冉有季路見(현)於孔子曰: 季氏將有事於顓
臾. 孔子曰: 求! 無乃爾是過與? 夫顓臾, 昔者先王以爲東蒙主, 且
在邦域之中矣, 是社稷之臣也. 何以伐爲? 冉有曰: 夫子欲之, 吾二
臣者皆不欲也. 孔子曰: 求! 周任有言曰: 陳力就列, 不能者止. 危
而不持, 顚(전)而不扶, 則將焉用彼相矣? 且爾言過矣, 虎兕(시)出於
柙(합), 龜玉毁於櫝(독)中, 是誰之過與? 冉有曰: 今夫顓臾, 固而近
於費. 今不取, 後世必爲子孫憂. 孔子曰: 求! 君子疾夫舍曰欲之而
必爲之辭. 丘也聞有國有家者, 不患寡而患不均, 不患貧而患不安.
蓋均無貧, 和無寡, 安無傾. 夫如是, 故遠人不服, 則修文德以來之.
旣來之, 則安之. 今由與求也, 相夫子, 遠人不服, 而不能來也. 邦
分崩(붕)離析, 而不能守也. 而謀動干戈於邦內. 吾恐季孫之憂, 不
在顓臾, 而在蕭牆之內也.

노나라 대신 계씨가 전유 읍을 칠 계획을 세웠다. 염유와 자로가 선생
님을 뵙고 말했다: 계씨가 전유를 치려고 합니다. 선생님께서 말씀하
셨다: 염구야, 네가 무언가 잘못 생각하고 있는 것이 아니냐? 전유 읍
은 옛날 주나라의 선조가 동몽산을 제사하기 위해 봉한 나라였다. 노
나라의 영토에 둘러싸여 있지만 자신의 사직을 세울 권리를 지닌 속국
이거늘 어찌 그 나라를 친단 말이냐? 염유가 말했다: 사실은 계손씨
가 주장하고 있는 것이고 저희 두 사람은 찬성하지 않았습니다. 선생
님께서 말씀하셨다: 염구야, 주임이 한 말 중에 "가능한 한 힘을 다해
서 자신의 직무를 맡고 그럴 수 없으면 물러나야 한다"는 말이 있다.
주변이 위험할 때 주군을 옆에서 떠받치지 못하고 넘어졌을 때 도와서
일으키지 못한다면 그런 보좌관을 어디에 쓰겠느냐? 게다가 지금 네

가 말한 것은 도리에 어긋난다. 동물원 우리에서 호랑이나 외뿔소가 뛰쳐나가거나 지키고 있던 옥기나 귀갑이 상자 속에서 깨졌다면 그것이 누구의 잘못이겠느냐? (관리자가 모른 척해서 될 일이 아니다.) 염유가 말했다: 그러나 몇 가지 이유가 있습니다. 전유는 성이 견고하고 계씨의 근거지인 비읍 가까이에 있습니다. 지금 그곳을 취하지 않으면 후세에 반드시 자손들의 우환거리가 될 것입니다. 선생님께서 말씀하셨다: 염구야! 군자는 자신의 야심에서 나온 것을 숨기고 속이 뻔한 핑계를 대지 않는 법이다. 내가 듣기로 "나라나 영지를 지배하는 사람은 인구가 적은 것을 걱정하지 말고 부담이 공평하지 못한 것을 걱정하라. 가난한 것을 걱정하지 말고 편안하지 못한 것을 걱정하라"는 말이 있다. 생각해 보면 부담이 형평에 맞으면 빈곤은 생기기 어렵다. 평화가 계속되면 인구는 늘어나고 불안의 씨앗이 제거되면 망할 위험이 없어진다. 세상의 이치가 그런 것이므로 먼 이국을 품에 안으려면 스스로 문교를 통한 감화력을 발휘하여 그들 스스로 수교하러 찾아오도록 하고, 상대방이 찾아오면 안심시키는 것이 제일이다. 그런데 지금 들어보니 너희는 계씨를 보좌하면서도 이국을 품에 안아 수교를 할 만한 자격이 없는 것 같구나. 자신의 나라가 내부에서 붕괴할 위험이 있는 것도 방지하지 못하면서 바로 이웃 나라에 싸움을 걸려 하고 있으니 말이다. 내가 보기에는 계씨에게 위험한 적은 전유가 아니라 측근의 부하인 것 같다.

- '전유(顓臾)'는 산동성 비현(費縣)의 서북쪽에 위치한 노나라의 속국이다. 복희씨(伏羲氏)의 후예로 주공이 노나라에 봉해지기 전부터 몽산(蒙山) 일대에서 작은 나라를 이루고 있었다.
- '無乃…與'는 '바로 …이 아닌가?'라는 뜻의 반문형 의문문을 이룬다.
- '是'는 강조를 표시하는 부사이다.
- '동몽주(東蒙主)'는 '동몽산의 제주(祭主)'라는 뜻으로, 여기서는 '동몽산에 제사하기 위해 봉한 나

라'로 번역했다.
- '주임(周任)'은 주나라의 대부라는 설과 고대의 사관(史官)이라는 설이 있다.
- '不能者止'의 '者'는 가정이나 조건의 어기를 나타내는 조사이다.
- "舍曰欲之"는 "그것을 원한다고 말하기를 숨기다"라는 뜻으로, '舍'는 '捨'와 같다. "君子疾夫舍曰欲之而必爲之辭"를 직역하면 "군자는 그것을 원한다고 말하기를 숨기고 반드시 그것에 핑계 대는 것을 미워한다"이다. 여기서 '夫'는 어기를 늦추면서 타동사의 목적어가 두 절 이상으로 이루어져 있음을 표시하는 조사이다.
- "修文德"을 직역하면 "문교를 통한 감화력을 닦다"이다.
- "소장지내(蕭牆之內)"는 "겉 담의 안쪽에 있는 낮은 담 안"이라는 말로, 여기서는 '최측근'이라는 뜻으로 사용되었다.

▂▂▂
16-2

孔子曰: 天下有道, 則禮樂(악)征伐自天子出. 天下無道, 則禮樂征伐自諸侯出. 自諸侯出, 蓋十世希不失矣. 自大夫出, 五世希不失矣. 陪臣執國命, 三世希不失矣. 天下有道, 則政不在大夫. 天下有道, 則庶人不議.

선생님께서 말씀하셨다: 대의명분이 행해지고 있을 때는 천자가 천하의 정치와 군사의 전권을 갖는다. 명분이 무너지면 정치와 군사의 전권은 제후의 손에 들어간다. 전권이 제후의 손에 들어가면 그 가문은 대개 십대에 가서 망해버린다. 만약 제후의 나라에서 대신이 정치와 군사의 전권을 장악하면 대개 오대에 가서 망해버린다. 그리고 대신의 신하가 정치와 군사의 전권을 쥐게 되면 대개 삼대에 가서 망해버린다. 대의명분이 행해지고 있으면 제후의 가신들은 정무에 관여하지 않을 것이고, 대의명분이 행해지고 있으면 일반 서민은 정치를 논하지 않을 것이다.

● '예악정벌(禮樂征伐)'은 '교화를 통한 정치와 군사력을 동원한 정벌'의 뜻이므로 여기서는 '정치와 군사'로 번역하였다.

공자가 본 천하의 흥망성쇠

이 장에서 공자가 한 말은 역사 고찰을 통해 얻어 낸 결론인 듯하다. "천자가 천하의 정치와 군사의 전권을 갖는다"는 것은 공자가 보기에 요(堯)·순(舜)·우(禹)·탕(湯)과 서주(西周)를 말한 것이고, "명분이 무너졌다"는 것은 제나라 환공(桓公) 때부터 이미 주(周) 천자가 명령을 내리는 힘이 없어졌다는 말이다. 제나라는 환공부터 패권을 잡았는데, 효공(孝公)·소공(昭公)·의공(懿公)·혜공(惠公)·경공(頃公)·영공(靈公)·장공(莊公)·도공(悼公)·간공(簡公)까지 10대를 내려와 간공에 이르러서 진항(陳恒)에게 죽는데, 공자가 그것을 직접 보았다. 진(晉)나라는 문공(文公)부터 패권을 잡았는데, 양공(襄公)·영공(靈公)·성공(成公)·경공(景公)·여공(厲公)·평공(平公)·소공(昭公)·경공(頃公)까지 9대를 거쳐, 육경(六卿)이 전군을 장악하는 것을 공자가 직접 보았다. 그래서 "그 가문은 대개 십대에 가서 망해버린다"고 말한 것이다. 노나라는 계우(季友) 때부터 대부가 전권을 장악하기 시작하여 문자(文子)·무자(武子)·평자(平子)·환자(桓子)를 거쳐 가신 양호(陽虎)가 집권했는데, 이 역시 공자가 직접 본 것이다. 그래서 "대개 오대에 가서 망해버린다"고 말한 것이다. 노나라 계손씨의 가신인 남괴(南蒯)·공산불요(公山弗擾)·양호(陽虎) 같은 부류들은 모두 당대에 몰락해서 3대에 이른 적이 없었다. 그런데도 공자가 "대개 삼대에 가서 망해버린다"고 말한 것은 관대한 처분으로 보인다. 이렇게 볼 때 역사는 변혁의 시기에 가까워질수록 권력 투쟁이 더욱 격렬해졌음을 알 수 있다.

16-3

孔子曰: 祿之去公室五世矣, 政逮(체)於大夫四世矣, 故夫三桓之子 孫微矣.

선생님께서 말씀하셨다: 노나라에서는 군주가 정권을 잃은 지 5대가 지났다. 정권이 대신의 수중에 들어간 지는 4대가 지났다. 그리고 이번에는 대신인 삼환씨 3가가 쇠퇴할 때가 되었다.

- "祿之去公室五世矣"는 "봉급을 주는 권한이 노나라의 공실을 떠난 것이 오대가 되다"는 말이다. 노나라는 선공(宣公) 때부터 성공(成公) 양공(襄公) 소공(昭公)을 거쳐 정공(定公)에 이르기까지의 5대 동안 정권이 대부들의 손에 있었다.
- '사세(四世)'는 계씨 일가인 문자(文子) 무자(武子) 평자(平子) 환자(桓子)의 4대를 가리킨다.
- '삼환(三桓)'은 노나라의 삼경(三卿)으로 중손(仲孫: 즉 맹손(孟孫)임) · 숙손(叔孫) · 계손(季孫) 세 사람이 모두 노나라 환공(桓公)에서 나왔기 때문에 '삼환'이라고 칭했다.
- '三桓之子孫微矣'는 노나라 정공(定公) 때 계씨의 가신인 양호(陽虎)가 계환자(季桓子)를 가두고 국정을 전횡한 사실을 말한다.

16-4

孔子曰: 益者三友, 損者三友. 友直, 友諒, 友多聞, 益矣. 友便(편)辟(벽), 友善柔, 友便佞, 損矣.

선생님께서 말씀하셨다: 유익한 벗에 세 부류가 있고 해로운 벗에 세 부류가 있다. 정직한 사람, 독실한 사람, 박식한 사람을 벗하면 유익하다. 책임을 회피하는 사람, 반대를 하지 않는 사람, 말만 그럴듯하게 잘하는 사람을 벗하면 해롭다.

- '량(諒)'은 여기서 '신(信)'의 뜻으로 사용되었다. 「위영공편」 37장의 "君子貞而不諒"의 '諒(하찮은 의리를 지키다)'과는 다르다.

- '편벽(便辟)'은 상대방의 비위나 맞추며 간사하게 구는 사람을 뜻하는데, 여기서는 그런 사람을 '책임을 회피하는 사람'으로 번역하였다.
- '선유(善柔)'는 면전에서 부드럽게 대하는 사람이라는 뜻인데, 여기서는 그런 사람을 '반대를 하지 않는 사람'으로 번역하였다.

16-5

孔子曰: 益者三樂(요), 損者三樂. 樂(요)節禮樂(악), 樂道人之善, 樂
多賢友, 益矣. 樂驕樂(락), 樂佚(일)遊, 樂宴樂, 損矣.

선생님께서 말씀하셨다: 유익한 애호에 세 종류가 있고, 해로운 애호
에 세 종류가 있다. 예악을 통한 절제를 좋아하고, 타인의 장점을 말하
기를 좋아하고, 현명한 벗을 많이 사귀는 것을 좋아하는 것은 유익하
다. 사치스런 향락에 빠지고, 빈둥거리며 노는 것을 좋아하고, 질탕한
술자리를 좋아하면 해롭다.

- '삼요(三樂)'는 '세 가지 애호'이다.
- 뒤에 나오는 6개의 구절 앞에 있는 '요(樂)'는 '좋아하다'는 뜻의 동사이다.
- '교락(驕樂)'은 '사치스런 향락'의 뜻이고, '연락(宴樂)'은 '연회의 즐거움'인데 이해하기 쉽도록 '질탕한 술자리'로 번역했다.

孔子曰: 侍於君子有三愆(건). 言未及之而言謂之躁(조), 言及之而 不言謂之隱, 未見顔色而言謂之瞽(고).

선생님께서 말씀하셨다: 측근에서 주군을 섬기는 사람으로서 해서는 안 될 것이 세 가지가 있다. 주군이 말하려고 하는 것을 앞질러 말하는 것은 경망되고, 주군이 말하라고 하는데 말하지 않는 것은 음험하고, 주군의 안색을 살피지 않고 말하는 것은 맹목적이라고 하겠다.

孔子曰: 君子有三戒. 少之時, 血氣未定, 戒之在色. 及其壯也, 血 氣方剛, 戒之在鬪. 及其老也, 血氣旣衰, 戒之在得.

선생님께서 말씀하셨다: 제군들은 평생 세 가지를 경계하라. 젊을 때는 정서가 불안정하므로 이성 관계에 주의해야 한다. 장년이 되면 기력이 왕성해지므로 싸움을 주의해야 한다. 노년이 되면 기력이 쇠하므로 노욕을 경계해야 한다.

물러날 때를 모르는 노욕

노욕은 자신의 지위와 권력에 걸맞은 역할을 해내지 못하게 되면 물러나야 하는데, 물러나지 않고 계속 지위나 권력을 차지하고 싶어 하는 욕심을 말한다.

16-8

孔子曰: 君子有三畏. 畏天命, 畏大人, 畏聖人之言. 小人不知天命
而不畏也, 狎(압)大人, 侮(모)聖人之言.

선생님께서 말씀하셨다: 제군들은 세 가지를 두려워해야 할 것이다.
알 수 없는 신비한 힘인 천명, 지위가 높은 사람, 성인의 말씀, 이렇게
세 가지이다. 그런데 세상의 우매한 인간들은 천명의 존재를 모르기
때문에 그것을 두려워할 줄 모르고, 지위 높은 사람을 조롱하며, 성인
의 가르침을 비웃는다.

• '대인(大人)'은 덕망이 있는 훌륭한 인물을 가리키는 경우와 지위가 높은 사람을 가리키는 경우가 있
  는데, 여기서는 뒤에 '성인(聖人)'이 나오므로 후자를 가리킨다고 보았다.

16-9

孔子曰: 生而知之者上也, 學而知之者次也. 困而學之, 又其次也.
困而不學, 民斯爲下矣.

선생님께서 말씀하셨다: 나면서부터 아는 것이 으뜸이고, 배워서 아는
것이 그 다음이며, 실천하는 가운데 어려움을 만나서 배우는 것이 그
다음이며, 어려움에 닥쳐서도 배우려고 하지 않는 사람이 최하다.

• '민(民)'은 여기서 피지배계급을 가리키는 것이 아니라 보편적인 '사람'의 뜻이다.
• '사(斯)'는 조건에 따른 결과를 표시하는 접속사로, '…하면 곧'의 뜻이다.

孔子曰: 君子有九思. 視思明, 聽思聰, 色思溫, 貌思恭, 言思忠, 事思敬, 疑思問, 忿(분)思難, 見得思義.

선생님께서 말씀하셨다: 제군들은 아홉 가지를 마음에 새겨 두도록 하라. 사물을 볼 때는 자세히, 들을 때는 확실히, 얼굴빛은 온화하게, 태도는 공손하게, 말할 때는 진실하게, 일을 할 때는 신중하게, 모르는 것이 있을 때는 질문을 꺼리지 말고, 화가 날 때는 후환을 염두에 두고, 이익을 눈앞에 두었을 때 그것이 정당한 것인지 생각해 보는 것이다.

孔子曰: 見善如不及, 見不善如探湯. 吾見其人矣, 吾聞其語矣. 隱居以求其志, 行義以達其道. 吾聞其語矣, 未見其人也.

선생님께서 말씀하셨다: 선을 행할 기회가 있으면 마치 그 기회를 놓칠까 봐 염려하듯 달려든다. 악행에 대한 유혹이 있으면 마치 끓는 물 속의 물건을 끄집어내듯이 급히 손을 뺀다. 그런 사람을 내가 본 적이 있고, 또한 그밖에도 있다는 말을 들었다. 그러나 은둔해 지내면서 자신의 방식대로 살기를 추구하고, 정의를 지키면서 자신의 가치관을 관철하는 사람은, 이 세상에 있다는 말은 들었지만 아직 본 적은 없다.

• "탐탕(探湯)" 은 "끓는 물속에서 물건을 찾다" 는 뜻이다

齊景公有馬千駟(사), 死之日, 民無德而稱焉. 伯夷叔齊餓(아)于首
陽之下, 民到于今稱之, 其斯之謂與?

제나라 경공은 말을 사천 필이나 갖고 있었지만 죽었을 때 누구 한 사
람 그의 은혜를 칭송하는 사람이 없었다. 그러나 백이와 숙제는 수양
산에서 굶어 죽었지만 세상 사람들은 지금도 그들을 칭송하고 있으
니, 아마도 이런 것을 두고 말하는 것이리라.

• 「안연편」 10장의 마지막 부분에는 『시경·소아·아행기야(我行其野)』에 나오는 시구 "誠不以富, 亦
祇以異(진실로 부에 의거하는 것이 아니라 역시 다만 기이함에 의거한다.)"가 등장하는데, 이 문장이 이 장의 처
음에 놓여야 한다고 주장하는 견해가 있다.(미야자키 이치사다) 전후 문맥으로 볼 때 설득력이 있어서
참고할 만하다.

陳亢(항)問於伯魚曰: 子亦有異聞乎? 對曰: 未也. 嘗獨立, 鯉趨(추)
而過庭, 曰: 學詩乎? 對曰: 未也. 不學詩, 無以言. 鯉退而學詩. 他
日, 又獨立, 鯉趨而過庭, 曰: 學禮乎? 對曰: 未也. 不學禮, 無以
立. 鯉退而學禮. 聞斯二者. 陳亢退而喜曰: 問一得三, 聞詩, 聞禮,
又聞君子之遠其子也.

진항이 공자의 아들 백어에게 물었다: 선생님에 대해 무언가 새로운
이야기가 있습니까? 백어가 대답했다: 별것은 없습니다만 어느 날 부
친께서 홀로 우두커니 서 계셨는데 제가 그 앞의 뜰을 종종걸음으로
지나가자 부친께서 시경을 공부했느냐고 물으셨습니다. "아직 못했습
니다"라고 말씀 드리자 부친께서는 시경을 배우지 않으면 말할 줄을
모르게 된다고 말씀하셨습니다. 그래서 저는 혼자 시경을 공부했습니
다. 또 어느 날 부친께서 홀로 우두커니 서 계셨는데 제가 그 앞의 뜰
을 종종걸음으로 지나가자 부친께서 예를 공부했느냐고 물으셨습니
다. "아직 못했습니다"라고 말씀 드리자 부친께서는 예를 배우지 않으
면 세상에서 한 사람 몫을 할 수 없게 된다고 말씀하셨습니다. 그래서
저는 혼자 예를 공부했습니다. 이 정도입니다. 진항은 물러 나와 아주
기뻐하며 말했다: 나는 하나를 물어 셋을 얻었다. 시경에 대해 알고,
예에 대해 알고, 또 선생님께서는 당신의 자식을 직접 가르치지 않는
다는 것을 알았다.

- '진항(陳亢)'은 진(陳)나라 사람으로 공자의 제자이다. 자는 자금(子禽)이다.
- '백어(伯魚)'는 공자의 아들 공리(孔鯉)의 자(字)이다.
- 여기서 '시(詩)'는 『시경』의 시를 가리킨다.
- '無以立'의 '立'을 「위영공편」 14장에서처럼 '位'로 보고 '관직에 나아갈 수 없다'로 풀이할 수도 있
  을 것이다. 공자가 제자들에게 '예(禮)'를 가르친 실용적인 목적 중의 하나가 '취직'이었음을 감안한

풀이이다.

16-14

邦君之妻, 君稱之曰夫人, 夫人自稱曰小童. 邦人稱之曰君夫人, 稱
諸(저)異邦曰寡小君. 異邦人稱之亦曰君夫人.

제후가 자신의 처를 부를 때는 '부인'이라 하고 부인 스스로는 '소동'이
라 부른다. 백성은 그녀를 '군부인'이라 부르고, 다른 나라 사람에게
말할 때는 '과소군'이라 한다. 다른 나라 사람이 부를 때는 역시 '군부
인'이라 한다.

- '저(諸)'는 '之於'의 합음이다.

17. 양화편(陽貨篇)

「양화편」은 모두 26장으로 이루어져 있다. 여기서는 우선 공자의 출사관, 출사에의 의지, 출사의 목적과 이상을 점검해 볼 수 있고, 인성에 대한 언급, 인자가 되기 위한 조건, 배우기를 좋아하지 않으면 갖게 되는 폐단, 시비를 가리려 들지 않는 무골호인과 비열한 인간의 속성, 정의와 용기의 상관관계 등에 대한 공자의 판단과 견해를 통해 그의 깊은 통찰력을 엿볼 수 있다. 또한 공자가 제자와 나눈 대화방식을 통해 그의 소탈한 성격을 확인할 수 있고, 공자가 배우겠다고 자신을 찾아온 사람을 왜 만나지 않았는지를 가늠해 볼 수 있으며, 상제(喪制)를 둘러싸고 공자와 재여가 벌인 논쟁을 통해 그 두 사람이 무엇을 추구했는지 따져 볼 수 있고, 공자와 자공이 무엇을 미워했는지 알 수 있다.

陽貨欲見(견)孔子, 孔子不見, 歸孔子豚(돈). 孔子時其亡(무)也, 而往
拜之. 遇諸(저)塗. 謂孔子曰: 來! 予與爾言. 曰: 懷其寶而迷其邦,
可謂仁乎? 曰: 不可. 好從事而亟(기)失時, 可謂知乎? 曰: 不可. 日
月逝矣, 歲不我與. 孔子曰: 諾(낙). 吾將仕矣.

노나라의 실권자 양화가 선생님께 회견을 요청했는데 선생님께서 가
지 않으시니 양화는 선생님께 돼지를 선물로 보냈다. 선생님께서는
일부러 양화가 없는 틈을 타서 답례하러 갔는데 공교롭게도 길에서 마
주쳤다. 양화가 말했다: 잘 만났소. 당신에게 하고 싶은 말이 있소. 귀
중한 보물을 가지고도 썩히면서 나라가 어지러운 것을 그냥 내버려 두
는 것이 인덕에 맞는 것인지 묻는다면 그렇지 않다고 답할 수밖에 없
을 것이오. 사실은 정치를 하고 싶으면서도 나갈 기회를 거듭 놓치는
것이 지혜로운 것인지 묻는다면 그렇지 않다고 답할 수밖에 없을 것이
오. 날이 가고 달이 가서 세월은 사람을 기다려 주지 않는다는 말을 어
떻게 생각하시오? 선생님께서 대답하셨다: 좋습니다. 저도 관직에 나
가겠습니다.

- '양화(陽貨)'는 양호(陽虎)라고도 부르며 계씨의 가신으로 당시 노나라의 실권을 장악하고 있었다.
  그는 노나라의 정권을 찬탈하기 위해 삼환(三桓)을 제거하려고 하다가 뜻을 이루지 못하고 진(晉)나
  라로 도망쳤다.
- '귀(歸)'는 '궤(饋)'와 같이 선물을 보낸다는 뜻이다.
- '시기무(時其亡)'는 '그가 없을 때를 틈타다'는 뜻이다.
- '기실시(亟失時)'는 '거듭 때를 놓치다'는 뜻이다.
- "세불아여(歲不我與)"를 직역하면 "세월은 나와 더불어 있지 않다"이다.

子曰: 性相近也, 習相遠也.

선생님께서 말씀하셨다: 사람의 본성은 서로 비슷하지만 습관에 의해서 달라진다.

- '습(習)'은 습관이나 교육 등의 후천적인 환경과 여건을 가리킨다.

子曰: 唯上知與下愚不移.

선생님께서 말씀하셨다: 가장 지혜로운 사람과 가장 어리석은 사람은 자신의 생각을 바꾸지 않는다.

子之武城, 聞弦歌之聲. 夫子莞爾而笑, 曰: 割雞焉用牛刀? 子游對曰: 昔者偃(언)也聞諸(저)夫子曰: 君子學道則愛人, 小人學道則易(이)使也. 子曰: 二三子! 偃之言是也. 前言戲之耳.

선생님께서 (자유(子游)가 읍장으로 있는) 무성에 가서 사람들이 현악기에 맞추어 시를 노래하는 것을 들으셨다. 선생님께서 빙그레 웃으면서 말씀하셨다: 닭을 잡는데 어찌 소 잡는 칼을 쓰느냐? 자유가 대답했다: 전에 제가 선생님께 듣기로 윗사람이 예악을 배우면 백성을 소중히 할 줄 알게 되고, 백성들이 예악을 배우면 윗사람을 잘 따르게 된다고 하셨습니다. 선생님께서 말씀하셨다: 애들아! 언(자유)의 말이 맞다. 아까 한 말은 농담으로 해 본 말이다.

- '무성(武城)'은 노나라의 읍으로, 당시 자유(子游)가 읍의 수장으로 있었다.
- '聞弦歌之聲'은 무성 사람들이 자유의 교화로 인해 예악을 익혀 그것이 생활화되었음을 가리킨다.
- '완이(莞爾)'는 빙그레 웃는 모양이다.
- '割雞焉用牛刀'는 무성과 같이 작은 읍을 다스리면서 어찌 나라를 다스리는 데 필요한 예악을 가르쳤느냐는 뜻이다.
- '부자(夫子)'가 3인칭이 아닌 2인칭 경어(敬語)로 사용된 것은 전국시대에 들어서서야 보편화되었다. 이로부터 이 장이 전국시대의 언어로 정리된 것일 가능성이 있다는 것을 알 수 있다.

公山弗擾(요)以費畔, 召, 子欲往. 子路不說(열), 曰: 末之也, 已, 何
必公山氏之之也? 子曰: 夫召我者, 而豈徒哉? 如有用我者, 吾其
爲東周乎?

공산불요가 비읍을 근거지로 삼아 반란을 일으키고 선생님을 부르자
선생님께서는 가려고 하셨다. 자로가 못마땅해 하며 말씀드렸다: 가
실 곳이 없으면 그만두실 일이지 하필이면 공산씨에게 가려고 하십니
까? 선생님께서 말씀하셨다: 나를 부른 데는 분명 그만한 까닭이 있
을 것이다. 정말 내 말을 따라 준다면 나는 그 나라를 동방의 주나라로
만들 것이다.

- '공산불요(公山弗擾)'는 계씨의 가신으로 당시 비읍의 수장으로 있으면서 반란을 일으켰다. 이 장에
  서 이야기된 것과는 달리 공자는 결국 그에게 가지 않았는데, 조익(趙翼)의『해여총고(陔餘叢考)』와
  최술(崔述)의『수사고신록(洙泗考信綠)』에서는 이 문장을 믿을 수 없다고 의심했다.
- "豈徒哉"는 "豈徒召哉"로, 이를 직역하면 "어찌 공연히 부르겠는가?"이다.
- '동주(東周)'는 여기서 '서주(西周)', '동주(東周)'의 '동주'가 아니라 노나라를 '동쪽의 주나라'로 부른
  것이다.
- '호(乎)'는 단정의 어기를 표시하는 조사이다.

子張問仁於孔子. 孔子曰: 能行五者於天下爲仁矣. 請問之. 曰: 恭寬信敏惠. 恭則不侮(모), 寬則得衆, 信則人任焉, 敏則有功, 惠則足以使人.

자장이 선생님께 인에 대해서 여쭈었다. 선생님께서 말씀하셨다: 다섯 가지 일을 세상에 널리 실행할 수 있다면 인자라고 할 수 있다. 자장이 자세히 말씀해 주시기를 청했다. 선생님께서 말씀하셨다: 다섯 가지란 공(恭), 관(寬), 신(信), 민(敏), 혜(惠)를 말한다. 공손하면 모욕 받지 않고, 관대하면 많은 사람이 따르고, 신용이 있으면 남이 일을 맡겨 주고, 부지런하면 능률이 오르고, 은혜로우면 남의 마음을 움직일 수 있다.

佛(필)肸(힐)召, 子欲往. 子路曰: 昔者由也聞諸(저)夫子曰: 親於其
身爲不善者, 君子不入也. 佛肸以中牟(모)畔, 子之往也, 如之何? 子
曰: 然, 有是言也. 不曰堅乎, 磨而不磷(린), 不曰白乎, 涅(날)而不緇
(치). 吾豈匏(포)瓜也哉? 焉能繫(계)而不食?

필힐이 선생님을 부르자 선생님께서 가려 하셨다. 자로가 말했다: 전
에 저는 선생님께서 "제군들은 자진해서 나쁜 일을 하는 사람을 가까
이 하지 마라"라고 말씀하신 것을 들은 적이 있습니다. 그런데 필힐이
중모를 근거지로 하여 반란을 일으켰는데 선생님께서 가시려는 것은
어찌된 일입니까? 선생님께서 말씀하셨다: 그렇다. 분명히 그렇게 말
했다. 그러나 "워낙 견고하면 갈아도 닳지 않는다"고 하지 않더냐?
"워낙 회면 검은 물을 들여도 검어지지 않는다"고 하지 않더냐? 내가
설마 저 박과 같겠는가? 어찌 매달린 채 식용으로 쓰이지 않을 수 있
겠느냐?

- '필힐(佛肸)'은 범중행(范中行)의 가신으로 중모(中牟) 읍의 수장이었다. 당시 진(晉)나라 조간자(趙簡
  子)가 범중행을 공격하자 중모에 웅거하여 조간자에게 항거했다.
- '친어(親於)'의 '於'는 '以'와 같다. "親於其身爲不善者, 君子不入也"를 직역하면 "친히 그 몸으로
  불선을 행하는 자를 군자는 들이지 않는다"이다.
- '不曰'의 '왈(曰)'은 여기서 '시(是)'와 같아서 강조를 표시한다.
- '린(磷)'은 '얇아지다'의 뜻이다.
- '포과(匏瓜)'는 박인데, 박은 식용으로 적합하지 않기 때문에 사람들이 굳이 따려고 하지 않는다.

子曰: 由也! 女聞六言六蔽(폐)矣乎? 對曰: 未也. 居! 吾語女. 好仁
不好學, 其蔽也愚. 好知不好學, 其蔽也蕩. 好信不好學, 其蔽也賊
(적). 好直不好學, 其蔽也絞. 好勇不好學, 其蔽也亂. 好剛不好學,
其蔽也狂.

선생님께서 말씀하셨다: 유야! 너는 여섯 가지 덕에 대한 여섯 가지
폐단을 들어본 적이 있느냐? 자로가 대답했다: 들어보지 못했습니다.
선생님께서 말씀하셨다: 앉아라, 내 너에게 일러 주마. 인덕을 좋아하
면서 배우기를 좋아하지 않으면 그 폐단은 쉽게 우롱당하는 것이고,
지혜를 존중해도 배우기를 좋아하지 않으면 그 폐단은 나대게 되는 것
이고, 신의를 존중해도 배우기를 좋아하지 않으면 그 폐단은 (남에게 쉽
게 이용당해) 마음에 상처를 입게 되는 것이고, 정직하기만 하고 배우기
를 좋아하지 않으면 그 폐단은 각박해지는 것이고, 용감하기만 하고
배우기를 좋아하지 않으면 그 폐단은 주위에 폐를 끼치게 되는 것이
고, 굳세기만 하고 배우기를 좋아하지 않으면 그 폐단은 무모해지는
것이다.

• 이 장과 비슷한 내용이 「태백편」 2장에 "恭而無禮則勞, 愼而無禮則葸, 勇而無禮則亂, 直而無禮
則絞.(선생님께서 말씀하셨다: 공경하는 마음이 있어도 예를 모르면 헛수고로 끝나고, 신중한 사람이 예를 모르면 위축
되어버리고, 용기 있는 사람이 예를 모르면 주위에 폐를 끼치게 되고, 정직한 사람이 예를 모르면 각박해진다.)"라고 나
온다.

子曰: 小子何莫學夫詩? 詩, 可以興, 可以觀, 可以群, 可以怨. 邇
(이)之事父, 遠之事君. 多識於鳥獸(수)草木之名.

선생님께서 말씀하셨다: 너희들은 반드시 『시경』 시를 배우도록 하
라. 시를 배우면 연상력을 기를 수 있고, 인정과 풍속에 대한 관찰력을
향상시킬 수 있으며, 공동 작업을 위한 협동력을 익히고, 정의감을 기
를 수 있다. 가까이는 부모를, 멀리는 군주를 섬길 때에 도움이 되며
시에 나오는 새·짐승·초목의 이름을 많이 알게 된다.

'흥(興), 관(觀), 군(群), 원(怨)'에 대한 풀이

'흥(興), 관(觀), 군(群), 원(怨)'에 대한 풀이는 여러 가지 견해가 있다. 흥(興)
은 시경 육의(六義) 중의 하나인 '흥(興)'으로 보아 '연상력'으로 풀이했고,
'관(觀)'은 인정과 풍속을 살필 수 있는 능력으로 보았고, '군(群)'은 공동 작
업을 할 수 있는 협동력으로 보았고, '원(怨)'은 위정자를 원망하고 풍자할
수 있는 능력이라는 뜻에서 '정의감'이라고 보았다.

子謂伯魚曰: 女爲周南召南矣乎? 人而不爲周南召南, 其猶正牆面
而立也與?

선생님께서 아들 백어에게 말씀하셨다: 너는 시경의 「주남」과 「소남」
을 공부했느냐? 사람으로서 「주남」과 「소남」을 공부하지 않는 것은
마치 담을 마주 대하고 서 있는 것과 같다.

- '백어(伯魚)'는 공자의 아들 '공리(孔鯉)'의 자(字)이다.

『시경』의 효용

「주남」과 「소남」은 『시경』을 가리킨다. 공자가 아들에게 『시경』을 공부하지 않는 것은 마치 담을 마주 대하고 서 있는 것과 같다고 한 것은 「계씨편」 13장과 이 편 9장에서 언급했듯이 시경이 인간사회에서 효용이 크므로 시경을 공부해야만 인간관계를 잘 맺을 수 있고 발전을 기약할 수 있다는 말이다.

17-11

子曰: 禮云禮云, 玉帛(백)云乎哉? 樂(악)云樂云, 鐘鼓云乎哉?
선생님께서 말씀하셨다: 예의가 중요하다고 하는 말이 옥이나 비단을 선물하는 것을 말하는 것이겠는가? 음악이 중요하다고 하는 말이 종이나 북이 내는 소리만을 말하는 것이겠는가?

예(禮)와 악(樂)의 본질

이 장에서 말한 것은 예(禮), 악(樂)의 정신과 그것의 사회적 효용이 중요하다는 말이다.

17-12

子曰: 色厲(려)而內荏(임), 譬諸(저)小人, 其猶穿窬(유)之盜也與?

선생님께서 말씀하셨다: 겉으로는 위엄 있는 척하면서 속으로는 겁약한 사람은 도둑으로 치면 구멍을 뚫고 담을 넘는 좀도둑일 것이다.

- '임(荏)'은 겁이 많고 나약하다는 뜻이다.
- '유(窬)'는 '유(逾)'와 같아서 '담을 넘다'는 뜻이다.

17-13

子曰: 鄕原德之賊也.

선생님께서 말씀하셨다: 시비를 가리려 들지 않는 무골호인은 덕을 해치는 사람이다.

- '향원(鄕原)'은 '향원(鄕愿)'과 같아서 매사에 시비를 제대로 따지지 않고 주변사람들에게 영합함으로써 온 고을 사람들이 호인이라고 칭송하는 위선적인 사람을 가리킨다.

子曰: 道聽而塗說, 德之棄也.

선생님께서 말씀하셨다: 길에서 들은 이야기를 확인하거나 판단해 보지도 않고 자신의 말인 양 여기저기 떠벌리는 것은 마땅히 버려야 할 태도이다.

● 이 장을 직역하면 "길에서 듣고 길에서 말하는 것은 덕을 버리는 것이다"이다.

子曰: 鄙夫可與事君也與哉? 其未得之也, 患得之. 旣得之, 患失之. 苟患失之, 無所不至矣.

선생님께서 말씀하셨다: 비열한 인간과 함께 군주를 섬길 수 있겠는가? 그런 인간은 바라는 것을 얻지 못하면 꼭 손에 넣으려 안달하고, 손에 넣으면 잃어버릴까봐 걱정한다. 손에 넣은 것을 잃지 않으려고 혈안이 된다면 저지르지 못할 일이 없을 것이다.

子曰: 古者民有三疾, 今也或是之亡(무)也. 古之狂也肆(사), 今之狂也蕩. 古之矜也廉(렴), 今之矜也忿戾(려). 古之愚也直, 今之愚也詐(사)而已矣.

선생님께서 말씀하셨다: 옛날에도 사람들에게 세 가지 병폐가 있었지만 지금과는 그 양상이 사뭇 다른 것 같다. 옛날의 광인은 자유분방하여 하고 싶은 말을 거리낌 없이 했으나 요즘의 광인은 매인 데 없이 방탕하기만 하다. 옛날의 긍지 있는 사람은 바르고 위엄이 있었는데 지금의 긍지 있는 사람은 성을 내고 소란만 피운다. 옛날의 어리석은 사람은 솔직했으나 지금의 어리석은 사람은 겉으로만 정직하다.

- '시지무(是之亡)'는 '무시(亡是)'의 강조 형식이다.
- '렴(廉)'은 본의가 기물의 모서리인데, 사람의 행동이 바르고 위엄이 있는 것을 뜻하기도 한다.
- '분려(忿戾)'는 '화를 내고 사납게 소란을 피우다'의 뜻이다.

옛사람을 거론해 현시대를 비판하다

"古者民有三疾"이라고 했지만 고금(古今)을 비교하기 위해 그렇게 말을 시작했을 뿐이고 실제로는 "今者民有三疾"을 언급하고자 한 것이다.

子曰: 巧言令色, 鮮矣仁.

선생님께서 말씀하셨다: 그럴 듯하게 꾸며서 듣기 좋은 말만 하고 얼굴빛을 꾸며서 잘 보이려고 드는 인간에게서는 인덕(仁德)을 찾을 수 없다.

• 이 장과 똑같은 글이 「학이편」 3장에 나온다.

子曰: 惡(오)紫之奪朱也, 惡鄭聲之亂雅樂(악)也, 惡利口之覆(복)邦家者.

선생님께서 말씀하셨다: 간색인 자주색이 정색인 붉은색의 지위를 빼앗는 것을 미워하고, 정나라의 선정적인 음악이 예식에 쓰이는 아악을 어지럽히는 것을 미워하고, 말만 그럴듯한 인간들이 나라를 전복시키는 것을 미워한다.

• '자지탈주(紫之奪朱)'는 간색(間色)인 자주색이 정색(正色: 원색)인 붉은색의 지위를 빼앗는다는 뜻이다. 춘추시대 노나라 환공과 제나라 환공이 모두 자주색 옷을 즐겨 입었다고 한다.
• '정성(鄭聲)'은 '정나라 음악'이란 말인데, 당시 이 음악은 남녀 간의 애정을 노래한 것이 많아 선정적이었다고 한다.
• '이구(利口)(체口)'는 '교묘한 말개주'라는 말인데, 여기서는 말만 그럴듯한 사람을 가리킨다.
• '자(者)'를 '야(也)'와 같이 판단의 뜻을 지닌 것으로 보기도 하고, '也'의 오자라고 보기도 한다.

子曰: 予欲無言. 子貢曰: 子如不言, 則小子何述焉? 子曰: 天何言
哉? 四時行焉, 百物生焉, 天何言哉?

선생님께서 말씀하셨다: 나는 이제 말을 하지 않으려고 한다. 자공이
말했다: 선생님께서 말씀을 하지 않으시면 저희들은 후학들에게 무엇
을 전하겠습니까? 선생님께서 대답하셨다: 하늘이 무슨 말을 하더
냐? 그래도 네 계절은 막힘없이 운행되고 만물은 변함없이 생장한다.
하늘은 아무 말도 없지 않느냐?

• '술(述)'은 '述而不作'의 '述'로서 스승의 말씀을 후학들에게 전하는 것이다.

孺(유)悲欲見(현)孔子, 孔子辭以疾. 將命者出戶, 取瑟(슬)而歌, 使之
聞之.

유비가 선생님을 뵈려고 찾아왔으나 선생님께서는 병을 핑계로 거절
하셨다. 분부를 받든 사람이 선생님의 방에서 나가자마자 선생님은
슬(瑟)을 끌어당겨 타시면서 유비가 들을 수 있도록 큰 소리로 노래를
부르셨다.

• '유비(孺悲)'는 노나라 사람으로, 애공(哀公)이 그를 공자에게 보내어 상례(喪禮)를 배우게 했다고
  한다.
• "取瑟而歌, 使之聞之"를 직역하면 "슬을 끌어당겨 타면서 노래를 불러 그가 그것을 듣도록 했다"
  이다.

가르침을 거절하는 가르침

배움을 청하는 사람이라면 누구에게나 교육의 기회를 주어야 한다고 주장한 공자가 병을 구실로 자신을 찾아온 유비를 만나주지 않고 나서 노래를 불러 그것이 핑계였음을 알렸으니 이는 공자가 유비에게 무엇인가를 일깨워주기 위해서였을 것이다. 무엇인가가 무엇인지는 확실치 않다. 다만 공자가 직접 유비를 만나기에는 부적절한 이유가 있었을 것이다. 『맹자·고자(告子) 하』에서 "가르치는 데에도 많은 방식이 있으니, 내가 탐탁하게 여기지 않아서 가르치지 않는다면 그 역시 가르치는 것이다(敎亦多術矣. 予不屑之敎誨也者, 是亦敎誨之而已矣)"라고 한 것을 참고할 만하다.

宰我問: 三年之喪, 期已久矣. 君子三年不爲禮, 禮必壞(괴). 三年
不爲樂(악), 樂必崩. 舊穀旣沒, 新穀旣升, 鑽燧(수)改火, 期可已矣.
子曰: 食夫稻(도), 衣夫錦(금), 於女安乎? 曰: 安. 女安, 則爲之! 夫
君子之居喪, 食旨不甘, 聞樂不樂, 居處不安, 故不爲也. 今女安,
則爲之! 宰我出. 子曰: 予之不仁也! 子生三年, 然後免於父母之
懷. 夫三年之喪, 天下之通喪也, 予也有三年之愛於其父母乎!

재아가 여쭈었다: 부모에 대한 삼년상은 일 년이 지나고도 한참 더 계
속됩니다. 위정자가 상을 입어 삼 년 동안이나 예식을 행하지 않고 있
으면 예식이 폐기되고, 삼 년 동안이나 음악을 행하지 않고 있으면 음
악이 전해지지 않게 될 것입니다. 묵은 곡식이 다할 무렵은 바로 햇곡
이 여무는 때입니다. 불씨를 얻는 데 쓰는 나무도 철에 따라 바뀌지만
일 년이면 한 바퀴 돌아 새로 시작되니, 부모상도 일 년으로 끝내는 것
이 좋지 않겠습니까? 선생님께서 대답하셨다: 너는 부모가 돌아가신
지 일 년이 지나 맛있는 밥을 먹고 비단옷을 입는 생활로 돌아가는 것이
마음에 편안하냐? 재아가 대답했다: 편안합니다. 선생님께서 말씀하
셨다: 네가 편안하다면 좋을 대로 하거라. 옛날 사람들은 상을 입는 동
안은 맛있는 것을 먹어도 맛있는 줄 모르고, 음악을 들어도 즐겁지 않
고, 편안히 있으려고 해도 제정신이 아니었기 때문에 그렇게 하지 않았
다. 그런데 네가 그렇게 해도 편안하다면 좋을 대로 하거라. 재아가 물
러갔다. 선생님께서 말씀하셨다: 여(재아)는 참으로 어질지 못하구나.
자식은 태어나 삼 년이 지나서야 비로소 부모의 품에서 벗어난다. 따라
서 부모를 위해 삼년상을 치르는 것은 세상에 통하는 원칙이다. 여(재아)
는 설마 부모로부터 삼 년 동안의 사랑도 받지 않았단 말이냐?

- '찬수개화(鑽燧改火)'는 불씨를 얻는 데 쓰는 나무도 철에 따라 바뀌지만 일 년이면 한 바퀴 돌아 새로 시작된다는 뜻이다. 중국 고대에 불씨를 얻는 데 쓰는 나무가 계절마다 바뀌어 봄에는 느릅나무와 버드나무의 불을 취하고, 여름에는 대추나무와 살구나무의 불을 취했으며, 늦여름에는 뽕나무와 산뽕나무의 불을 취하고, 가을에는 떡갈나무와 졸참나무의 불을 취하고, 겨울에는 홰나무와 박달나무의 불을 취했다고 한다.
- "기가이의(期可已矣)"를 직역하면 "일주기가 되면 그만둘 수 있다"이다.

청개구리 제자, 재아

재아는 「팔일편」 21장에서 너무 위험한 발언을 하여 공자의 걱정을 샀고(노나라 애공이 사(社) 제에 인신공양을 한 다음 모르는 척하고 재아에게 사(社)의 의미를 물었을 때 재아는 주나라 이후 밤나무를 신목으로 삼은 것은 그 음 '율'이 의미하듯이 백성을 전율시키는 것이 목적이라고 대답했다. 이는 "지금도 군주께서는 그 목적대로 백성을 전율시키셨는데, 백성들이 받은 충격은 비할 길이 없습니다"라는 의미여서 공자는 재아의 안위를 걱정하지 않을 수 없었다.), 「공야장편」 10장에서는 낮잠을 잤다는 이유로 공자에게 호된 꾸지람을 들었으며, 「옹야편」 26장에서 공자에게 인덕(仁德)의 합리성은 어디까지인가를 질문하기도 했다. 이 장에서도 재아는 나름대로 상제(喪制)의 합리성을 추구하여 공자에게 질문한 것으로 보인다.

■■■■■■
17-22

子曰: 飽食終日, 無所用心, 難矣哉! 不有博弈(혁)者乎? 爲之, 猶賢乎已.

선생님께서 말씀하셨다: 하루 종일 배불리 먹고 마음을 쓰는 데가 없는 사람은 어떻게 하기 어렵다. 바둑이나 장기도 있지 않느냐? 바둑이나 장기를 두며 놀더라도 아무 것도 하지 않는 것보다는 나을 것이다.

子路曰: 君子尙勇乎? 子曰: 君子義以爲上, 君子有勇而無義爲亂, 小人有勇而無義爲盜.

자로가 여쭈었다: 선생님은 용기를 중요한 것이라고 생각하십니까? 선생님께서 말씀하셨다: 제군들은 정의를 최우선으로 생각하기를 바란다. 제군들에게 용기만 있고 정의감이 없다면 남들에게 폐를 끼칠 것이고, 제군들만 못한 소인배들이 용기만 있고 정의감이 없다면 도둑질을 하게 될 것이다.

子貢曰: 君子亦有惡(오)乎? 子曰: 有惡. 惡(오)稱人之惡(악)者, 惡居下流而訕(산)上者, 惡勇而無禮者, 惡果敢而窒(질)者. 曰: 賜也亦有惡乎? 惡徼(요)以爲知者, 惡不孫以爲勇者, 惡訐以爲直者.

자공이 여쭈었다: 선생님도 미워하시는 것이 있습니까? 선생님께서 말씀하셨다: 미워하는 것이 있다. 남의 결점을 남들 앞에서 드러내는 사람을 미워한다. 자신이 못하는 것은 문제 삼지 않고 뛰어난 사람을 헐뜯는 사람을 미워한다. 용감하지만 무례한 사람을 미워한다. 과감하기만 하고 융통성이 없는 사람을 미워한다. 자공이 말했다. 저도 미워하는 것이 있는데 말씀드려도 되겠습니까? 저는 표절한 것을 가지고 자신의 지혜로 삼는 사람을 미워하고, 오만하게 행동하는 것을 용감한 행위라고 생각하는 사람을 미워하고, 남의 결점을 들추어내는 것을 가지고 솔직하다고 여기는 사람을 미워합니다.

- '질(窒)'은 꽉 막혀 고집불통인 것을 뜻한다.
- "曰: 賜也亦有惡乎?"는 문맥상 공자가 자공에게 되물은 말이라기보다는 자공이 공자에게 조심스
  럽게 자신의 의견을 말한 것으로 보는 것이 좋을 듯하다.
- '요(徼)'는 남의 공적을 훔쳐 자신의 것으로 하거나 표절하는 것을 뜻한다.

17—25

子曰: 唯女子與小人爲難養也, 近之則不孫, 遠之則怨.

선생님께서 말씀하셨다: 첩과 하인은 데리고 있기 어렵다. 잘 대해주
면 기어오르고 쌀쌀하게 대하면 원망한다.

공자가 칭한 '여자(女子)'와 '소인(小人)'의 뜻

'여자(女子)'와 '소인(小人)'은 문면에 나와 있는 대로 보통 '여자'와 '소인'으
로 번역하는데, 문맥을 고려하여 현대 사회에 맞게 첩과 하인으로 번역하
였다. 실제로 중국 고대에는 '여(女)'로 여자 노예를 지칭하기도 했으며, '첩
(妾)'은 본의가 '이마에 문신을 새겨 넣은 여자 노예'였다.

17—26

子曰: 年四十而見惡(오)焉, 其終也已.

선생님께서 말씀하셨다: 나이가 사십이 되어서도 남의 입에 나쁘게
오르내린다면 그 사람은 그 상태로 끝나고 말 것이다.

- '견(見)'은 동사 앞에 놓여 피동을 표시하는 부사이다.

18. 미자편(微子篇)

「미자편」은 모두 11장으로 이루어져 있다. 여기서 우리는 유하혜가 법관에서 3번이나 파면을 당했으면서도 조국을 떠나지 않은 이유와 공자가 이상 실현을 위해 출사를 원했지만 대우에 연연하지는 않았다는 사실을 확인할 수 있다. 또한 초나라의 기인 접여·은둔자 장저와 걸닉·지팡이에 대바구니를 매달아 어깨에 멘 노인의 말도 등장하는데, 이를 통해 그 당시 공자는 사회가 무너져 가고 있다는 사실을 알면서도 개혁에의 희망을 버리지 않고 분주하게 이곳저곳을 돌아다녔음을 알 수 있다. 아울러 공자가 백이, 숙제, 우중, 이일, 주장, 유하혜, 소연 7인의 은자에 대해 평가한 내용과 주공이 부임을 앞둔 아들 백금에게 훈계한 내용이 무엇인지 들여다 볼 수 있다.

微子去之, 箕(기)子爲之奴, 比干諫而死. 孔子曰: 殷有三仁焉.

(은나라 주왕의 정신이 혼미해지고 포악무도해지자) 미자는 그를 떠나버렸고, 기자는 그의 노예가 되었으며, 비간은 간언하다 죽임을 당했다. 선생님께서 말씀하셨다: 은나라에 세 사람의 인자가 있었다.

- '미자(微子)'는 은나라 주왕(紂王)의 형이다. 그의 모친이 제을(帝乙)의 첩일 때 그를 낳았고, 본처가 되고 나서 주왕을 낳았기 때문에 비록 동생이지만 본처 소생에게 우선적인 왕위계승권이 있었으므로 주왕이 왕위를 계승했다. 미자는 주왕이 무도한 것을 보고 여러 차례 간했지만 소용이 없자 주나라로 망명했다. 은나라가 멸망한 후 주나라 무왕에 의해 송나라 제후로 봉해졌다.
- '기자(箕子)'는 주왕의 숙부로 그의 무도함을 보고 여러 차례 간하다가 듣지 않자 미치광이를 가장하여 노예의 신분으로 떨어졌다.
- '비간(比干)' 역시 주왕의 숙부인데, 주왕의 무도함을 집요하게 간하다가 주왕의 미움을 사 피살되었다.
- 중국 고대에는 노예제가 행해지고 있었는데 『논어』에 '노(奴)'자가 나오는 것은 이 장뿐이다. '奴'는 한대(漢代)부터 많이 쓰이고 그 이전에는 '신(臣)'이라는 글자를 썼다.

柳下惠爲士師, 三黜(출). 人曰: 子未可以去乎? 曰: 直道而事人, 焉往而不三黜? 枉道而事人, 何必去父母之邦?

유하혜는 법관에 임명되었지만 세 번이나 파면 당했다. 어떤 사람이 말했다: 당신은 노나라를 떠날 수 없는 겁니까? 유하혜가 말했다: 자신의 뜻을 굽히지 않고 출사하면 어디를 간들 거듭 파면을 당하지 않겠습니까? 자신의 뜻을 굽히고 출사할 작정이라면 어찌 조국을 떠날 필요가 있겠습니까?

- '유하혜(柳下惠)'는 노나라의 대부로, 성은 전(展)이고 이름은 획(獲)이며 자가 금(禽)이다. 매우 현능했음에도 관직이 낮은 것을 개의치 않고 백성을 위해 일했으며, 노나라 희공(僖公) 26년(BC 634) 제나라가 노나라를 침공하자 제나라에 사신으로 가 철병하도록 했다. 유가에서 매우 숭상하는 인물이다.
- '사사(士師)'는 법을 집행하는 관리, 즉 법관을 뜻한다.
- "사인(事人)"을 직역하면 "다른 사람을 섬기다"인데, 이는 관리가 되어 주군을 섬긴다는 말이다.

18-3

齊景公待孔子曰: 若季氏, 則吾不能. 以季孟之間待之. 曰: 吾老矣, 不能用也. 孔子行.

제나라 경공이 선생님의 대우에 대해 말했다: 노나라 군주가 계손씨를 대우한 것과 똑같이 대우할 수는 없고, 상경인 계손씨와 하경인 맹손씨의 중간으로 대우하겠소. 잠시 후 다시 말했다: 나도 이제 늙어서 (당신 같은 신인을) 등용할 수는 없소. 이 말을 듣고 선생님은 제나라를 떠나셨다.

공자의 출사(出仕)와 대우

공자가 자신의 이상을 실현하기 위해 출사를 원하긴 했지만 대우에 연연하지는 않았음을 알 수 있다.

齊人歸女樂(악). 季桓子受之, 三日不朝, 孔子行.

제나라가 노나라에 여성 가무단을 보내 왔다. 대신 계환자가 이를 받고서 사흘 동안 정무를 돌보지 않았다. 선생님께서는 단념하고 노나라를 떠나셨다.

- '귀(歸)'는 '궤(饋)'와 같이 '선물로 보내다'는 뜻이다.
- '계환자(季桓子)'는 정공(定公) 때부터 애공(哀公) 때까지 노나라의 실권자였던 계손사(季孫斯)이다.

楚狂接輿, 歌而過孔子. 曰: 鳳兮鳳兮, 何德之衰. 往者不可諫, 來者猶可追. 已而已而, 今之從政者殆而. 孔子下欲與之言, 趨(추)而辟(피)之, 不得與之言.

초나라의 기인 접여가 노래를 부르면서 선생님의 수레 앞을 지나갔다. "봉황이여, 봉황이여! 이런 난세에 무엇 하러 왔는가? 지난 일은 어쩔 수 없지만 앞일은 아직 추스를 수 있으리라. 그만두게, 그만두게! 지금 정치를 하게 되면 위태로울 뿐이리라." 선생님께서 노래를 듣고는 이야기하고자 수레에서 내려왔지만 접여는 벌써 빠른 걸음으로 피해버린 뒤여서 붙잡을 수 없었다.

- '접여(接輿)'는 초나라의 현인으로 세상을 피하여 일부러 미치광이 노릇을 했다. 그의 이름에 대해서는 여러 가지 설이 있는데, 그가 공자의 수레에 접근했기 때문에 '접여(接輿)'라고 불렸다는 설이 유력하다.

- "何德之衰"는 '何衰德'의 강조형식으로서 직역하면 "어찌하여 (그대의) 덕을 쇠퇴시키는가?"이다. 봉황은 본래 덕이 있는 새로 태평성대에 나타나는 법인데, 지금 같은 난세에 왜 은둔하지 않고 세상에 모습을 드러내어 자신의 덕을 쇠퇴시키느냐고 물은 것이어서 "이런 난세에 무엇 하러 왔는가?"라고 번역하였다.
- "往者不可諫, 來者猶可追"는 과거는 그저 과거일 뿐, 어찌해 볼 수 있는 것이 아니니 후회에 사로잡혀 있지 말고 앞으로의 일을 잘해 나가는 것이 중요하다는 말이다. 도연명(陶淵明)도 「귀거래사(歸去來辭)」에서 이 글을 인용하여 "悟已往之不諫, 知來者之可追(지나간 일이야 어찌할 수 없지만, 앞으로의 일은 추스를 수 있음을 깨달았다)"라고 하였다.
- '태이(殆而)'의 '而'는 감탄의 어기를 표시하는 조사이다.
- '피지(辟之)'는 '피지(避之)'와 같다.

長沮(저)桀溺(닉)耦而耕. 孔子過之, 使子路問津焉. 長沮曰: 夫執輿者爲誰? 子路曰: 爲孔丘. 曰: 是魯孔丘與? 曰: 是也. 曰: 是知津矣. 問於桀溺. 桀溺曰: 子爲誰? 曰: 爲仲由. 曰: 是魯孔丘之徒與? 對曰: 然. 曰: 滔(도)滔者, 天下皆是也, 而誰以易之. 且而與其從辟(피)人之士也, 豈若從辟世之士哉? 耰而不輟(철). 子路行以告, 夫子憮然, 曰: 鳥獸不可與同群, 吾非斯人之徒與而誰與? 天下有道, 丘不與易也.

장저와 걸닉이 함께 밭을 가는데, 선생님께서 그곳을 지나다가 자로에게 명하여 나루터가 어디 있는지 물어보게 했다. 장저가 말했다: 저기 고삐를 잡고 있는 사람은 누구인가? 자로가 대답했다: 공구라는 분입니다. 장저가 물었다: 노나라의 공구란 말인가? 자로가 대답했다: 그렇습니다. 장저가 말했다: 그 사람이라면 나루터가 어디에 있는지 알고 있을 걸세. 자로가 이번에는 걸닉에게 묻자 걸닉이 말했다: 자네는 누구인가? 자로가 대답했다: 중유라고 합니다. 그러자 걸닉이 물었다: 그렇다면 노나라 공구의 문도인가? 자로가 대답했다: 그렇습니다. 다시 걸닉이 물었다: 도도한 대세에 순응하는 사람이 세상에 가득한데 누구와 함께 세상을 개혁하겠는가? 자네는 사람을 피해 여기저기 떠도는 인사를 따르느니 차라리 속된 세상 자체를 피하여 은거하는 우리 같은 인사를 따르는 것이 어떤가? 그렇게 말하고 나서 걸닉은 장저가 흙을 파낸 곳에 씨 뿌리고 흙을 덮는 일을 멈추지 않았다. 자로가 돌아와서 선생님께 고하니, 선생님께서는 몹시 낙담하여 말씀하셨다: 날짐승, 들짐승과 함께 무리를 지어 살 수는 없다. 내가 이 백성들과 함께 하지 않는다면 누구와 함께 하겠는가? 만약 세상이 태평하다면 내가 너희들과 함께 개혁하려고도 하지 않았을 것이다.

- '장저(長沮)'와 '걸닉(桀溺)'은 당시의 은자로 본래의 이름은 알 수 없다.
- '우(耰)'는 씨를 뿌리고 나서 흙을 덮어주는 일을 말하는데, 장저와 걸닉이 함께 밭을 간다고 했으므로 "耰而不輟"을 "장저가 흙을 파낸 곳에 씨 뿌리고 흙을 덮는 일을 멈추지 않았다"라고 번역했다.
- "문진언(問津焉)"은 직역하면 "그들에게 나루터를 묻다"이다. 여기서 비롯되어 '문진(問津)'은 나중에 '진리 탐구의 실마리를 묻다'는 뜻을 갖게 되었다.
- '집여자(執輿者)'는 '수레를 끄는 말의 고삐를 잡고 있는 사람'이라는 뜻이다. 본래 자로가 고삐를 잡고 있었으나 그가 나루터를 물으러 간 동안 공자가 대신 잡은 것이다.
- 장저가 "그 사람이라면 나루터가 어디에 있는지 알고 있을 걸세"라고 말한 것은 유세를 위해 여러 나라를 돌아다닌 공자인 만큼 길을 모를 리 없다고 비꼬아서 말한 것이다.
- "誰以易之"는 '與誰易之'와 같아서 "누구와 함께 세상을 뒤바꿀 것인가?"의 뜻이다.
- "날짐승, 들짐승과 함께 무리를 지어 살 수는 없다"는 말은 장저와 걸닉 같이 속세를 버리고 자연으로 돌아가 사는 은자들은 공자 자신과는 이상과 지향이 달라서 함께 어울릴 수 없다는 뜻이다.
- '斯人之徒與'는 '與斯人之徒'가 도치된 것이다.

子路從而後, 遇丈人以杖荷蓧. 子路問曰: 子見夫子乎? 丈人曰: 四體不勤, 五穀不分, 孰爲夫子? 植其杖而芸(운), 子路拱而立, 止子路宿, 殺雞爲黍(서)而食(사)之, 見其二子焉. 明日子路行以告. 子曰: 隱者也, 使子路反見之, 至則行矣. 子路曰: 不仕無義, 長幼之節, 不可廢也. 君臣之義, 如之何其廢之. 欲潔(결)其身而亂大倫. 君子之仕也, 行其義也. 道之不行, 已知之矣.

자로가 선생님을 수행하다가 뒤처졌다. (뒤쫓아 가는 도중에) 지팡이에 대바구니를 매달아 어깨에 메고 있는 노인을 만나 물었다: 우리 스승님을 보시지 못했습니까? 노인이 말했다: 육체노동을 한 적도 없고 오곡도 구분할 줄 모르는 자가 무슨 스승이란 말인가? 그러고서 지팡이를 땅에 꽂고 풀을 뽑기 시작했다. 자로는 두 손을 모아 노인에게 경의를 표하고 서서 이야기를 시작했는데, 노인은 자로를 만류하고 집으로 데려가서 하룻밤 묵게 하면서 닭을 잡고 기장밥을 지어 잘 대접하고 두 아들을 인사시켰다. 다음날 자로는 노인을 떠나 공자를 뒤쫓아와서 이 이야기를 했다. 선생님께서는 "은자로다" 하시면서 자로에게 되돌아가서 다시 한 번 만나고 오라고 하셨다. 자로가 그 집에 가보니 이미 행방을 알 길이 없었다. 선생님께서 자로에게 말하게 하려고 하신 것은 다음과 같은 말씀이었다: 출사하지 않는다는 주장에는 아무 근거가 없다. 장유의 서열은 무시할 수 없다. (실제로 자로는 당신이 노인이기 때문에 존경을 표했고 당신은 두 아들을 연장자인 자로에게 인사시켜 경의를 표하게 하지 않았는가?) 이와 마찬가지로 군신의 관계는 무시하려고 해도 무시할 수 없는 것이다. 당신은 당신 한 몸을 깨끗이 하려고 한 나머지 무시할 수 없는 중대한 인간관계를 억지로 무시하려고 한다. 우리가 군주를 찾아 출사하려고 하는 것은 인간으로서의 의무를 다하려고 하는 것이다. 다만 그 이상이 바로 실현될 수 없다는 것을 잘 알고 있다.

- '조(篠)'는 고대에 김을 매는 데 사용하던 도구이다.
- '사지(食之)'는 직역하면 '그에게 먹이다'이다. '식지'라고 읽으면 '그를 먹다'가 된다.
- "子路曰"을 직역하면 "자로가 말했다"인데, 문맥을 보면 공자가 자로를 시켜 노인에게 말하려고 한 내용을 자로가 독백처럼 말한 것으로 보여, "선생님께서 자로에게 말하게 하려고 하신 것은 다음과 같은 말씀이었다"로 번역하였다.
- "난대륜(亂大倫)"을 직역하면 "중대한 인륜을 어지럽히다"이다.

逸民, 伯夷·叔齊·虞(우)仲·夷逸·朱張·柳下惠·少連. 子曰: 不降
(강)其志, 不辱其身, 伯夷·叔齊與? 謂柳下惠·少連, 降志辱身矣.
言中倫, 行中慮, 其斯而已矣. 謂虞仲·夷逸, 隱居放言, 身中淸, 廢
中權. 我則異於是, 無可無不可.

옛날에 속세를 떠난 사람들로 백이, 숙제, 우중, 이일, 주장, 유하혜,
소연 일곱 사람의 이름이 전해 오고 있다. 선생님께서 말씀하셨다: 자
신의 이상을 낮추어 타협하지 않고 그 몸을 더럽히지 않은 사람은 백
이와 숙제인가? 유하혜와 소연에 대해 이상을 낮추고 몸을 욕되게는
했지만 말이 도리에 맞고 행하는 것과 생각하는 것이 일치했다고 평한
다면 맞는 말이고 나는 이에 동의한다. 한편 우중과 이일에 대해 은둔
자로서 무책임한 발언을 했지만 그 행동은 결백하고 세상을 버린 것도
당시의 변화된 상황에 따른 어쩔 수 없는 선택이었다고 생각한다. 나
는 이들과 달라서 반드시 그래야 한다든지 그러면 안 된다고 하는 것
이 따로 없다.

- '일민(逸民)'은 '속세를 초월한 사람', '속세를 떠난 사람'의 뜻이다.
- '우중(虞仲)·이일(夷逸)·주장(朱張)과 소연(少連) 네 사람의 언행에 대해서는 알려진 것이 거의 없고,
  고증할 수도 없게 되었다.
- "其斯而已矣"는 직역하면 "그러할 따름이다"이다.
- "폐중권(廢中權)"을 직역하면 "세상을 버린 것이 당시의 변화 상황에 들어맞는다"이다.
- "無可無不可"를 직역하면 "가함도 없고 불가함도 없다"인데, 이 말은 당시의 정치·사회적 여건에
  따라 출사하여 어지러운 세상을 구할 수 있으면 그렇게 하고, 그럴 수 없으면 은둔하겠다는 말이다.

大(태)師摯(지)適齊, 亞飯干適楚. 三飯繚(료)適蔡, 四飯缺適秦. 鼓方
叔入於河, 播(파)鼗(도)武入於漢, 少師陽·擊磬(경)襄, 入於海.

(은나라가 망할 때) 궁정 악장(樂長) 지는 제나라로 가고, 제2 연주자 간은
초나라로 가고, 제3 연주자 요는 채나라로 가고, 제4 연주자 결은 진나
라로 가고, 고수 방숙은 황하 가로 들어갔고, 땡땡이를 치는 무는 한수
가로 들어갔고, 부악장 양(陽)과 경을 치는 양(襄)은 바닷가로 들어갔다.

- '아반(亞飯)'은 두 번째 식사 때의 연주자라는 말인데 여기서는 '제2 연주자'라고 번역했다.
- '파도(播鼗)'는 땡땡이(양쪽에 끈을 달고 그 끝에 구슬을 매달아 손잡이를 잡고 흔들면 소리가 나는 작은 북)를 치는
  악사이다.
- '격경(擊磬)'은 경을 치는 악사인데, '경'은 박자를 맞추는 데 사용되었다.

周公謂魯公曰: 君子不施(이)其親, 不使大臣怨乎不以, 故舊無大
故, 則不棄也, 無求備於一人.

주공이 노공에게 말했다: 너는 친족을 소홀히 하지 마라. 대신들 사이
에서 의견이 받아들여지지 않는다는 불만이 생기지 않도록 하라. 오
랫동안 친하게 지낸 사람은 특별한 이유가 없는 한 버리지 마라. 한 사
람에게 모든 것이 다 갖추어져 있기를 요구하지 마라.

- '주공(周公)'은 공자가 마음속으로 존경하던 주공 단(旦)이고, '노공(魯公)'은 그의 아들인 백금(伯禽)
  이다. 이 장은 주공이 아들 백금에게 부임을 앞두고 훈계를 한 것이다.
- '이(施)'는 '이(弛)'와 같아서 '내버려 두다', '소홀히 하다'의 뜻이다.

- '불이(不以)'의 '以'는 '용(用)'과 같아서 '쓰다', '받아들이다'의 뜻이다.

18-11

周有八士, 伯達 · 伯适(괄) · 仲突 · 仲忽 · 叔夜 · 叔夏 · 季隨 · 季騧(왜).

주 왕조의 일족에 여덟 명의 뛰어난 사람이 있었으니, 백달, 백괄, 중돌, 중홀, 숙야, 숙하, 계수, 계왜이다.

- 위에 열거된 여덟 명은 누구인지 고증할 수 없다. 이 장은 공자의 역사 강의 중의 일부인 것 같은데 기록자가 그 설명을 빠트렸을 것이다.

19. 자장편(子張篇)

「자장편」은 모두 25장으로 이루어져 있는데, 공자의 언행은 수록되어 있지 않고 제자들의 말만 수록되어 자장이 3장, 자하가 10장, 자유가 2장, 증자가 4장, 자공이 6장에 걸쳐 등장한다. 자장의 말에서는 그가 생각하는 교양인의 정의와 그가 어떻게 '교제'에 대해 자하와 견해를 달리하게 되었는지 살펴볼 수 있고, 자하의 말에서는 그가 제자들에게 작은 기술 습득을 권하지 않은 이유와 배움을 좋아한다면 어떻게 해야 하는가, 어떻게 해야 인덕을 지니고 살 수 있는가, 관리는 왜 먼저 군주와 백성의 신뢰를 얻어야 하는가, 규범이 갖는 한계는 무엇인가 등에 대한 그의 판단과 견해를 알 수 있다. 자유의 말을 통해서는 그가 자장을 어떻게 평가했는지 엿볼 수 있으며, 증자의 말을 통해 그가 자장을 어떻게 평가했는지, 효행에서 따르기 어려운 것은 무엇인지, 법관이 지녀야 할 마음가짐은 무엇인지 등에 대한 견해를 살펴볼 수 있다. 마지막으로 자공의 말을 통해 공손조·숙손무숙·진자금 등이 스승 공자에 대해 물어 왔을 때 그가 어떻게 스승을 평가했는지 등을 보는 것도 흥미로운 일이 될 것이다.

19−1

子張曰: 士見危致命, 見得思義, 祭思敬, 喪思哀, 其可已矣.

자장이 말했다: 교양인이라면 위험을 보면 목숨을 바치려 하고, 이익이 눈앞에 보이면 취해서 정당한 것인지를 생각하고, 제사를 지낼 때는 경건하게 지낼 것을 생각하고, 상을 당했을 때는 슬픔을 다하려고 생각한다. 그렇게 할 수 있다면 교양인이라고 할 수 있다.

- '사(士)'는 교양을 갖춘 상위 계층 남자를 가리킨다.
- '기(其)'는 추측을 표시하는 부사이다.

19−2

子張曰: 執德不弘, 信道不篤, 焉能爲有? 焉能爲亡(무)?

자장이 말했다: 도덕에 대한 신념이 확고하고 독실하지 않다면 그런 사람은 없어도 그만이다.

- '홍(弘)'은 여기서 '강(强)'의 뜻으로 사용되었다. 장병린(章炳麟)의 『광논어변지(廣論語騈枝)』에서 볼 수 있다.
- "焉能爲有? 焉能爲亡?"를 직역하면 "어찌 있다고 할 수 있겠으며, 어찌 없다고 할 수 있겠는가?" 인데, 아마도 이는 당시의 관용어로 "없어도 그만이다"라는 뜻이었을 것이다. 하안(何晏)의 『논어집해(論語集解)』에서는 "중요하지 않다는 말이다(言無所輕重)"라고 풀이했다.

子夏之門人, 問交於子張. 子張曰: 子夏云何? 對曰: 子夏曰, 可者
與之, 其不可者拒之. 子張曰: 異乎吾所聞. "君子尊賢而容衆, 嘉
(가)善而矜不能." 我之大賢與, 於人何所不容? 我之不賢與, 人將拒
我. 如之何其拒人也?

자하의 제자가 자장에게 교제에 필요한 마음가짐이 무엇인지 물었다.
자장이 말했다: 자네의 스승 자하는 무엇이라고 하던가? 그가 대답했
다: 스승께서는 좋은 사람을 골라 교제하고 그렇지 못한 사람은 피하
라고 했습니다. 자장이 말했다: 내가 선생님한테 들은 것과는 다르네.
선생님께서는 "제군들은 현자를 존경함과 동시에 대중을 포용하고 선
인을 칭찬함과 동시에 부족한 인간을 가여워하라"고 가르치셨다. 만
일 내가 대 현인이라면 어떤 사람이라도 포용하지 못할 리 없을 것이
고, 만일 내가 어리석은 사람이라면 상대방에게 배척당할 것이다. 내
가 어떻게 다른 사람을 거절할 수 있겠는가?

- '其不可者拒之'의 '其'는 일반적인 사람을 가리키는 인칭대명사이다.

자하와 자장의 견해는 과연 달랐는가?

자하의 제자가 자장에게 물은 것은 '교제'에 관한 것인데, 자장이 대답한 것
은 '포용'에 대한 것이어서 자하와 자장의 견해가 다른 것처럼 되어버렸다.
자하의 제자가 자하에게 '포용'에 대해 물었다면 자장과 견해를 달리 하지
않았을 지도 모른다.

子夏曰: 雖小道, 必有可觀者焉. 致遠恐泥, 是以君子不爲也.

자하가 말했다: 비록 보잘것없는 작은 기술이라도 반드시 취할 점이 있을 테지만 깊이 들어가면 거기에 빠질 우려가 있기 때문에 제군들에게 권하지 않는다.

● "치원공니(致遠恐泥)"를 직역하면 "먼 곳까지 이르게 되면 거기에 빠질 것이 걱정된다"이다.

子夏曰: 日知其所亡(무), 月無忘其所能, 可謂好學也已矣.

자하가 말했다: 날마다 자신이 몰랐던 것을 알아나가고, 달마다 그 동안 배워서 할 수 있게 된 것을 잊지 않았는지 확인한다면 배움을 좋아한다고 할 수 있다.

● 이 글은 「위정편」 11장에 언급된 공자의 '온고지신(溫故知新: 옛것을 연구하여 새로운 지식을 끌어내다)'의 학문관과 연관되어 있다.

子夏曰: 博學而篤志, 切問而近思, 仁在其中矣.

자하가 말했다: 널리 배우고 자신의 이상을 굳게 지키며, 절실하게 묻고 직면한 문제를 사색한다면 인덕은 그 가운데 있다.

• '근사(近思)'는 '자신의 주변에 있는 문제를 사색하다'는 뜻이다.

학(學)과 인(仁)의 상관관계

정약용(丁若鏞)이 이에 대해 "「학이편」 7장(賢賢易色)은 '사람이 효제충신(孝悌忠信)을 잘하면 그 학문을 알 수 있으니, 학문이 그 안에 있다'라는 말이고, 이 장은 '사람이 학문과 사색을 잘하면 그 인(仁)을 알 수 있으니, 인이 그 안에 있다'는 말이다. 두 장의 상반됨이 흑백과 같으나 실제로는 부절을 맞춘 듯이 들어맞는다. 자하의 뜻은 대략 '아는 자는 반드시 행하고 행하는 자는 반드시 아니, 천하에는 배우지 않고 인을 잘하는 자는 없고, 또한 인을 잘하면서 배우지 않는 자도 없다'는 것이다. 두 장을 합하여 살펴야 그 의미가 분명해진다"라고 『논어고금주(論語古今註)』에서 평한 것을 참고할 만 하다.

子夏曰: 百工居肆(사)以成其事, 君子學以致其道.

자하가 말했다: 모든 기술자들이 작업장을 일터로 하여 자신의 일을 성취하듯이 제군들은 학문을 함으로써 자신의 이상을 달성하도록 하라.

• '거사(居肆)'는 '작업장에 머물다'는 뜻이다.

子夏曰: 小人之過也必文.

자하가 말했다: 제군들은 잘못을 저질렀을 경우에 결코 변명하지 마라.

● '문(文)'은 그럴듯하게 꾸며서 둘러대는 것을 말한다. 이 글을 직역하면 "소인들은 잘못을 저지르면 반드시 둘러댄다"이다.

子夏曰: 君子有三變. 望之儼(엄)然, 卽之也溫, 聽其言也厲(려).

자하가 말했다: 훌륭한 교양인은 면모가 세 번 바뀌니, 멀리서 바라보면 근엄하고 다가가서 보면 온화하고 말하는 것을 들으면 준엄하다.

子夏曰: 君子信而後勞其民. 未信則以爲厲己也. 信而後諫, 未信則以爲謗(방)己也.

자하가 말했다: 제군들이 출사하게 되면 충분히 신뢰를 얻은 뒤에 백성을 동원하도록 하라. 신뢰를 얻지 못한 상태에서 일을 시키면 백성은 자신들을 학대한다고 여길 것이다. 군주에게도 충분히 신뢰를 얻은 뒤에 간언하도록 하라. 신뢰가 없는 상태에서 간언하면 자신을 비방한다고 여길 것이다.

- "勞其民"을 직역하면 "그 백성들을 수고롭게 하다"이다.
- '려(厲)'는 '학대하다'는 뜻이다.

19-11

子夏曰: 大德不踰(유)閑, 小德出入可也.

자하가 말했다: 중대한 덕목은 그 규범의 경계를 넘어서는 안 되지만 사소한 덕목은 그 경계를 좀 넘나들어도 괜찮다.

- '덕(德)'은 여기서 행위의 준칙을 말한다.
- '한(閑)'은 '규범의 경계 또는 한계'이다.

규범에 대한 집착을 경계하다

사소한 것까지도 규범대로 하려고 한다면 규범에 얽매여 지나치게 경직된 나머지 편안하지도 않고 자유롭지도 못한 상태가 될 것이다.

子游曰: 子夏之門人小子, 當洒(쇄)掃應對進退, 則可矣, 抑末也. 本之則無, 如之何? 子夏聞之曰: 噫(희)! 言游過矣. 君子之道, 孰先傳焉? 孰後倦焉? 譬諸(저)草木, 區以別矣. 君子之道, 焉可誣也? 有始有卒者, 其惟聖人乎!

자유가 말했다: 자하의 제자들은 집안을 청소하고 손님을 응대하고 격식에 맞게 행동하는 일은 괜찮게 해내지만 그런 것은 사소한 일에 불과하다. 그러나 근본적인 것은 전혀 되어 있지 않으니 어찌된 일인가? 자하가 그 말을 듣고 말했다: 아! 언유(자유)가 실언을 했구나. 교양인이 되기 위해 수양을 함에 있어서 어느 것을 먼저 전수하고 어느 것을 뒤로 돌려 소홀히 하겠는가? 이를 초목에 비유하면 뿌리와 잎을 구분하여 어느 쪽이 더 중요하고 어느 쪽이 덜 중요하다고 말하는 것과 같다. 수양의 방법을 어떻게 왜곡시킬 수 있겠는가? 처음부터 끝까지 사리에 맞게 가르칠 수 있는 사람은 오직 성인뿐일 것이다.

- "抑末也"는 직역하면 "그러나 (그것은) 말단적인 것이다"이다.
- '언유(言游)'는 자유를 가리킨다. '言'이 성이고 '游'가 이름이다.
- "孰後倦焉"을 직역하면 "어느 것을 뒤로 돌려 게을리 할 것인가?"이다.

격식과 근본

자유는 자하의 제자들이 수양의 근본은 뒤로 미룬 채 사소한 것만 배웠다고 비난한 것이다. 이에 대해 자하는 수양의 내용을 근본적인 것과 사소한 것으로 나누어 현실 속에서 이를 구분하기도 어렵고 순서를 정하기도 쉽지 않은 만큼 수양의 궁극적인 방향과 목적을 잃지 않는 선에서 융통성 있게 수양하는 것이 좋다는 견해를 피력하였다.

子夏曰: 仕而優則學, 學而優則仕.

자하가 말했다: 출사해서 일에 자신이 생기면 학문을 시작하고, 학문을 해서 자신이 생기면 출사한다.

학문은 출사(出仕)의 유력한 무기

공자 시대의 봉건제도 하에서는 귀족 출신의 자제는 어느 정도 학업을 마치기를 기다리지 않고 세습적으로 관직에 올랐지만 보통의 사족(士族)이나 서민은 연줄을 통해 관직을 찾아야 했는데, 이때 학문은 유력한 무기였다.

子游曰: 喪致乎哀而止.

자유가 말했다: 장례식에서는 슬픔을 다하고 나면 거기서 그친다.

子游曰: 吾友張也, 爲難能也, 然而未仁.

자유가 말했다: 나의 벗 자장은 남들이 하기 어려운 일을 잘한다. 그러나 인자라고 하기에는 아직 부족하다.

• '위난능(爲難能)'을 직역하면 '능히 하기 어려운 일을 하다'이다.

曾子曰: 堂堂乎張也, 難與並爲仁矣.

증자가 말했다: 자장은 위풍당당하긴 하지만 함께 인덕을 실천하기는 어렵겠다.

자장에 대한 증자의 평가

「선진편」 16장에서 자공이 공자에게 자장과 자하 둘 중에서 누가 더 나은가를 물었을 때 공자가 "사(자장)는 지나치고 상(자하)은 부족하다"고 대답한 것을 참고할 만하다.

曾子曰: 吾聞諸(저)夫子, 人未有自致者也, 必也親喪乎.

증자가 말했다: 내가 선생님께 들은 적이 있다. 사람은 좀처럼 자신의 정성을 다하지 않는다. 그러나 양친의 상을 당하면 틀림없이 정성을 다할 것이다.

19—18

曾子曰: 吾聞諸(저)夫子, 孟莊子之孝也, 其他可能也. 其不改父之
臣, 與父之政, 是難能也.

증자가 말했다: 내가 선생님께 들은 적이 있다. 맹장자의 효행은 다른
것은 따라할 수 있겠지만 부친의 가신(家臣)과 부친의 정책을 바꾸지
않은 것은 따라 하기 어렵다.

- '맹장자(孟莊子)'는 노나라의 대부 중손속(仲孫速)인데, 그는 부친 맹헌자(孟獻子)가 죽은 뒤에도 계
  속하여 부친이 쓰던 가신을 그대로 쓰고 부친의 정책을 그대로 실시했다고 한다.
- 이 장은 「학이편」 11장 "삼년상을 지내는 동안 부친이 가시던 길을 바꾸지 않는다면 효성스럽다고
  할 수 있다(三年無改於父之道, 可謂孝矣)"를 참고하여 살펴볼 수 있다.

19—19

孟氏使陽膚爲士師, 問於曾子. 曾子曰: 上失其道, 民散久矣. 如得
其情, 則哀矜而勿喜.

맹씨가 증자의 제자 양부를 법관으로 임명하니 양부가 증자에게 가르
침을 청했다. 증자가 말했다: 윗사람이 정도를 잃어서 민심이 떠난 지
오래다. 그러니 네가 죄인의 진상을 알게 되면 슬퍼하고 가엾게 여길
것이지 기뻐해서는 안 될 것이다.

- '양부(陽膚)'는 증자(曾子)의 제자이다.
- '기정(其情)'의 '其'는 '民'을 가리키는 것이지만 양부가 법관이므로 '죄인'으로 번역했다.

子貢曰: 紂(주)之不善, 不如是之甚也. 是以君子惡(오)居下流, 天下之惡(악)皆歸焉.

자공이 말했다: 은나라의 마지막 군주 주가 폭정을 했다고 해도 실제 세간에서 말하는 만큼 심한 것은 아니었다. 따라서 제군들도 밑바닥에 머물지 말도록 하라. 세상의 악평이 모두 그곳으로 귀착될 것이다.

● '하류(下流)'는 '악행이 모여드는 밑바닥'의 뜻이다.

걷잡을 수 없는 악평의 파급효과

일단 세간에서 악평이 나면 그것이 나름대로 상승작용을 일으켜 사실이 아닌 오명까지 뒤집어쓰게 마련이므로 조심해야 한다는 말이다. 서양에서도 로마의 황제 네로가 폭정을 했지만 세간에서 말하는 만큼 심한 것은 아니었다는 평가가 있다.

子貢曰: 君子之過也, 如日月之食焉. 過也人皆見之, 更(경)也人皆仰之.

자공이 말했다: 제군들은 과오를 저지르게 되면 일식이나 월식 같아야 할 것이다. 그래야 제군들의 과오를 사람들이 모두 알고, 그 과오를 고치면 사람들이 모두 제군들을 우러러볼 것이다.

衛公孫朝問於子貢曰: 仲尼焉學? 子貢曰: 文武之道, 未墜(추)於
地, 在人. 賢者識其大者, 不賢者識其小者, 莫不有文武之道焉. 夫
子焉不學? 而亦何常師之有?

위나라의 공손조가 자공에게 물었다: 공자는 어디서 배우셨소? 자공
이 말했다: 주나라의 문왕과 무왕이 남긴 통치의 흔적은 완전히 사라
진 것이 아니라 사람들 사이에 보존되어 있습니다. 현명한 사람은 그
속에서 큰 것을 발견하고 그렇지 못한 사람은 그 속에서 작은 것밖에
는 발견하지 못하는 차이가 있습니다만 어느 것이나 문왕과 무왕의 통
치 흔적이 아닌 것이 없습니다. 선생님께서 어찌 그것을 배우지 않고
놓아 두었겠습니까? 그러니 또한 어찌 정해진 스승이 따로 있었겠습
니까?

- '공손조(公孫朝)'는 위나라의 대부이다. 노나라와 초나라에도 공손조가 있었기 때문에 '衛公孫朝'
  라고 하여 구별했다.
- '상사(常師)'는 '항상 그 밑에서 배우는 정해진 스승'을 말한다.
- '常師之有'는 강조를 위해 '有常師'를 도치시킨 것이다.

叔孫武叔語大夫於朝曰: 子貢賢於仲尼. 子服景伯以告子貢, 子貢曰: 譬之宮牆, 賜之牆也及肩(견), 窺(규)見室家之好. 夫子之牆數仞, 不得其門而入, 不見宗廟之美, 百官之富. 得其門者或寡矣. 夫子之云, 不亦宜乎?

노나라의 숙손무숙이 조정에서 동료 대부들과 이야기하다가 자공이 공자보다 현명하다고 말했다. 자복경백이 그 이야기를 자공에게 고하니 자공이 말했다: (말도 안 됩니다.) 집의 담으로 비유해보면 저의 담은 어깨 높이에 불과해서 누구나 담 너머로 집안의 좋은 것을 들여다 볼 수 있습니다. 선생님의 담은 높이가 몇 길이나 되기 때문에 문으로 들어가지 않으면 사당의 아름다움과 수많은 건물들의 풍성함을 볼 수가 없습니다. 이전에 선생님께서 "그 문으로 들어올 수 있는 사람은 극히 적으리라"고 말씀하셨는데 참으로 지당한 말씀이셨습니다.

- '숙손무숙(叔孫武叔)'은 노나라의 대부로 이름은 주구(州仇)이다.
- '자복경백(子服景伯)'은 노나라의 대부로, 성이 자복(子服)이고 이름은 하(何)이다.
- '백관지부(百官之富)'의 '官'은 본의가 '가옥'인데, 나중에 '관직', '벼슬'이라는 뜻으로 의미가 확장되었다.
- "得其門者或寡矣"를 자공의 말로 보면 그 뒤의 '夫子'는 숙손무숙을 가리키는 것이 되는데, 자공의 입장에서 "숙손무숙이 그렇게 말씀하신 것이 당연하지 않겠습니까?(夫子之云, 不亦宜乎)"라고 말하는 것은 사리에 어긋나 보인다. 따라서 "得其門者或寡矣"를 공자가 한 말로 보고 그 뒤에 나오는 '夫子'는 공자를 가리키는 것으로 보는 것이 자연스럽다.

叔孫武叔毁(훼)仲尼, 子貢曰: 無以爲也. 仲尼不可毁也. 他人之賢
者, 丘陵也, 猶可踰也. 仲尼日月也, 無得而踰焉. 人雖欲自絶, 其
何傷於日月乎. 多見(현)其不知量也.

숙손무숙이 공자를 헐뜯었다. 이에 자공이 말했다: 그렇게 하지 마십
시오. 선생님을 헐뜯어서는 안 됩니다. 세간에서 현자라고 하는 사람
들은 구릉과 같은 것이어서 그래도 넘어갈 수 있지만 선생님은 해와
달 같아서 그곳까지 올라갈 방법이 없습니다. 사람들이 스스로 관계
를 끊으려고 해도 그것이 해와 달에게 무슨 손상을 입히겠습니까? 단
지 자신들의 분수를 헤아리지 못한다는 사실을 드러낼 뿐입니다.

- '無以爲也'의 '이(以)'는 '이렇게', '그렇게'라는 뜻의 부사이다.
- '無得而踰焉'의 '득이(得而)'는 '···할 수 있다'는 뜻이다.
- '다현(多見)'의 '多'는 부사로서 '단지', '다만'의 뜻이다.

陳子禽(금)謂子貢曰: 子爲恭也, 仲尼豈賢於子乎? 子貢曰: 君子一言以爲知, 一言以爲不知, 言不可不愼(신)也. 夫子之不可及也, 猶天之不可階而升也. 夫子之得邦家者, 所謂立之斯立, 道之斯行, 綏(수)之斯來, 動之斯和. 其生也榮, 其死也哀, 如之何其可及也?

진자금이 자공에게 말했다: 당신이 공자에게 공손한 것이었지, 공자가 설마 당신보다 현명하겠습니까? 자공이 말했다: 그대는 말 한 마디로 지혜로운 사람이 될 수도 있고 어리석은 사람이 될 수도 있으니 말을 삼가야겠소. 선생님을 따라갈 수 없는 것은 사다리를 타고 하늘에 올라갈 수 없는 것과 같습니다. 그분께서 만약 나라를 얻으셨다면, 이른바 세우면 서고 이끌면 나아가고 편안하게 해 주면 따라오고 동원하면 호응하는 그런 상태가 되었을 것이오. 그분의 삶은 영광스러웠고 그분의 죽음은 슬픔으로 가득했으니 어떻게 우리가 그분을 따라갈 수 있겠소?

- '진자금(陳子禽)'은 진(陳)나라 사람으로, 공자의 제자인 진항(陳亢)이다. 자공보다 아홉 살 아래이다.
- '도(道)'는 '도(導)'와 같아서 '이끌다'는 뜻이다.
- '수(綏)'는 '편안하게 해 주다'는 뜻의 동사이다.

20. 요왈편(堯曰篇)

「요왈편」은 모두 3장으로 이루어져 있다. 다른 편에 비해 매우 짧지만 여기서 우리는 요임금이 순에게 왕위를 물려줄 때와 순임금이 우에게 왕위를 물려줄 때 어떤 당부를 했는지, 은의 탕왕이 즉위하면서 하늘에 한 맹세의 내용이 무엇인지, 주 무왕이 정치에 임한 자세와 그의 치적이 무엇인지 살펴볼 수 있다. 또한 자장이 공자에게 정치를 잘하는 비결이 무엇이냐고 물었을 때 공자가 제시한 다섯 가지 미덕과 네 가지 악정의 구체적인 내용이 무엇인지 확인할 수 있으며, 마지막으로 공자가 말한 천명과 예와 타인의 말에 대한 분별이 무슨 의미를 지니는지를 음미할 수 있다.

堯曰: 咨! 爾舜, 天之曆數在爾躬, 允執其中. 四海困窮, 天祿永終.
舜亦以命禹. 曰: 予小子履, 敢用玄牡(모), 敢昭告于皇皇后帝. 有
罪不敢赦(사), 帝臣不蔽, 簡在帝心. 朕(짐)躬有罪, 無以萬方. 萬方
有罪, 罪在朕躬. 周有大賚(뢰), 善人是富. 雖有周親, 不如仁人. 百
姓有過, 在予一人. 謹權量, 審法度, 修廢官, 四方之政行焉. 興滅
國, 繼絕世, 擧逸民, 天下之民歸心焉. 所重民食喪祭. 寬則得衆, 信
則民任焉, 敏則有功, 公則說(열).

요임금이 순에게 왕위를 물려줄 때 말했다: 아! 그대 순이여! 하늘의
명령이 그대의 몸에 떨어졌으니 그대는 성실하게 하늘이 내린 법도를
굳게 잡고 놓치지 마라. 천하의 백성이 곤궁에 빠진다면 하늘이 준 복
도 영원히 끊어질 것이다. 순임금도 우에게 똑같이 명했다. (이번에는 은
의 탕왕이) 말했다: 나 보잘것없는 리(履)는 이제 검은 소를 희생으로 삼
아 하늘에 제사하고 감히 찬란한 하늘의 주재자이신 후제(后帝)께 고하
나이다. 죄를 지은 하나라 걸왕은 이제 용서할 수 없나이다. 후제의 종
인 저는 아무 것도 숨기는 게 없사오니 모든 것은 후제의 뜻으로 정하
소서. 만일 제 몸에 죄가 있어도 백성은 죄가 없으며, 만일 백성에게
죄가 있다면 그 죄는 제 몸에 있나이다. 주나라가 크게 번성한 것은 선
한 사람이 많았기 때문이다. 무왕이 말했다: 내 비록 가까운 친척이
있으나 어진 사람이 있는 것만 못하고, 백성에게 잘못이 있다면 그 책
임은 내가 지리라. 그리하여 도량형을 엄밀하게 정하고 법률을 명확
히 하고 이미 없애버렸던 기관과 일을 회복하니 전국의 정령(政令)이
모두 잘 시행될 수 있었다. 멸망한 나라를 부흥시키고 제사가 끊어진
집에 상속자를 정하고 숨은 현자를 찾아 등용했기 때문에 천하의 백성

이 충심으로 기뻐하며 심복할 수 있었다. 그가 중시한 것은 백성과 식량과 장례와 제사였다. 요컨대 그는 관용하면 사람이 많이 따르고 신뢰를 지키면 백성이 신임하며 부지런하면 능률이 오르고 공평하면 백성들이 기뻐한다는 것을 잘 알고 있었다.

- '자(咨)'는 일종의 감탄사이다.
- '역수(曆數)'는 '왕조 교체의 순서와 운수'를 가리킨다.
- "윤집기중(允執其中)"을 직역하면 "성실하게 그 중정(中正: 하늘이 내린 법도)을 잡다"이다.
- '여소자(予小子)'는 상고시대에 제왕이 자신을 겸허하게 일컫던 상투어이다.
- '리(履)'는 상(商)나라를 세운 탕왕(湯王)의 이름이다.
- '현모(玄牡)'는 검은 색의 수소를 가리킨다.
- '소고(昭告)'는 '분명하게 말하다'는 뜻이다.
- '후제(后帝)'는 '하늘의 주재자', '천제(天帝)'이다.
- "간재제심(簡在帝心)"을 직역하면 "선택은 후제의 마음에 달려 있다"이다.
- "대뢰(大賚)"를 직역하면 "(하늘이 내린) 큰 하사품"이다.
- '주친(周親)'은 '지극히 친한 사람', '지친'의 뜻이다.
- '권량(權量)'은 '저울과 되'로 도량형을 뜻한다.
- "所重民食喪祭"를 "백성에게 중요한 것은 음식과 장례와 제사이다"로 풀이하기도 한다. 이렇게 해석하는 것이 자체로는 그럴듯하지만 전후 맥락을 고려하여 취하지 않았다.
- 이 장의 문장은 앞뒤의 연결이 잘 되어 있지 않아 송나라 소식(蘇軾) 이래로 많은 사람들이 중간에 빠진 글이 있을 것이라고 의심했다. 실제로 그런 면이 있어서 연결을 위해 중간에 약간의 말을 보충해서 번역했다.

子張問於孔子曰: 何如斯可以從政矣? 子曰: 尊五美, 屛四惡, 斯可以從政矣. 子張曰: 何謂五美? 子曰: 君子惠而不費, 勞而不怨, 欲而不貪, 泰而不驕, 威而不猛. 子張曰: 何謂惠而不費? 子曰: 因民之所利而利之, 斯不亦惠而不費乎? 擇可勞而勞之, 又誰怨? 欲仁而得仁, 又焉貪? 君子無衆寡, 無小大, 無敢慢. 斯不亦泰而不驕乎? 君子正其衣冠, 尊其瞻(첨)視, 儼然人望而畏之, 斯不亦威而不猛乎? 子張曰: 何謂四惡? 子曰: 不教而殺, 謂之虐, 不戒視成, 謂之暴. 慢令致期, 謂之賊. 猶之與人也, 出納之吝(린), 謂之有司.

자장이 선생님께 여쭈었다: 어떻게 하면 정치를 잘 할 수 있겠습니까? 선생님께서 대답하셨다: 다섯 가지 미덕을 명심하고 네 가지 악정을 물리치면 정치를 잘 할 수 있을 것이다. 자장이 다시 여쭈었다: 다섯 가지 미덕이란 무엇입니까? 선생님께서 대답하셨다: 은혜를 베풀고 낭비하지 않는다. 노역을 시키지만 원망을 사지 않는다. 원하지만 탐내지 않는다. 자신이 있으면서도 겸허하다. 위엄은 있지만 두려움을 주지는 않는다. 이 다섯 가지이다. 자장이 다시 여쭈었다: 은혜를 베풀고 낭비하지 않는다는 것은 무슨 뜻입니까? 선생님께서 말씀하셨다: 백성들이 이롭다고 생각하는 일에 예산을 집행한다. 그렇게 하면 은혜를 베풀고 낭비하지 않는 것이 된다. 노역할 만한 가치가 있는 공사를 골라 백성을 동원하면 누구도 원망하는 사람이 없게 된다. 어진 정치를 베풀어 어질다는 말을 듣게 되면 무엇을 더 탐하겠는가? 백성의 많고 적음을 따지지 않고 영토의 크기를 묻지 않으며 어느 누구도 경시하지 않는다. 이는 자신이 있으면서도 겸허하기 때문이라고 할 수 있다. 의관을 정제하고 안색을 바르게 하면 사람들이 볼 때 의젓

하여 존경심이 생긴다. 이것이 위엄은 있지만 두려움을 주지 않는 것이라고 할 수 있다. 자장이 다시 여쭈었다: 네 가지 악정이란 무엇입니까? 선생님께서 대답하셨다: 가르치지는 않고서 죄를 지으면 사형에 처한다. 이것을 학정이라고 한다. 방임해 두고서는 업적을 까다롭게 따진다. 이것을 폭정이라고 한다. 뒤늦게 명령을 내리고는 서둘러 시행하라고 다그친다. 이것을 도적의 정치라고 한다. 관청의 물건을 지급하면서 자신의 물건을 내주는 양 생색을 내고 아까워한다. 이것을 관료주의라고 한다.

- '하여사(何如斯)'의 '斯'는 조건에 따른 결과를 표시하는 접속사이다.
- '병(屛)'은 '병(摒)'과 같아서 '물리치다', '제거하다'의 뜻이다.
- "因民之所利而利之"를 직역하면 "백성들이 이롭게 여기는 바를 따라서 그들을 이롭게 해주다"이다.
- "不戒視成"을 직역하면 "알려주거나 타이르지도 않고 성과를 따지다"이다.
- '치기(致期)'는 '기한을 제한하여 다그치다'는 뜻이다.
- "猶之與人"의 '猶之'는 '均之'와 같아서 '똑같이', '고르게'의 뜻이다. 이를 직역하면 "고르게 사람들에게 나눠 주어야 할 것을 주다"이다. 이는 관청의 일이므로 여기서는 "관청의 물건을 지급하다"로 의역하였다. (왕인지(王引之)의 『경전석사(經傳釋詞)』를 참고했다.)
- '출납(出納)'은 여기서 편의복사(偏義複詞)로 사용되어 '出'의 의미만 강조되어 있다.
- '유사(有司)'는 '담당관'이라는 말인데, 여기서는 '담당관들이 흔히 저지르는 악정'이라는 의미로 사용되었으므로 '관료주의'로 번역하였다.

孔子曰: 不知命, 無以爲君子也. 不知禮, 無以立也. 不知言, 無以
知人也.

선생님께서 말씀하셨다: 천명의 존재를 깨닫지 못하면 학문을 한 교
양인이라고 할 수 없고, 예를 모르면 사회에서 입신할 수 없고, 다른
사람의 말을 분별하지 못하면 그 사람이 어떤 사람인지를 알 수 없다.

『논어』공부를 마치며

『논어』를 처음부터 차근히 읽다보면 '온고지신(溫故知新)'이나 '교언영색(巧言令色)'과 같이 익숙한 구절도 있지만 번역과 해석만으로는 충분히 이해가 되지 않는 구절이 더 많이 있다. 길지 않은 책이다 보니 어렵지 않게 끝낼 수는 있더라도 책을 덮은 후 고전을 완독해냈다는 뿌듯함보다는 내가 잘 이해한 것이 맞나 하는 아쉬움이 쌓여 '논어 공부를 한 번 해보자'는 이야기가 가족 간에 오간지는 벌써 수년이 지났다.

시작이 쉽지 않았지만 지난 추석 연휴가 계기가 되어 온 가족이 식탁 앞에 앉았다. 평소 회사에서 중요한 회의가 있으면 녹음을 해두었다가 다시 듣고는 하는데, 논어 강의도 놓치는 부분이 있을지 몰라 녹음해보았다. 그런데 논어의 개괄을 다룬 첫 시간이 예상외로 흥미진진했다. '민(民)'자가 남자 노예의 눈을 외눈박이로 만들던 전통을 반영한 상형문자였다니, 만인지상 일인지하 재상(宰相)이 가장 믿음이 가는 가내 노예에게 부엌〔宰〕과 잠자리〔相〕 관리를 담당시키던 것에서 비롯되었다니, 신선하지 않은가. 이런 강의를 우리 가족끼리만 듣기에는 아깝다는 생각에 스무 명 정도라도 함께 하고 싶다는 마음으로 팟캐스트 방송을 시작하게 되었다.

어린 시절에는 온 가족이 함께 밥을 먹는 일이 자주 있었다. 우리는 때로 재미있고 깊이 있는 의견을 밥상머리에서 나누었고, 식구 중 가장 어린 나에게는 그런 시간이 신선한 배움의 기회였다. 그 후 오랜 시간이 흘러 저마다 바쁜 일상을 보내게 되었지만, 간만에 일요일 아침마다 논어를 공부하기로 하고 식탁에 앉아 아빠가 해주시는 중국 역사와 철학 이야기를 듣게 되자 어릴 적 밥을 먹으며 이야기를 나누던 일이 가장 먼저 떠올랐다. 이런 추억을 담아 이 강의에 '식탁 위의 논어'라는 제목을 붙이게 되었다.

'식탁 위의 논어'를 듣기 이전에 나는 『논어』를 바른 삶의 자세를 짚어주는 '좋은 윤리 책'으로 생각하는 한편, '윗물이 맑아야 아랫물도 맑다'는 식의, 의미는 좋지만 누구나 다 알고 있는 진부한 이야기, 단순한 한자 번역만으로는 이해하기 어려운 난해한 내용, 남존여비나 신분제도 같은 시대에 맞지 않은 고루한 사상을 담고 있는 책이라고 생각하기도 했었다.

팟캐스트 강의를 진행하며 중국고전문학 전공자인 아빠가 여러 가지 번역본과 해석본을 활용하여 다양한 해석과 시대적 배경을 함께 제시하셨고, 가족들은 그에 대해 저마다의 방식으로 배경 지식을 이야기하며 현대적인 해석을 덧붙였다. 그렇게 8개월 동안 일요일마다 만나면서 매번 공자의 참신하고 독창적인 생각을 발견하기도 하고, 예상치 못한 창의적 해석과 울림을 경험하기도 하며, 내가 종전에 논어에 대해 품고 있었던 오해도 풀어갈 수 있었다. 횟수가 거듭되면서 자공, 자로, 안연, 재여 등 공자의 제자들이 가진 개성이 드러나게 되면서, '아, 자로는 무모할 정도로 우직하구나', '자공은 또 이렇게 스승의 답변에 만족하지 못하고 재차 질문하는구나', '재여는 스승의 꾸지람에도 불구하고 자신의 생각을 용감하게 말하는구나' 등 애착이 간 해석을 하게 된 것도 논어 공부에 재미를 더해주었다.

요즘 말로 표현하자면 논어는 인간관계와 리더십에 대해 이야기하고 있다. 우리가 사는 지금과 공자의 제자들이 살았던 춘추전국 시대의 본질이 크게 다르지 않아서일까, 아니면 유교 문화권에서 성장하면서 『논어』에서 전하는 가치를 자연스럽게 내재해 왔기 때문일까. 2,500년의 간격을 두고 있음에도 효제(孝悌), 인(仁)과 예(禮), 진정성(忠) 등을 이야기하는 논어의 문장들이 주는 울림은, 여러 사람을 인터뷰하고 통계적 자료로 탄탄히 뒷받침을 한 요즘의 리더십 이론보다 쉽고 자연스럽게 고개가 끄덕여 지기도 하고 일상에 위안을 주기도 하였다.

'학즉불고(學則不固)', 배움으로서 고루해지지 않는다는 공자님의 말씀대로 '식탁 위의 논어'를 공부하는 지난 8개월 동안 가족 간의 대화가 풍성해졌고, 동양 고전에 대한 인식을 새로이 할 수 있어 즐거웠고 앞으로도 배움을 계속하고 싶은 계기가 되기도 했다. 책으로 출간된 논어를 다시 읽어보며 현대를 살아가는 지혜를 끊임없이 발견하게 되기를 기대해 본다.

2012년 9월
송경림

─── ㄱ

가여공학, 미가여적도可與共學, 未可與適
道 185

가여언이불여지언, 실인 可與言而不與之
言, 失人 308

가이탁륙척지고可以託六尺之孤 156

감문숭덕, 수특, 변혹敢問崇德, 修慝, 辨惑
244

감소고우황황후제敢昭告于皇皇后帝 395

강의목눌, 근인剛毅木訥, 近仁 267

강자궤약, 배이수지康子饋藥, 拜而受之
199

개유부지이작지자, 아무시야蓋有不知而
作之者, 我無是也 144

거경이행간居敬而行簡 109

거백옥시인어공자蘧伯玉使人於孔子 287

거상불관居上不寬 68

거지무권, 행지이충居之無倦, 行之以忠
239

견선여불급, 견불선여탐탕見善如不及, 見
不善如探湯 335

견자최자, 수압, 필변見齊衰者, 雖狎, 必變
203

견현사제언見賢思齊焉 79

경귀신이원지敬鬼神而遠之 121

계강자환도季康子患盜 241

계로문사귀신季路問事鬼神 213

계문자삼사이후행季文子三思而後行 99

계씨려어태산季氏旅於泰山 56

계씨부어주공季氏富於周公 216

계씨장벌전유季氏將伐顓臾 327

고불고, 고재고재觚不觚, 觚哉觚哉 123

고자민유삼질古者民有三疾 352

고종량암, 삼년 불언高宗諒陰, 三年不言
296

고지학자위기古之學者爲己 286

곡삭지희양告朔之餼羊 63

공근어예恭近於禮 31

공문자, 하이위지문야孔文子, 何以謂之文
也 95

공백료소자로어계손公伯寮愬子路於季孫
293

공산불요이비반公山弗擾以費畔 344

공숙문자지신대부선公叔文子之臣大夫僎
283

공이무례즉로, 신이무례즉사恭而無禮則
勞, 愼而無禮則葸 154

공자어향당, 순순여야孔子於鄉黨, 恂恂如
也 189

공호이단攻乎異端 45

과유불급過猶不及 216

과이불개, 시위과의過而不改, 是謂過矣 319

관씨유삼귀管氏有三歸 66

관저, 낙이불음, 애이불상關雎, 樂而不淫, 哀而不傷 64

관중지기소재管仲之器小哉 66

광이부직, 통이불원狂而不直, 侗而不愿 161

교소천혜, 미목반혜, 소이위현혜巧笑倩兮, 美目盼兮, 素以爲絢兮 57

교언란덕巧言亂德 318

교언영색巧言令色 23

교언영색주공巧言令色足恭 103

구분廐焚 199

구유용아자, 기월이이가야苟有用我者, 期月而已可也 256

구정기신의, 어종정호하유苟正其身矣, 於從政乎何有 257

구지어인의, 무악야苟志於仁矣, 無惡也 72

군거종일, 언불급의群居終日, 言不及義 313

군명소, 불사가행의君命召, 不俟駕行矣 201

군사식, 필정석선상지君賜食, 必正席先嘗之 200

군사신, 신사군君使臣, 臣事君 64

군소사빈, 색발여야君召使擯, 色勃如也 190

군자거지, 하루지유君子居之, 何陋之有 177

군자고궁君子固窮 304

군자구저기君子求諸己 314

군자긍이부쟁君子矜而不爭 315

군자도자삼, 아무능언君子道者三, 我無能焉 288

군자모도불모식君子謀道不謀食 320

군자무소쟁. 필야사호君子無所爭. 必也射乎 57

군자박학어문, 약지이례君子博學於文, 約之以禮 124

군자병무능언君子病無能焉 313

군자부중즉불위君子不重則不威 27

군자불가소지, 이가대수야君子不可小知, 而可大受也 321

군자불기君子不器 43

군자불우불구君子不憂不懼 231

군자불이감추식君子不以紺緅飾 193

군자불이기친君子不施其親 372

군자불이언거인君子不以言擧人 315

군자상달君子上達 286

군자상용호君子尙勇乎 358

군자성인지미君子成人之美 240

군자식무구포君子食無求飽 31

군자신이후로기민君子信而後勞其民 381

군자역유오호君子亦有惡乎 358

군자욕눌어언, 이민어행君子欲訥於言, 而敏於行 82

군자유구사君子有九思 335

군자유삼계君子有三戒 333

군자유삼변君子有三變 381

군자유삼외君子有三畏 334

군자유어의君子喩於義 78

군자의이위질君子義以爲質 313

군자이문회우, 이우보인君子以文會友, 以

友輔仁 246

군자이불인자유의부君子而不仁者有矣夫 274

군자이사이난열야君子易事而難說也 266

군자재약인君子哉若人 86

군자정이불량君子貞而不諒 322

군자주급불계부君子周急不繼富 111

군자주이불비君子周而不比 44

군자지과야, 여일월지식언君子之過也, 如日月之食焉 387

군자지덕풍, 소인지덕초君子之德風, 小人之德草 242

군자지어천하야君子之於天下也 75

군자질몰세이명불칭언君子疾沒世而名不稱焉 314

군자질이이의君子質而已矣 235

군자치기언이과기행君子恥其言而過其行 288

군자탄탕탕君子坦蕩蕩 150

군자태이불교君子泰而不驕 266

군자화이부동君子和而不同 265

군자회덕, 소인회토君子懷德, 小人懷土 76

궁자후이박책어인, 즉원원의躬自厚而薄責於人, 則遠怨矣 312

궐당동자장명闕黨童子將命 299

극기복례위인克己復禮爲仁 229

근자열, 원자래近者說, 遠者來 260

기불칭기력, 칭기덕야驥不稱其力, 稱其德也 291

기소불욕, 물시어인己所不欲, 勿施於人 230

기신정, 불령이행其身正, 不令而行 254

기심삼월불위인其心三月不違仁 113

기언지부작其言之不怍 284

기욕립이립인, 기욕달이달인己欲立而立人, 己欲達而達人 126

기위인야효제其爲人也孝弟 21

―― ㄴ

남용삼복백규南容三復白圭 209

년기, 용부족, 여지하年饑, 用不足, 如之何 236

년사십이견오언年四十而見惡焉 359

노위지정, 형제야魯衛之政, 兄弟也 254

노인위장부魯人爲長府 214

녹지거공실오세의祿之去公室五世矣 331

논독시여論篤是與 218

능이례양위국호能以禮讓爲國乎 77

―― ㄷ

달항당인왈 : 대재공자達巷黨人曰 : 大哉孔子 169

당당호장야堂堂乎張也 385

당인불양어사當仁不讓於師 322

당체지화, 편기반이唐棣之華, 偏其反而 186

대덕부유한, 소덕출입가야大德不踰閑, 小德出入可也 382

대재, 요지위군야大哉, 堯之爲君也 163

덕불고, 필유린德不孤, 必有隣 82

덕지불수, 학지불강德之不脩, 學之不講 130

덕행, 안연·민자건·염백우·중궁德行, 顔淵·閔子騫·冉伯牛·仲弓 208

도부동, 불상위모道不同, 不相爲謀 323

도불행, 승부부우해道不行, 乘桴浮于海 88

도지이정, 제지이형道之以政, 齊之以刑 38

도천승지국道千乘之國 24

도청이도설, 덕지기야道聽而塗說, 德之棄也 351

독신호학, 수사선도篤信好學, 守死善道 160

──── ㅁ

마면, 예야麻冕, 禮也 170

맹공작위조위로즉우孟公綽爲趙魏老則優 276

맹무백문효孟武伯問孝 40

맹씨사양부위사사孟氏使陽膚爲士師 386

맹의자문효孟懿子問孝 40

맹장자지효야孟莊子之孝也 386

맹지반불벌孟之反不伐 118

명부정, 즉언불순名不正, 則言不順 251

몰치무원언沒齒無怨言 275

묘이불수자유의부苗而不秀者有矣夫 181

무우불여기자無友不如己者 27

무소취재無所取材 88

무욕속, 무견소리無欲速, 無見小利 260

무위이치자기순야여無爲而治者其舜也與 306

무의巫醫 264

묵이지지, 학이불염默而識之, 學而不厭 129

문막오유인야文莫吾猶人也 147

문사행저聞斯行諸 219

문인어타방, 재배이송지問人於他邦, 再拜而送之 198

문일득삼問一得三 337

문질빈빈文質彬彬 119

미관중, 오기피발좌임의微管仲, 吾其被髮左衽矣 282

미생무위공자微生畝謂孔子 290

미자거지微子去之 363

민가사유지, 불가사지지民可使由之, 不可使知之 158

민자시측, 은은여야閔子侍側, 誾誾如也 214

민지어인야, 심어수화民之於仁也, 甚於水火 321

──── ㅂ

박시어민, 이능제중博施於民, 而能濟衆 126

박학어문, 약지이례博學於文, 約之以禮 240

박학이독지博學而篤志 380

반소사음수, 곡굉이침지飯疏食飮水, 曲肱而枕之 138

발분망식, 낙이망우發憤忘食, 樂以忘憂 140

방군지처邦君之妻 338

방어리이행, 다원放於利而行, 多怨 76

방유도, 위언위행邦有道, 危言危行 272

방유도불폐邦有道不廢 85

백공거사이성기사百工居肆以成其事 380

백우유질伯牛有疾 115

백이숙제, 불념구악伯夷叔齊, 不念舊惡 101

백이숙제, 하인야伯夷叔齊, 何人也 137

번지문인. 자왈: 애인樊遲問仁. 子曰: 愛人 245

번지청학가樊遲請學稼 252

법어지언, 능무종호法語之言, 能無從乎 182

변두지사籩豆之事 155

봉조부지, 하불출도鳳鳥不至, 河不出圖 173

부득중행이여지, 필야광견호不得中行而與之, 必也狂狷乎 264

부모유기질지우父母唯其疾之憂 40

부모재, 불원유父母在, 不遠遊 80

부모지년, 불가부지야父母之年, 不可不知也 81

부여귀, 시인지소욕야富與貴, 是人之所欲也 73

부이가구야富而可求也 135

부자온량공검양이득지夫子溫良恭儉讓以得之 28

부자위위군호夫子爲衛君乎 137

부자지도, 충서이이의夫子之道, 忠恕而已矣 78

부자시문장, 기득이문야夫子之文章, 可得而聞也 93

부자지언성여천도夫子之言性與天道 93

부재관기지父在觀其志 29

부재기위, 불모기정不在其位, 不謀其政 160, 287

부지명, 무이위군자야不知命, 無以爲君子也 399

불분불계, 불비불발不憤不啓, 不悱不發 132

불역사, 불억불신不逆詐, 不億不信 290

불원천, 불우인不怨天, 不尤人 292

불유축타지녕, 이유송조지미不有祝鮀之佞, 而有宋朝之美 118

불인자불가이구처약不仁者不可以久處約 71

불천노, 불이과不遷怒, 不貳過 110

불환무위, 환소이립不患無位, 患所以立 77

불환인지불기지不患人之不己知 33

붕우지궤朋友之饋 202

비기귀이제지, 첨야非其鬼而祭之, 諂也 50

비부가여사군야여재鄙夫可與事君也與哉 351

비여위산, 미성일궤譬如爲山, 未成一簣 180

빈불고의賓不顧矣 190

빈이무원난貧而無怨難 276

빈이무첨, 부이무교貧而無諂, 富而無驕 32

——— ㅅ

사견위치명士見危致命 377

사군事君 322

사군삭, 사욕의事君數, 斯辱矣 82

사군진례, 인이위첨야事君盡禮, 人以爲諂也 63

사달이이의辭達而已矣 323

사면현師冕見 324

사무사思無邪 37

사민경충이권使民敬忠以勸 47

사민이시使民以時 24

사부모기간事父母幾諫 79

사부주피射不主皮 62

사여상야숙현師與商也孰賢 216

사이우즉학仕而優則學 384

사이회거, 부족이위사의士而懷居, 不足以
爲士矣 271

사즉불손, 검즉고奢則不孫, 儉則固 149

사지어도士志於道 75

사지지시, 관저지란師摯之始, 關雎之亂
161

사하여사가위지달의士何如斯可謂之達矣
243

살신이성인殺身以成仁 309

삼가자이옹철三家者以雍徹 53

삼군가탈수야三軍可奪帥也 183

삼년무개어부지도三年無改於父之道 29,
80

삼년지상, 기이구의三年之喪, 期已久矣
356

삼년학三年學 159

삼월부지육미三月不知肉味 136

삼인행, 필유아사언三人行, 必有我師焉
141

상치호애이지喪致乎哀而止 384

상호례, 즉민이사야上好禮, 則民易使也
297

색난色難 41

색려이내임色厲而內荏 350

색사거의色斯擧矣 204

생이지지자상야生而知之者上也 334

서자여사부, 불사주야逝者如斯夫, 不舍晝
夜 179

석부정, 부좌席不正, 不坐 197

선인교민칠년善人教民七年 268

선인위방백년善人爲邦百年 256

선진어예악, 야인야先進於禮樂, 野人也
207

선행, 기언이후종지先行, 其言而後從之 43

성상근야, 습상원야性相近也, 習相遠也
342

성인오부득이견지의聖人吾不得而見之矣
143

세한, 연후지송백지후조야歲寒, 然後知松
柏之後彫也 184

소인지과야필문小人之過也必文 380

송시삼백誦詩三百 253

수기이경修己以敬 297

수능출불유호誰能出不由戶 119

수재류설지중, 비기죄야雖在縲絏之中, 非
其罪也 85

숙손무숙훼중니叔孫武叔毀仲尼 390

숙위미생고직孰謂微生高直 102

순유신오인舜有臣五人 163

술이부작, 신이호고述而不作, 信而好古
129

승거, 필정립升車, 必正立 203

시, 가이흥, 가이관, 가이군, 가이원詩, 可
以興, 可以觀, 可以群, 可以怨 348

시부여군, 역부종야弑父與君, 亦不從也
220

시삼백詩三百 37

시야우, 삼야로柴也愚, 參也魯 217

시어군자유삼건侍於君子有三愆 333

식불어, 침불언食不語, 寢不言 196

식불염정, 회불염세食不厭精, 膾不厭細 195

신근어의信近於義 31

신정申棖 92

신종추원愼終追遠 28

심의오쇠야甚矣吾衰也 131

십세가지야十世可知也 49

십실지읍十室之邑 105

━━ ㅇ

아미견호인자, 오불인자我未見好仁者, 惡不仁者 74

아불욕인지가저아야我不欲人之加諸我也 92

아비생이지지자我非生而知之者 140

아송각득기소雅頌各得其所 178

안연문위방顔淵問爲邦 310

안연문인顔淵問仁 229

안연사顔淵死 211

안평중, 선여인교晏平仲, 善與人交 96

앙지미고, 찬지미견仰之彌高, 鑽之彌堅 175

애공문사어재아哀公問社於宰我 65

애지, 능물로호호愛之, 能勿勞乎 274

약성여인, 즉오기감若聖與仁, 則吾豈敢 148

양화욕견공자陽貨欲見孔子 341

어지이불타자語之而不惰者 180

언지불출言之不出 81

여기미어오, 녕미어조與其媚於奧, 寧媚於竈 60

여문륙언륙폐의호女聞六言六蔽矣乎 347

여사어도로호予死於道路乎 176

여여회야숙유女與回也孰愈 90

여욕무언予欲無言 354

여위군자유女爲君子儒 117

여위주남소남의호女爲周南召南矣乎 348

여유왕자, 필세이후인如有王者, 必世而後仁 257

여유주공지재지미如有周公之才之美 159

여일이관지予一以貫之 304

여절여차如切如磋 32

역부족자, 중도이폐力不足者, 中道而廢 116

염자퇴조冉子退朝 258

영무자, 방유도즉지甯武子, 邦有道則知 100

영윤자문, 삼사위영윤令尹子文, 三仕爲令尹 98

예선사, 오탕주羿善射, 奡盪舟 273

예운예운, 옥백운호재禮云禮云, 玉帛云乎哉 349

예지용, 화위귀禮之用, 和爲貴 30

오견기진야, 미견기지야吾見其進也, 未見其止也 181

오당지소자광간吾黨之小子狂簡 100

오도일이관지吾道一以貫之 78

오미견강자吾未見剛者 92

오미견호덕여호색자야吾未見好德如好色

者也 179, 311

오불시, 고예吾不試, 故藝 172

오상종일불식, 종야불침吾嘗終日不食, 終夜不寢 319

오소야천, 고다능비사吾少也賤, 故多能鄙事 172

오십유오이지우학吾十有五而志于學 38

오십이학역五十而學易 138

오여여불여야吾與女弗如也 90

오여회언종일吾與回言終日 42

오우장야, 위난능야吾友張也, 爲難能也 384

오유급사지궐문야吾猶及史之闕文也 317

오유지호재? 무지야吾有知乎哉? 無知也 173

오일삼성오신吾日三省吾身 24

오자지탈주야惡紫之奪朱也 353

오지어인야, 수훼수예吾之於人也, 誰毁誰譽 317

오집어의吾執御矣 169

오필재문상의吾必在汶上矣 115

온고이지신溫故而知新 43

옹야가사남면雍也可使南面 109

옹야인이불녕雍也仁而不佞 87

왈사민전율曰使民戰栗 65

외외호, 순우지유천하야巍巍乎, 舜禹之有天下也 162

욕호기, 풍호무우, 영이귀浴乎沂, 風乎舞雩, 詠而歸 223

용지즉행, 사지즉장用之則行, 舍之則藏 134

우, 오무간연의禹, 吾無間然矣 164

원사위지재原思爲之宰 112

원양이사原壤夷俟 298

위명, 비심초창지爲命, 裨諶草創之 274

위정이덕爲政以德 37

유교무류有敎無類 323

유군자지도사언有君子之道四焉 95

유덕자필유언有德者必有言 272

유미옥어사有美玉於斯 177

유비욕현공자孺悲欲見孔子 354

유상지여하우불이唯上知與下愚不移 342

유여자여소인위난양야唯女子與小人爲難養也 359

유인자, 능호인, 능오인惟仁者, 能好人, 能惡人 72

유일언이가이종신행지자호有一言而可以終身行之者乎 316

유지슬해위어구지문由之瑟奚爲於丘之門 215

유치차격有恥且格 38

유하혜위사사, 삼출柳下惠爲士師, 三黜 363

의봉인청현儀封人請見 67

의폐온포, 여의호학자립, 이불치자, 기유야여衣敝縕袍, 與衣狐貉者立, 而不恥者, 其由也與 184

이능문어불능以能問於不能 156

이덕보원, 하여以德報怨, 何如 291

이불교민전, 시위기지以不敎民戰, 是謂棄之 268

이삼자이아위은호二三子以我爲隱乎 142

이약실지자선의以約失之者鮮矣 81

이우지자성차각犁牛之子騂且角 112

이의호已矣乎 105

이인위미里仁爲美 71

이적지유군夷狄之有君 55

익자삼요, 손자삼요益者三樂, 損者三樂
331~332

인개유형제, 아독무人皆有兄弟, 我獨亡
232

인능홍도, 비도홍인人能弘道, 非道弘人
318

인무원려, 필유근우人無遠慮, 必有近憂
311

인미유자치자야, 필야친상호人未有自致
者也, 必也親喪乎 385

인언수재人焉廋哉 42

인원호재仁遠乎哉 145

인이무신, 부지기가야人而無信, 不知其可
也 49

인이불인, 여예하人而不仁, 如禮何 54

인자, 기언야인仁者, 其言也訒 230

인지과야, 각어기당人之過也, 各於其黨 74

인지생야직人之生也直 120

일단사, 일표음, 재누항一簞食, 一瓢飮, 在
陋巷 116

일민逸民 371

일언이가이흥방, 유저一言而可以興邦, 有
諸 259

일지기소무日知其所亡 379

임방문 예지 본林放問禮之本 54

임중이도원任重而道遠 157

입공문, 국궁여야入公門, 鞠躬如也 191

입태묘, 매사문入太廟, 每事問 201

—— ㅈ

자격경어위子擊磬於衛 295

자견남자, 자로불열子見南子, 子路不說
125

자견자최자子見齊衰者 174

자공문우子貢問友 246

자공문위인子貢問爲仁 309

자공방인子貢方人 289

자공현어중니子貢賢於仲尼 389

자금문어자공왈子禽問於子貢曰 28

자로 · 증석 · 염유 · 공서화시좌子路 · 曾晳 ·
冉有 · 公西華侍坐 223

자로문사군子路問事君 286

자로문성인子路問成人 277

자로문정子路問政 249

자로사자고위비재子路使子羔爲費宰 221

자로숙어석문子路宿於石門 294

자로유문, 미지능행, 유공유문子路有聞,
未之能行, 唯恐有聞 94

자로인호子路仁乎 89

자로종이후子路從而後 369

자문공숙문자어공명가子問公叔文子於公
明賈 278

자불어괴력난신子不語怪力亂神 141

자사칠조개사子使漆彫開仕 88

자소아언『시』『서』子所雅言『詩』『書』 139

자식어유상자지측子食於有喪者之側 133

자어로태사악子語魯大師樂 67

자어시일곡, 즉불가子於是日哭, 則不歌
133

자언위영공지무도야子言衛靈公之無道也
283

자여인가이선子與人歌而善 147

자온이려, 위이불맹, 공이안子溫而厲, 威
而不猛, 恭而安 150

자외어광子畏於匡 171

자외어광, 안연후子畏於匡, 顏淵後 220

자욕거구이子欲居九夷 177

자위소, 진미의, 우진선야子謂韶, 盡美矣,
又盡善也 68

자위위공사형, 선거실子謂衛公子荊, 善居
室 255

자유문효子游問孝 41

자유위무성재子游爲武城宰 117

자이사교, 문, 행, 충, 신子以四敎, 文, 行,
忠, 信 143

자입태묘, 매사문子入太廟, 每事問 61

자장문선인지도子張問善人之道 218

자장문숭덕변혹子張問崇德辨惑 237

자장문인어공자子張問仁於孔子 345

자장문행子張問行 307

자장학간록子張學干祿 46

자적위, 염유복子適衛, 冉有僕 255

자절사子絶四 171

자조이불강子釣而不綱 144

자지무성, 문현가지성子之武城, 聞弦歌之
聲 343

자지소신, 재전질子之所愼, 齊戰疾 135

자지연거, 신신여야, 요요여야子之燕居,
申申如也, 夭夭如也 130

자질병, 자로청도子疾病, 子路請禱 148

자하문효子夏問孝 41

자하지문인, 문교어자장子夏之門人, 問交
於子張 378

자하지문인소자子夏之門人小子 383

자한언리, 여명, 여인子罕言利, 與命, 與仁
169

자해불위정子奚不爲政 48

자행속수이상自行束脩以上 131

자화시어제子華使於齊 111

장무중이방구위후어로臧武仲以防求爲後
於魯 279

장문중거채臧文仲居蔡 96

장문중기절위자여臧文仲其竊位者與 311

장저걸닉우이경長沮桀溺耦而耕 367

재, 필유명의齊, 必有明衣 194

재여주침宰予晝寢 91

재진절량, 종자병, 막능흥在陳絶糧, 從者
病, 莫能興 304

전전긍긍, 여림심연, 여리박빙戰戰兢兢,
如臨深淵, 如履薄氷 154

"정유인언." 기종지야"井有人焉." 其從之
也 124

정자, 정야政者, 正也 241

제경공대공자왈齊景公待孔子曰 364

제경공문정어공자齊景公問政於孔子 238

제경공유마천사齊景公有馬千駟 336

제어공, 불숙육祭於公, 不宿肉 196

제어재, 제신여신재祭如在, 祭神如神在 60

제인귀여악齊人歸女樂 365

제일변, 지어로齊一變, 至於魯 122

제자숙위호학弟子孰爲好學 110, 210

제자입즉효弟子入則孝 25

조두지사, 즉상문지의. 군려지사, 미지학
야俎豆之事, 則嘗聞之矣. 軍旅之事, 未
之學也 303

조문도, 석사가의朝聞道, 夕死可矣 75

조여하대부언, 간간여야朝與下大夫言, 侃侃如也 189

족식, 족병, 민신지의足食, 足兵, 民信之矣 234

존오미, 병사악尊五美, 屛四惡 397

종아어진채자, 개불급문야從我於陳蔡者, 皆不及門也 207

주감어이대周監於二代 61

주유팔사周有八士 373

주지불선紂之不善 387

주충신, 무우불여기자主忠信, 毋友不如己者 183

중궁문자상백자仲弓問子桑伯子 109

중궁위계씨재, 문정仲弓爲季氏宰, 問政 249

중니언학仲尼焉學 388

중오지, 필찰언衆惡之, 必察焉 318

중용지위덕야中庸之爲德也 125

중유가사종정야여仲由可使從政也與 114

중인이상, 가이어상야中人以上, 可以語上也 121

증자유질曾子有疾 154

지급지, 인불능수지知及之, 仁不能守之 320

지기장指其掌 59

지덕자선의知德者鮮矣 305

지어견마, 개능유양至於犬馬, 皆能有養 41

지어도, 거어덕志於道, 據於德 131

지자불혹, 인자불우, 용자불구知者不惑, 仁者不憂, 勇者不懼 185

지자요수, 인자요산知者樂水, 仁者樂山 122

지지자, 불여호지자知之者, 不如好之者 120

직궁直躬 261

직재사어直哉史魚 308

진문공휼이부정晉文公譎而不正 280

진사패문, 소공지례호陳司敗問, 昭公知禮乎 146

진성자시간공陳成子弑簡公 285

진자금위자공陳子禽謂子貢 391

진항문어백어陳亢問於伯魚 337

질, 군시지疾, 君視之 200

질승문즉야質勝文則野 119

집규, 국궁여야執圭, 鞠躬如也 192

집덕불홍執德不弘 377

——— ㅊ

천생덕어여, 환퇴기여여하天生德於予, 桓魋其如予何 142

천장이부자위목탁天將以夫子爲木鐸 67

천지력수재이궁天之曆數在爾躬 395

천하유도天下有道 329

청송, 오유인야聽訟, 吾猶人也 239

체자기관이왕자禘自旣灌而往者 58

초광접여, 가이과공자楚狂接輿, 歌而過孔子 365

체자시제군崔子弑齊君 98

출즉사공경, 입즉사부형出則事公卿, 入則事父兄 178

치원공니致遠恐泥 379

침불시, 거불용寢不尸, 居不容 202

침윤지참, 부수지소浸潤之譖, 膚受之愬 233

—— ㅌ

태백기가위지덕야이의泰伯其可謂至德也已矣 153

태사지적제大師摯適齊 372

태산불여임방호泰山不如林放乎 56

—— ㅍ

팔일무어정八佾舞於庭 53

편언가이절옥자片言可以折獄者 238

포식종일, 무소용심飽食終日, 無所用心 357

포호빙하, 사이무회자暴虎馮河, 死而無悔者 134

필야정명호必也正名乎 251

필힐소, 자욕왕佛肹召, 子欲往 346

—— ㅎ

하례오능언지夏禮吾能言之 58

하여사가위지사의何如斯可謂之士矣 263, 267

하위즉민복何爲則民服 47

학여불급, 유공실지學如不及, 猶恐失之 162

학이불사즉망學而不思則罔 44

학이시습지學而時習之 19

할계언용우도割雞焉用牛刀 343

합각언이지盍各言爾志 104

향원덕지적야鄕原德之賊也 350

향인개호지, 하여鄕人皆好之, 何如 265

향인나鄕人儺 198

향인음주鄕人飮酒 198

헌문치憲問恥 271

현자피세, 기차피지賢者辟世, 其次辟地 294

현현이색賢賢易色 26

호련야瑚璉也 86

호용질빈, 란야好勇疾貧, 亂也 158

호향난여언, 동자현互鄕難與言, 童子見 145

혹문체지설或問禘之說 59

환공살공자규桓公殺公子糾 280

회여지지호誨女知之乎 45

회야기서호, 루공回也其庶乎, 屢空 217

회야비조아자야回也非助我者也 208

효재민자건孝哉閔子騫 209

후목불가조야朽木不可雕也 91

후생가외後生可畏 182

홍어시, 립어예, 성어악興於詩, 立於禮, 成於樂 157

식탁 위의 논어

초판 1쇄 발행 2012년 9월 17일

주   해 송용준

펴 낸 이 최용범
펴 낸 곳 페이퍼로드
출판등록 제10-2427호(2002년 8월 7일)
         서울시 마포구 연남동 563-10번지 2층

편   집 김정주, 양현경
마 케 팅 윤성환
관   리 임필교
디 자 인 장원석

이 메 일 book@paperroad.net
홈페이지 www.paperroad.net
커뮤니티 blog.naver.com/paperroad
Tel (02)326-0328, 6387-2341 | Fax (02)335-0334

I S B N 978-89-92920-76-6 03140